编辑委员会名单

中国地方社会科学院学术精品文库·浙江系列

中国地方社会科学院学术精品文库·浙江系列

"中国梦"：
浙江青年的认知与践行

China Dream:
The Understanding and
Pursuing of Young People
in Zhejiang

● 王金玲　王　平　姜佳将　徐文财 / 著

社会科学文献出版社
SOCIAL SCIENCES ACADEMIC PRESS (CHINA)

本书由浙江省省级社会科学学术著作

出版资金资助出版

立足地方实践　高扬中国特色

《中国地方社会科学院学术精品文库》总序

人类社会踏上了充满挑战和希望的 21 世纪，世界各种文明和思想文化经历着深刻的激荡和变革。面对这样的形势，坚持理论创新、科技创新、文化创新以及其他各方面的创新，乃是建设中国特色社会主义事业，振兴中华民族的必由之路。因此，承担着"认识世界、传承文明、创新理论、资政育人、服务社会"职责的哲学社会科学，任重而道远。

中国特色的社会主义，是物质文明、政治文明和精神文明全面发展的新型社会，是人类历史中前无古人的创举，需要在马克思列宁主义、毛泽东思想、邓小平理论和"三个代表"重要思想的指引下，解放思想，求真务实，在实践和理论上进行不懈的探索，用科学发展观统领经济发展和社会进步，实现全面协调可持续发展。

胡锦涛同志 2003 年 7 月 1 日《在"三个代表"重要思想理论研讨会上的讲话》中指出，在实现全面建设小康社会这个宏伟目标的征程中，我们将长期面对三个重大课题：一是要科学判断和全面把握国际形势的发展变化，正确应对世界多极化和经济全球化以及科技进步的发展趋势，在日益激烈的综合国力竞争中牢牢掌握加快我国发展的主动权。二是要科学判断和全面把握我国长期处于社会主义初级阶段的基本国情，正确认识和妥善处理人民日益增长的物质文化需要同落后的社会生产力这个社会主要矛盾，不断增强综合国力，逐步实现全体人民的共同富裕。三是要科学判断和全面把握我们党所处的历史方位和肩负的历史使命，加强和改进党的建设，不断提高党的领导水平和执政水平，增强拒腐防变和抵御风险能力，始终成为团结带领人民建设中国特色社会主义的领导核心。哲学社会科学工作者必须立足国情，立足当代，以这三个重大课题为主攻方向，同党和人民一道，在实践的基础上进行前瞻性、全局性和战略性的研究，努力解决广大群众关心的理论问题和实际问题，建设中国特色、中国风格、中国气派的哲学社会科学。

中国共产党历来高度重视哲学社会科学的发展。中共中央在2004年3月发布了《关于进一步繁荣发展哲学社会科学的意见》，精辟地阐述了哲学社会科学在建设中国特色社会主义中的地位和作用，指明了进一步繁荣发展哲学社会科学的指导方针和基本原则。这个文件是在新的历史时期发展繁荣哲学社会科学的精神动力和行动指南，必将唤起广大哲学社会科学工作者为建设中国特色社会主义、服务于中国人民进行实践探索和理论创新的使命感，迎来中国哲学社会科学繁荣发展的又一个阳光灿烂的春天。

地方社会科学院是我国哲学社会科学研究的一支重要力量。20多年来，除台湾省之外，各省区市和部分计划单列市先后建立了社会科学院，总数已经达到44家。可以说，地方社会科学院是我国社会主义现代化建设的一支不可替代的生力军。在各省

（区市）党委、政府的领导与支持下，地方社会科学院在队伍建设、科研体制改革等诸多方面进行了许多探索，取得了重大的成就和可贵的经验，涌现出了一批科研骨干，获得大批立足地方实践、富有地方特色的优秀科研成果，为地方的经济社会发展和理论创新做出了重要贡献。立足地方特色，紧密结合广大人民群众的实践，是地方社会科学院发展的一个显著特点。我们相信《中国地方社会科学院学术精品文库》作为一个多系列精品工程的编辑出版，能够比较集中和系统地展示地方社会科学院的优秀科研成果及其固有特色，激励和推动社会科学学术研究的进一步开展和提高，有益于社会科学工作者之间的联系和合作。

继承和发展马克思主义，发展、繁荣社会主义中国的哲学社会科学事业，实现中华民族的伟大振兴，任重而道远，让我们大家共勉，在党中央领导下，进一步解放思想、开拓创新，迎接哲学社会科学繁荣发展的美好明天。

中国社会科学院院长

陈奎元

2004 年 8 月 15 日

打造精品　勇攀"一流"

《中国地方社会科学院学术精品文库·浙江系列》序

光阴荏苒，浙江省社会科学院与社会科学文献出版社合力打造的《中国地方社会科学院学术精品文库·浙江系列》（以下简称"《浙江系列》"）已经迈上了新的台阶，可谓洋洋大观。从全省范围看，单一科研机构资助本单位科研人员出版学术专著，持续时间之长，出版体量之大，都是首屈一指的。这既凝聚了我院科研人员的心血智慧，也闪烁着社会科学文献出版社同志们的汗水结晶。回首十年，《浙江系列》为我院形成立足浙江、研究浙江的学科建设特色打造了高端的传播平台，为我院走出一条贴近实际、贴近决策的智库建设之路奠定了坚实的学术基础，成为我院多出成果、快出成果的主要载体。

立足浙江、研究浙江是最大的亮点

浙江是文献之邦，名家辈出，大师林立，是中国历史文化版图上的巍巍重镇；浙江又是改革开放的排头兵，很多关系全局的新经验、新问题、新办法都源自浙江。从一定程度上说，在不少文化领域，浙江的高度就代表了全国的高度；在不少问题对策上，浙江的经验最终都升华为全国的经验。因此，立足浙江、研究浙江成为我院智库建设和学科建设的一大亮点。《浙江系列》自策划启动之日起，就把为省委、省政府决策服务和研究浙江历史文化作为重中之重。十年来，《浙江系列》涉猎领域包括经济、哲学、社会、文学、历史、法律、政治七大一级学科，覆盖不可谓不广；研究对象上至史前时代，下至 21 世纪，跨度不可谓不大。但立足浙江、研究浙江的主线一以贯之，毫不动摇，为繁荣我省哲学社会科学事业积累了丰富的学术储备。

贴近实际、贴近决策是最大的特色

学科建设与智库建设双轮驱动，是地方社科院的必由之路，打造区域性的思想库与智囊团，是地方社科院理性的自我定位。《浙江系列》诞生十年来，推出了一大批关注浙江现实，积极为省委、省政府决策提供参考的力作，主题涉及民营企业发展、市场经济体系与法制建设、土地征收、党内监督、社会分层、流动人口、妇女儿童保护等重点、热点、难点问题。这些研究坚持求真务实的态度、全面历史的视角、扎实可靠的论证，既有细致入微、客观真实的经验观察，也有基于顶层设计和学科理论框架的理性反思，从而为"短、平、快"的智库报告和决策咨询提供了坚实的理论基础和可靠的科学论证，为建设物质富裕、精神富有的现代化浙江贡献了自己的绵薄之力。

多出成果、出好成果是最大的收获

众所周知，著书立说是学者成熟的标志；出版专著，是学者研究成果的阶段性总结，更是学术研究成果传播、转化的最基本形式。进入 20 世纪 90 年代以来，我国出现了学术专著出版极端困难的情况，尤其是基础理论著作出版难、青年科研人员出版难的矛盾特别突出。为了缓解这一矛盾和压力，在中共浙江省委宣传部、浙江省财政厅的关心支持下，我院于 2001 年设立了浙江省省级社会科学院优秀学术专著出版专项资金，从 2004 年开始，《浙江系列》成为使用这一出版资助的主渠道。同时，社会科学文献出版社高度重视、精诚协作，为我院科研人员学术专著出版提供了畅通的渠道、严谨专业的编辑力量、权威高效的书稿评审程序，从而加速了科研成果的出版速度。十年来，我院一半左右科研人员都出版了专著，很多青年科研人员入院两三年左右就拿出了专著，一批专著获得了省政府奖。可以说，《浙江系列》已经成为浙江省社会科学院多出成果、快出成果的重要载体。

打造精品、勇攀"一流"是最大的愿景

2012年，省委、省政府为我院确立了建设"一流省级社科院"的总体战略目标。今后，我们将坚持"贴近实际、贴近决策、贴近学术前沿"的科研理念，继续坚持智库建设与学科建设"双轮驱动"，加快实施"科研立院、人才兴院、创新强院、开放办院"的发展战略，努力在2020年年底总体上进入国内一流省级社科院的行列。

根据新形势、新任务，《浙江系列》要在牢牢把握高标准的学术品质不放松的前提下，进一步优化评审程序，突出学术水准第一的评价标准；进一步把好编校质量关，提高出版印刷质量；进一步改革配套激励措施，鼓励科研人员将最好的代表作放在《浙江系列》出版。希望通过上述努力，能够涌现一批在全国学术界有较大影响力的学术精品力作，把《浙江系列》打造成荟萃精品力作的传世丛书。

是为序。

张伟斌

2013 年 10 月

摘　要

　　青年是"中国梦"的践行者，实现"中国梦"的过程也是造就一代青年的过程。为更准确、更深入地了解浙江青年"中国梦"的特征，把握浙江青年对"中国梦"认知和践行的状况，本书采取定量分析与定性分析相结合的方法，对不同社会身份的浙江青年对"中国梦"的知晓与理解、对实现"中国梦"的条件的认知与信心程度、对实现"中国梦"面临的挑战的认知，以及对政府与青年人在实现"中国梦"中应有作为的认知进行研究。其中，定量分析是依据电话问卷调查获得的第一手资料，对浙江青年在理解"中国梦"、实现"中国梦"方面的整体状况及分层特征进行了统计分析；定性分析是通过对在浙江生活、工作的15位青年的个案访谈，深入探讨了不同社会群体、不同境遇的青年人的成长、成才经历，展现了当代浙江青年践行"中国梦"的多样化路径，同时，在了解每一个受访者的真实想法和经历的过程中，反映出各社会群体的浙江青年对"中国梦"的理解和需求。

Abstract

Young people are in their prime for pursuing China Dream, while the fulfilling of China Dream makes the young generation successful. With the intention of accurate and in-depth representing the understanding and pursuing of China Dream by young people in Zhejiang, the book took a combination of quantitative and qualitative analysis method, conducted the research on the awareness, understanding and cognition of China Dream, the preconditions and confidence for the fulfillment of China Dream, the challenges and difficulties facing China Dream, and the responsibilities of young generation among young people with various social identities. The quantitative analysis was based on the first hand data obtained from the telephone survey, which statistically demonstrated the overall situation and stratified features of young people's understanding and pursuing of China Dream inZhejiang. The qualitative analysis was based on 15 case studies of young people's growth and success experience in various social groups and life chances who were living and working in the Zhejiang, which portrayed the diversified path of pursuing China Dream for contemporary young people. At the same time, these personal ideas and experiences in case studies revealed the young people's understandings and demands of China Dream among various social groups.

目　　录

Contents

第一章 概　述

　　青年是"中国梦"的承载者，也是"中国梦"的实践者。为更全面深入地了解浙江青年对于"中国梦"的知晓和理解，把握浙江青年对"中国梦"的认知特征，以更有针对性地开展宣传教育活动，更有效地引导青年人践行"中国梦"，更好地为青年人实现"中国梦—我的梦"创造条件，浙江省社会科学院"浙江青年的'中国梦'及其特征"课题组在2013年6～9月进行了专题调查，并在调查基础上形成了研究报告。

一　总体概况

　　本研究对年龄18～44周岁的城乡居民进行随机电话调查，累计获得1000个有效样本，同时结合访谈、座谈会、民意资料征集的方法弥补抽样的不足，调查方法科学，结论可以推论总体。

　　通过总体分析和分层分析，本研究对浙江青年有关"中国梦"的知晓状况、理解与认知做出如下结论。

　　1. 浙江青年对"中国梦"的知晓率和知晓度较高，其中，知晓率为六成以上，知晓度为八成以上。传统媒体中的电视新闻是浙江青年知晓"中国梦"的主渠道，网站、微信等新媒体也具有一定的传播力。

2. 个人/家庭层面的安居乐业和国家层面的国家强盛为浙江青年所理解的"中国梦"的两大重要内容；以具有现代意涵的市场经济标准和具有传统意涵的政治—文化标准作为两大选择标准，企业家和国家领导人为绝大多数浙江青年追求"中国梦"的榜样人物；以家庭幸福为主，并将其与物质生活富裕、自我实现与自我提升、国家实力更强结合在一起，四者构成浙江青年"个人梦"的"基本面"；相关性和同一性是绝大多数浙江青年对"中国梦"与"个人梦"关系的两大基本认知，其中，相关性的认知率高于同一性的认知率。

3. 浙江青年所认知的实现"中国梦"的重要条件呈现出多样化的特征，主要涉及社会公平、国家政策有利、个人拥有发展机会、经济发展四个方面，其中又以社会公平为绝大多数浙江青年的首选；绝大多数浙江青年认为实现"个人梦"的三大主要条件是依靠自己的才能和努力、国家政策有利和经济发展，其中又以依靠自己的才能和努力为首选。绝大多数浙江青年有信心实现"中国梦"，但同时认为有一定难度；有信心实现"个人梦"，但同时认为存在或高或低的难度者近半数。

4. 绝大多数浙江青年认为要实现"中国梦"所面临的三个最大的阻碍是"官员贪污腐败"、"社会严重不公"和"法制不健全"，其中，又以"官员贪污腐败"的占比最高，居首位；绝大多数浙江青年认为要实现"个人梦"所遇到的三个最大的困难是"房价物价太高"、个人"技能不足"和"社会价值取向过于功利化"，其中，又以"房价物价太高"的占比最高，居首位。

5. 浙江青年在实现"中国梦"过程中对政府的期望呈现出多样化

和多层化的特征，主要涉及促进社会公平、改善民生、加强民族自豪感和自信心三个方面，并以促进社会公平为首选。绝大多数浙江青年对于实现"中国梦"具有强烈的责任感，力求通过自我提升和做好本职工作等作为为社会做出贡献，希望自己能在民族振兴、国家强盛、社会发展中发挥更大的作用。

二　分层分析

进一步的分层分析表明，城乡之间及不同年龄、性别、婚姻状况、受教育程度、户籍、年收入、社会阶层①的青年在以下 11 个方面存在显著性差异。

1. 就对"中国梦"的知晓状况而言，一是年龄较大的青年、职业较接近于社会上层中的管理岗位的青年和行政事业单位的青年的知晓率较高；二是相较于所在社会群体的其他人群，年龄较大的青年、已婚青年、处于社会中层和上层的青年、非当地户籍常住青年、年收入为10 万～15 万元的中等收入青年的知晓度更高；三是传统媒体中的电视新闻、报刊等在年龄较大的青年、社会下层青年、受教育程度较低的青年中的传播力更大，新媒体中的网站、微信等在年龄较小的青年、社会中层青年、受教育程度较高的青年中的传播力更大。

2. 就对"中国梦"的理解而言，女青年更倾向于在个人/家庭层面和社会层面理解"中国梦"，男青年更倾向于在国家和个人/家庭层面理解"中国梦"；已婚青年、年龄较大的青年和中等收入青年更倾向于将"中国梦"与国家强盛联系在一起；社会中层青年更多地在个人/家庭和国家两个层面理解"中国梦"，而社会下层青年更多地处于不解和迷惘之中。

---

① 关于"社会阶层"的划分依据及具体划分情况，见本书第 11 页。

3. 就"个人梦"的内容而言，女青年的"个人梦"更倾向于家庭幸福、自我实现和自我提升，男青年的"个人梦"则更多地与国家富强相关联；多数年龄较小的青年的"个人梦"更倾向于自我实现和自我提升，而年龄较大的青年的"个人梦"更倾向于家庭幸福和国家富强；社会中层青年的"个人梦"更具家庭型倾向；受教育程度较低的青年与受教育程度较高的青年相比，前者的"个人梦"更多地与国家富强联系在一起，后者的"个人梦"更多地与个人成功、家庭幸福相关联；有收入青年"个人梦"的家庭色彩更浓，目前无收入青年"个人梦"的个人色彩更浓，中等收入青年则更多地将"个人梦"与国家富强联系在一起。

4. 就对"中国梦"与"个人梦"关系的认知而言，社会上层青年和高中及以上受教育程度青年更倾向于将"个人梦"的实现置于优先位置，社会中层和下层青年以及初中受教育程度青年更倾向于将"中国梦"的实现置于优先地位。

5. 就对"中国梦"的实现条件的认知而言，受教育程度较高的青年、中等收入青年更强调社会公平在实现"中国梦"中的首要性，女青年和当地户籍青年更强调社会公平和个人发展机会在实现"中国梦"中的首要性。

6. 就对"个人梦"的实现条件的认知而言，女青年更多地认为自己的才能和努力具有首要性；已婚青年更强调国家经济发展带来的有利性，未婚青年和年龄较小的青年更强调机遇以及自己的才能和努力的重要性；社会上层青年更强调自己的才能和努力、国家经济发展两者的重要性和首要性；大多数受教育程度在高中及以上的青年以自己的才能和努力为首选条件，大多数受教育程度在初中及以下的青年以国家政策有利为首选条件，而受教育程度在小学及以下的青年更强调家庭条件的重要性；年收入越低的青年越强调家庭条件的重要性，目前无收入的青年则更多地认为机遇是首要条件。

7. 就对实现"中国梦"和"个人梦"的信心而言，男青年对实现"中国梦"更为乐观；女青年对实现"个人梦"更为乐观；受教育程度较低的青年对实现"中国梦"更为乐观；较之低收入青年和中等偏低收入青年，中等偏高收入青年和高收入青年对"个人梦"的实现更为乐观。

8. 就对实现"中国梦"的最大阻碍的认知而言，一是18～24周岁的低龄青年更强调"社会严重不公"，35～39周岁的中高龄青年更强调"改革遇到困难"；二是处于社会下层和农村的青年更强调"官员贪污腐败"，处于社会中层的青年更强调"社会严重不公"，处于社会上层的青年更强调"法制不健全"和"改革遇到困难"；三是受教育程度越高的青年越强调"法制不健全""社会严重不公""改革遇到困难"，受教育程度越低的青年越强调"官员贪污腐败"；四是相较于高收入和低收入青年，中等收入青年更强调"改革遇到困难"和"社会严重不公"。

9. 就对实现"个人梦"的最大困难的认知而言，男青年、已婚青年、30周岁及以上年龄的青年、城镇青年、社会上层青年、受教育程度为初中及以上的青年、有收入青年更强调来自国家/社会层面的困难，女青年、未婚青年、30周岁及以下年龄的青年、农村青年、目前无收入和低收入青年更强调来自个人层面的困难，暂住/流动青年、受教育程度为小学及以下的青年更强调来自家庭层面的困难。

10. 就对政府在实现"中国梦"中为青年作为的期望而言，相较于处于同一社会群体中的其他人群，30～34周岁的中龄青年、受教育程度为小学及以下的青年更期望政府在控制房价物价上更有作为；女青年更期望政府在推进社会公平、控制房价物价和促进个人发展这三方面更有作为；社会下层青年更期望政府在推进社会公平、控制房价物价、提高民族自豪感和自信心这三方面更有作为；受教育程度越高的青年越期望政府在推进社会公平和完善社会保障制度这两方面更有作为；目前无收入和低收入青年更期望政府在增加就业机会上更有作为；城镇青年更期望政府在推进社会公平上更有作为；当地户籍青年更期望政府在推进社会公平和完善社会保障制度上更有作为。

11. 就对青年人在实现"中国梦"中应有作为的认知而言，女青年更强调提升自我、创业与创新、热心公益及增强民族自豪感和自信心这四者是青年人在实现"中国梦"中应有的作为，其主观能动性弱于男青年；年龄越小的青年越强调提升自我、25～34周岁的中龄青年更强调做好本职工作是青年人在实现"中国梦"中应有的作为；社会中层青年更强调做好本职工作是青年人在实现"中国梦"中应有的作为，其主观能动性弱于社会上层和下层青年；城镇青年更强调提升自我和热心公益这两者是青年人在实现"中国梦"中应有的作为；受教育程度越高的青年越强调提升自我、做好本职工作及增强民族自豪感和自信心是青年人在实现"中国梦"中应有的作为，其中，受教育程度为大专及以上的青年的主观能动性明显弱于受教育程度为小学及以下的青年。

三 结论建议

根据以上分析，本研究对此做出以下四项结论，同时，对进一步在浙江青年中开展"中国梦"的宣传、推进"中国梦"的践行，以更快更好地实现"中国梦"提出相应的建议。

1. "中国梦"虽在浙江青年中有较高的知晓率和知晓度，但仍有较大的传播空间，尤其是在年龄较小的青年、当地户籍和暂住/流动青年、低收入青年以及社会中下层青年中，有更大的传播空间。因此，建议根据不同社会群体的特点，以传统媒体为主，重视新媒体的应用，进一步开展"中国梦"及其相关内容的宣传，从而在青年中不断提高其对"中国梦"的知晓率，扩大其对"中国梦"的知晓度。

2. 安居乐业和国家强盛是浙江青年对"中国梦"的两大基本理解，企业家和政治领袖是浙江青年所认为的追求"中国梦"的两大类榜样人物，家庭幸福在浙江青年的"个人梦"中占据首要地位，相关性和同一性是浙江青年对"中国梦"和"个人梦"关系的基本认知。当然，不同社会身份的青年对"中国梦"的理解和对代表人物的认知，以及其"个人梦"的构成也存在多样化和多元化的特点，而处于社会下层的青年对于"中国梦"则较多地处于不解和困惑之中。因此，建议在浙江青年对"中国梦"与"个人梦"的基础认知上，以家庭/个人生活美好和国家强盛为两大切入点，以具有创业、创新精神的企业家和具有为国为民奉献精神的政治领袖的事迹为主体内容，进一步开展"中国梦"精神的宣传教育，树立能获得公众认可的榜样人物形象，以使浙江青年更全面、更深入地理解"中国梦"的精神，把握"中国梦"与"个人梦"的实质，确定自己的奋斗目标。

3. 绝大多数浙江青年认为社会公平是实现"中国梦"的重要条件和首要条件、自己的才能和努力及自我提升等个人因素是实现"个人梦"的重要条件和首要条件，将这与其所期望的政府在实现"中国梦"中的最大作为是推进社会公平及其认为的提升自我和做好本职工作是青年人在实现"中国梦"中应有的最大作为相联系，即可看出，推进社会公平是浙江青年在实现"中国梦"与"个人梦"中对政府的最大需求，努力提升自我和做好本职工作是浙江青年在实现"中国梦"与"个人梦"中对自己的最基本要求。当然，不同社会身份的青年对"中国梦"和"个人梦"得以实现的重要条件和首要条件的认知、对政府的期望和对自我的要求也存在多样化和多层次化的特点。另外，主观能动性较弱者也占一定比例，其中，女青年、社会中层青年、受教育程度较高的青年中主观能动性较弱者的占比较高。因此，建议在建立和实施相关的、总体性的推进社会公平、扶持青年成长的公共政策时，应同时考虑城乡及不同性别、年龄、社会阶层、婚姻状况、户籍、受教育程度、年收入青年的生存状况和发展需求，从而更有针对性地出台相应的性别政策、阶层政策、城乡政策等，使青年人能更明晰地看到实现"中国梦"与"个人梦"的有利条件和必要条件，进而更积极主动地投身于实现"中国梦"的伟大事业中，同时也能更好地实现"个人梦"。

4. 多数浙江青年有信心实现"中国梦"和"个人梦"，但信心不足者也占较高比例。官员贪污腐败、社会不公和法制不健全是绝大多数浙江青年所认为的实现"中国梦"的最大阻碍，其中，又以官员贪污腐败居首位；房价物价过高、个人技能不足和社会价值取向过于功利化是绝大多数浙江青年所认为的实现"个人梦"的最大困难，其中，又以房价物价过高居首位。因此，建议政府在宣传和践行"中国梦"的过程中，进一步将清正廉明的政府建设和民生保障放在首位，重视促进社会公平和健全法制，关注对青年的技能培训、重视青年人的能力成长，加大正确理想信念宣传和民族自豪感、自信心教育的力度，不断强化社会主义核心价值观和价值体系的导向作用和规范作用，以使青年人进一步提高实现"中国梦"与"个人梦"的信心，提升实现"中国梦"与"个人梦"的能力，坚定实现"中国梦"与"个人梦"的理想，在实现"中国梦"与"个人梦"中发挥更大的作用。

第二章　浙江青年 "中国梦" 的特征

一　调查方法与样本分布

（一）研究背景

"中国梦"一词作为一个研究概念的提出始于 20 世纪 80 年代中后期，可以说，中国学者研究与传播 "中国梦" 的理念已持续多年[①]，但 "中国梦" 引起中国及全世界的普遍关注、研讨和热议，则始于习近平总书记 2012 年年底首次阐述 "中国梦" 之后——"中国梦" 由此成为一种社会理念和理想。在一大批海内外学者的推动下，"中国梦" 研究活动持续推进，研究成果 " '井喷式' 涌现"[②]，超过历年之总和。当前，学术界关于 "中国梦" 的研究主要围绕 "中国梦" 的理论意义与时代价值，"中国梦" 的世界意义与国际比较，"中国梦" 的本质内涵与基本特征，"中国梦" 的认知、实现路径与面临的挑战[③]，

---

① 张可荣：《"中国梦" 研究述评》，《长沙理工大学学报（社会科学版）》2014 年第 2 期。
② 孙来斌、黄兰：《中国梦研究述评》，《当代世界与社会主义》2013 年第 4 期。
③ 孟东方、王资博：《中国梦的内涵、结构与路径优化》，《重庆社会科学》2013 年第 5 期。

以及"中国梦"研究的努力方向五个方面展开，但从近期研究成果来看，其中存在着一些问题。一是侧重单一维度的研究较多，多维度的交叉研究较少；二是侧重定性研究的成果较多，定量研究的成果较少；三是一般性研究较多，针对各类群体的具体对策性研究较少。因此，本研究认为，在"中国梦"的研究视角上，应进一步加强多层面、多维度、跨学科的交叉分析；在"中国梦"的研究方法上，应有意识地将定性研究与定量研究结合起来，建立多层次、全方位的研究方法体系；在"中国梦"的研究内容上，应进一步加深对各群体关于"中国梦"认知的研究，包括认知内涵、结构、面临的挑战、思想路径等。

2013 年 5 月 4 日，习近平总书记在同各界优秀青年代表座谈时指出："中国梦是我们的，更是你们青年一代的。中华民族伟大复兴终将在广大青年的接力奋斗中变为现实。"[①] "中国梦"这一壮丽蓝图的建设不是能够一蹴而就的，而是需要几代人不懈奋斗的。青年是整个社会力量中最富朝气、最能创新、最擅开拓的群体，是推动社会前进的最重要力量，其对"中国梦"及其实现路径的理解与践行直接关系着中国力量的凝聚和"中国梦"的实现。因此，以青年为主体，研究其对"中国梦"内涵的理解与建构、其所认知的"个人梦"与"中国梦"的关系及"中国梦"的实现途径等，引导青年一代树立健康理性的民族意识、国民心态、理想信念，就显得尤为必要和紧迫。

目前，尽管各级各部门已经展开有关"中国梦"的宣传教育行动，各地也陆续开展了一些关于"中国梦"的社会调研，但国内尚无专门针对青年群体认知理解"中国梦"的、具有较高科学性的专题调查，若干对于青年群体的研究也多以在校学生为主，缺乏广泛性。鉴

---

① 习近平：《在同各界优秀青年代表座谈时的讲话》，《中国青年报》2013 年 5 月 5 日，第 1 版。

于此，为更全面深入地了解当代青年对于"中国梦"的认知与愿景，以及不同青年群体的相关特征，本课题以浙江青年为例，研究当代青年对"中国梦"与"中国梦"实现路径的认知和愿景的总体特征及不同群体的特征，以更有针对性地开展相关的宣传教育活动，更有效地引导青年人践行"中国梦"，更好地为青年人实现"中国梦"与"个人梦"创造条件。

（二）总体设计

本课题研究的目标群体为浙江青年，借助电话问卷调查、座谈会、个案访谈、意愿征集等多种调查手段，以浙江青年对"中国梦"的知晓、理解与认知，对"中国梦"与"个人梦"实现条件的认知和信心，对实现"中国梦"面临的挑战和政府及自己作为的认知为三大组成部分，探讨浙江青年对"中国梦"的理解和相关特征。

本课题将研究对象定位为各行业中心智相对成熟、社会关系相对独立、已经承担社会责任的青年群体。同时，根据联合国世界卫生组织对"青年"的年龄界定，本课题所指的"青年"为18~44周岁者。

为了更清晰地了解不同青年群体在理解"中国梦"、践行"中国梦"中的差异，本课题进一步根据年龄、性别、婚姻状况、社会阶层、城乡、户籍、受教育程度、年收入八项指标对受访者进行差异性分析。其中，社会阶层是依据中国社会科学院社会学研究所提出的社会分层标准，以受访者的职业为基础进行划分的，具体为：以行政事业单位领导、企业管理人员、私营企业主为社会上层；以行政事业单位一般办事人员、专业技术人员、企业员工（非体力劳动）、个体工商户为社会中层；以商业及服务业工作人员、产业工人（体力劳动）、农民、失业或半失业者为社会下层；以全日制在校学生、军人和自由职业者等为其他阶层。

（三）调查方法

本调查采取电话问卷调查、个案访谈、座谈会和意愿征集相结合的方法，力图以定量调查的电话问卷调查了解概况，以定性调查的个案访谈、座谈会和意愿征集的方法了解具体情况；力求在广度和深度两个方面、在分层和分维度两个角度，更为全面、深入地了解和把握浙江青年对"中国梦"的理解和践行特征。

电话问卷调查由课题组设计调查问卷，由浙江省具有较高权威的杭州赛腾企业管理咨询有限公司实施。实施者借助计算机辅助电话访问（CATI）的平台，在浙江省范围内，按照人口统计数据①，对年龄18～44周岁的城乡居民按电话号码随机抽样，获得受访者，由调查员提问，受访者匿名回答。电话问卷调查的实施时间是2013年7月18～25日，累计获得1000个有效样本。

鉴于作为"白领"的中等收入阶层在社会发展与社会稳定中的基础作用，本课题在杭州、宁波、丽水等地选取了15名年龄在25～40周岁的城市非体力劳动者（包括行政事业单位一般办事人员、专业技术人员、企业员工）作为访问对象，结合其年龄和职业特征，有针对性地进行了有关"城市青年白领"的"中国梦"个案深度访谈。

鉴于体力劳动者，尤其是流入城市的农村务工青年在社会转型期生活与发展所面临的特殊问题，本课题在杭州城郊这一外来人口集中居住地召开了主要针对从事体力劳动的外来务工青年的座谈会，以了解他们对"中国梦"的理解和需求。

此外，本课题还获得了杭州市"新杭州人志愿者服务站"征集的2000余份外来务工者关于"我的中国梦"的心愿卡片作为调查补充资料。

---

① 具体数据来源见本书第14页。

（四）问卷设计

考虑到电话问卷调查的特殊性，课题组对调查问卷进行了反复修改和试调查，最终确定了包含 14 道单选题、11 道多选题、2 道开放题的电话调查问卷。平均每个有效样本的调查时间在 12 分钟，符合电话调查的常规题量要求。

调查问卷包括以下三大部分。

第一部分为先行甄别题，对受访者的年龄、职业和是否听说过"中国梦"进行了解，以筛除不符合年龄要求的受访者，并对受访者的职业分布进行控制，避免某些职业群体受访者在总体中所占比重过大，从而确定调查人群。

第二部分为调查问卷主体，具体框架如表 2-1 所示。

表 2-1 浙江青年"中国梦"调查问卷框架

一、筑梦：知晓、理解与认知	
（一）知晓状况	1. 知晓率
	2. 知晓度
	3. 知晓渠道
（二）理解与认知	1. 对"中国梦"的理解（多选）
	2. 追求"中国梦"的榜样人物（开放式回答）
	3. "个人梦"的内容（多选）
	4. 对"中国梦"与"个人梦"关系的认知
二、逐梦：条件与信心	
（一）实现条件	1. "中国梦"的实现条件（多选）
	2. "个人梦"的实现条件（多选）
（二）信心	1. 对实现"中国梦"的信心
	2. 对实现"个人梦"的信心

续表

三、圆梦：挑战与作为	
（一）困难与阻碍	1. 实现"中国梦"的最大阻碍（多选）
	2. 实现"个人梦"的最大困难（多选）
（二）作为	1. 对政府的期望
	2. 对青年人应有作为的认知

第三部分为受访者个人信息，包括性别、目前居住地（城镇或农村）、户籍、受教育程度、婚姻状况和年收入6个方面。其中，户籍分为当地户籍、非当地户籍常住（居住半年以上）、暂住或流动（居住半年以下）三类；年收入划分为5万元以下、5万～10万元、10万～15万元、15万元以上及目前无收入5个层次。这6类个人信息，加上先行甄别题中的年龄与职业信息，构成本课题分层分析的8类分层依据。

（五）电话问卷调查样本分布

本课题电话问卷调查采取分层抽样的方法，对样本的区域分布、年龄和职业类型进行了一定的控制，但由于电话问卷调查抽样方式的特殊性以及不同群体回答意愿的差异性，最终获得的有效样本的人口特征中的个别数据仍与全省的总体特征存在一定差异。现将8类分层数据分布列出，并补充调查样本的"区域"数据分布。

1. 区域。根据《浙江统计年鉴2012》中各地级市常住人口数据，结合浙江省第六次全国人口普查数据中的外来人口信息，本次调查按照经济社会发展水平将调查区域划分为杭宁温、湖嘉绍台舟、金丽衢三部分，样本的具体分布情况见表2-2。经对比，样本的区域比例基本符合全省人口分布的区域比例。

表 2 - 2　样本的区域分布

单位：人

执行区域	区域一			区域二					区域三		
	杭州	宁波	温州	湖州	嘉兴	绍兴	台州	舟山	金华	丽水	衢州
样本量	149	148	150	70	71	70	71	71	66	67	67

2. 城乡。在接受电话问卷调查的对象中，当前居住地为城镇者占 67.2%，为农村者占 32.8%。与浙江省第六次全国人口普查数据相比，受访者中城镇人口的比例高 5.6 个百分点，城乡分布特征相近。

3. 户籍。在接受电话问卷调查的对象中，拥有居住地当地户籍者占 77.9%，居住半年以上的非当地户籍常住者占 11.8%，居住半年以下的暂住或流动者占 10.3%。与浙江省第六次全国人口普查数据相比，当地户籍人口的比例低 0.4 个百分点，户籍分布特征基本相同。

4. 性别。在接受电话问卷调查的对象中，男性占 70.6%，女性占 29.4%。与浙江省第六次全国人口普查数据相比，男性的比例高 19.2 个百分点，女性的比例低 19.2 个百分点，即男性人口占比较高，女性人口占比较低。

5. 婚姻状况。在接受电话问卷调查的对象中，婚姻状况为已婚者占 77.2%，未婚者占 22.2%，离异者占 0.5%，拒绝回答者占 0.1%。与浙江省第六次全国人口普查中最接近的 20～44 周岁组婚姻状况数据相比，已婚者的比例高 1.0 个百分点，未婚者基本相同，离异者低 0.8 个百分点，丧偶者低 0.1 个百分点，即婚姻状况分布特征基本相同。

6. 年龄。在接受电话问卷调查的对象中，年龄为 18～24 周岁者占 10.6%，为 25～29 周岁者占 21.3%，为 30～34 周岁者占 27.8%，为 35～39 周岁者占 20.2%，为 40～44 周岁者占 20.1%。与浙江省第六次全国人口普查中最接近的 20～44 周岁组的年龄分布数据相比，

20~24 周岁者的比例低 12.3 个百分点，25~29 周岁者高 3.7 个百分点，30~34 周岁者高 10.4 个百分点，35~39 周岁者低 0.3 个百分点，40~44 周岁者低 1.6 个百分点，即 30~34 周岁者占比较高，20~24 周岁者占比较低，其他年龄组基本相近。

7. 受教育程度。在接受电话问卷调查的对象中，受教育程度为小学及以下者占 3.4%，初中者占 10.5%，高中/中专/中职者占 20.3%，大专者占 22.3%，本科及以上者占 43.5%。与浙江省第六次全国人口普查中最接近的 20~44 周岁组的受教育程度数据相比，本科及以上者的比例高 35.9 个百分点，大专者高 13.4 个百分点，高中/中专/中职者高 3.6 个百分点，初中者低 39.9 个百分点，小学及以下者低 12.9 个百分点，即高中/中专/中职及以上者占比较高，其他受教育程度组占比较低。

8. 年收入。在接受电话问卷调查的对象中，年收入为 5 万元以下者占 30.2%，5 万~10 万元者占 37.5%，10 万~15 万元者占 12.0%，15 万元以上者占 12.5%，目前无收入者（主要为全日制在校学生）占 6.4%，拒绝回答者占 1.4%。本次调查样本中城镇就业者和农村劳动者的年收入情况分别如图 2-1、图 2-2 所示。经计算，城镇就业者和农村劳动者年收入的中位数分别为 8.01 万元和 4.70 万元。结合对《浙江统计年鉴 2013》报告的城镇居民按可支配收入分组中的人均可支配收入、每一就业者的负担人数，以及农村居民按人均纯收入等级分组中的人均纯收入、每一劳动者的负担人数的数据进行处理，可以得出 2012 年浙江省城镇就业者可支配收入和农村劳动力纯收入的中位数分别为 5.98 万元和 1.71 万元。相比较而言，接收电话调查的城镇就业者和农村劳动者收入的中位数分别偏高 2.03 万元和 2.99 万元。

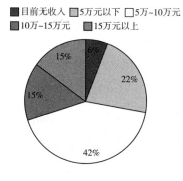
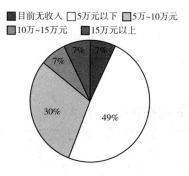

图 2 - 1　样本中城镇就业者的
　　　　　年收入情况

图 2 - 2　样本中农村劳动者的
　　　　　年收入情况

9. 职业。在接受电话问卷调查的对象中，职业分布如图 2 - 3 所示。对其进行重新分组后（不计入全日制在校学生、失业/半失业者），与浙江省第六次全国人口普查中最接近的 20 ~ 44 周岁组的职业分布数据相比，单位负责人的比例高 6.2 个百分点，专业技术人员高 9.0 个百分点，办事人员和有关人员高 31.4 个百分点，商业/服务业工作人员低 9.7 个百分点，农林牧渔水利业生产人员低 4.3 个百分点，生产运输设备操作人员及有关人员低 45.0 个百分点，不便分类的其他从业人员高 5.2 个百分点，即单位负责人、专业技术人员、办事人员占比较高，商业/服务业工作人员、生产运输设备操作人员和农林牧渔水利业生产人员占比较低。

总的来说，本研究的电话问卷调查有效样本的分层数据分布与浙江省青年人口分布的特征大致相近。但相比较而言，受教育程度偏高，男性比例偏高，年收入偏高，职业类型中体力劳动者和农民的比例偏低。对此，本课题以个案访谈、座谈会和意愿征集的方法加以弥补和纠偏，进而获得具有较高信度和效度的资料，以使调查结论可以推论总体。

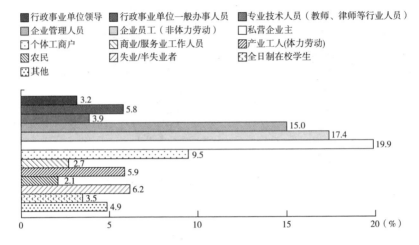

图例：
- 行政事业单位领导
- 行政事业单位一般办事人员
- 专业技术人员（教师、律师等行业人员）
- 企业管理人员
- 企业员工（非体力劳动）
- 私营企业主
- 个体工商户
- 商业/服务业工作人员
- 产业工人(体力劳动)
- 农民
- 失业/半失业者
- 全日制在校学生
- 其他

图 2-3 样本的职业分布

二 总体特征

（一）筑梦：知晓、理解与认知

1. 知晓状况

（1）知晓率：总知晓率为60%以上。

调查显示，在1569名受访者中，听说过"中国梦"这一词者为1000人，占63.7%，未听说过"中国梦"这一词者为569人，占36.3%。即浙江青年对"中国梦"这一词的知晓率为63.7%。与广东省已发布的无年龄限制民众有关中国梦的相关调查结果相比（广东省的这一比例为52.5%），浙江省高出11.2个百分点。这表明，浙江青年对"中国梦"的知晓率相对较高。

（2）知晓度：总知晓度为80%以上。

调查显示，在1000名知晓"中国梦"这一词的受访者中，能够准确回答出"中国梦"的具体内容是要实现"国家富强、民族振兴、人民幸福"者为837人，占83.7%。上述广东省的调查结果中，仅

49.0%的被调查者能够准确回答出"中国梦"的具体内容。这表明，浙江青年对"中国梦"的知晓度相对较高。

（3）知晓渠道：以传统媒体中的电视新闻为主。

调查显示，知晓"中国梦"的受访者中，有64.6%的受访者是通过电视新闻知晓"中国梦"的，其占比为最高；网站、论坛其次，占比为20.7%；余者，报纸/杂志、其他人所说和单位文件传达，占比分别为4.7%、3.1%和3.0%。此外，还有3.9%的受访者是通过广播、会议、微博、宣传栏、微信等渠道知晓"中国梦"的。具体见图2-4。

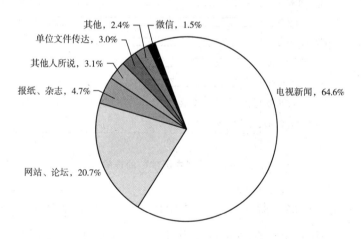

图 2-4　"中国梦"的知晓渠道

这表明，浙江青年知晓"中国梦"的渠道较为多样，网络传播、微信传播等新媒体渠道虽占一定比例，但仍以传统媒体中的电视新闻为首要渠道。

2. 理解与认知

（1）对"中国梦"的理解：大多数浙江青年对"中国梦"的理解是安居乐业和国家强盛。

调查显示，关于对"中国梦"的理解（可多选），受访者中选择"安居乐业、有稳定的工作和生活""国家强盛"两项的，占比均超过半数，分别为51.5%和50.1%，为最高的两项；选择"社会和谐与公正"、"'个人梦'的实现"和"经济增长"的，占比分别为35.5%、28.5%和21.2%；有12.4%的受访者选择了惩治贪腐、环境问题、国家安全、食品安全、医疗保障、养老保障、房价物价、教育等；有4.4%的受访者表示"没有任何想法"。具体见图2-5。

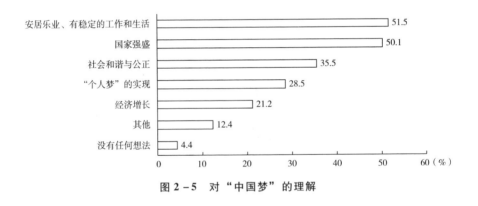

图2-5 对"中国梦"的理解

这表明，大多数浙江青年对"中国梦"的理解主要由家庭/个人层面的"安居乐业、有稳定的工作和生活"与国家层面的"国家强盛"构成。

（2）追求"中国梦"的榜样人物：企业家和国家领导人被认为是追求"中国梦"的两大类榜样人物。

调查显示，关于当代追求"中国梦"的榜样人物，44.3%的受访者提及了如马云、陈光标、马化腾、俞敏洪等企业家，31.0%的受访者提及了如习近平、李克强、朱镕基等国家领导人，这两者占有相对较高的比例；14.6%的受访者提及了如聂海胜、杨利伟、王亚平等航天明星；9.6%的受访者提及了如钱学森、袁隆平、莫言等科学家或作家；8.1%的受访者提及了如成龙、李连杰等娱乐明星；7.8%的受访者提及了如姚明、李娜等体育明星；4.9%的受访者提及了如吴斌、吴菊萍等道德模范人物。此外，6.5%的受访者提及了其他职业者或自己的亲人、朋友。具体见图2-6。

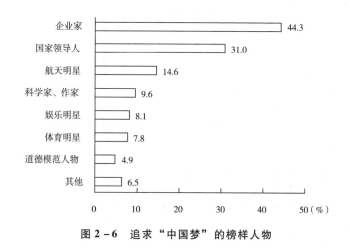

企业家 44.3
国家领导人 31.0
航天明星 14.6
科学家、作家 9.6
娱乐明星 8.1
体育明星 7.8
道德模范人物 4.9
其他 6.5

图2-6 追求"中国梦"的榜样人物

这表明，大多数浙江青年以企业家和国家领导人为追求"中国梦"的两大类代表人物。

（3）"个人梦"的内容：以家庭生活幸福为主，并将其与物质生活富裕、自我实现和自我提升、国家实力更强结合在一起，四者构成浙江青年"个人梦"的"基本面"。

调查显示，关于"个人梦"的内容（可多选），受访者中选择"家庭生活幸福"的，占58.8%。余者，选择"物质生活富裕"的，占39.8%；选择"自我实现、自我提升"的，占35.9%；选择"国家实力更强"的，占33.2%；在"其他"选项中注明为"社会和谐稳定""社会民主公平""工作顺利""教育水平提升""食品安全""精神富有"等的，共占14.8%。此外，有3.6%的受访者表示自己"没什么梦想"。具体见图2-7。

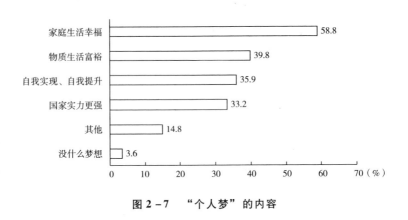

图2-7 "个人梦"的内容

这表明，浙江青年的"个人梦"较为多样，但居首位的是家庭生活幸福，其次为物质生活富裕、自我实现与自我提升及国家实力更强，这四者结合在一起，形成浙江青年"个人梦"的"基本面"。

（4）对"个人梦"与"中国梦"关系的认知：相关性与同一性为基本认知。

调查显示，就对"中国梦"与"个人梦"关系的认知而言，受访者中认为"'中国梦'和'个人梦'是一样的"的，占38.2%；认为"只有实现了'中国梦'，'个人梦'才能实现"的，占28.1%；认为"只有'个人梦'实现了，'中国梦'才能真正实现"的，占26.6%；仅有5.6%的受访者认为"中国梦"和"个人梦"之间"没有什么关系"。具体见图2-8。

这表明，相辅相成的相关性与一体化的同一性为大多数浙江青年对"中国梦"与"个人梦"之间关系的基本认知，而其中，又以相关性的认知为主。

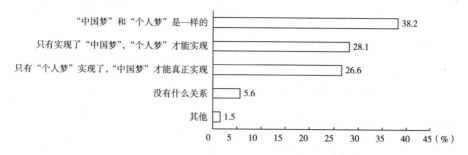

图 2-8 对"个人梦"与"中国梦"关系的认知

（二）逐梦：条件与信心

1. 实现条件

（1）"中国梦"的实现条件：多样化但以社会公平为主。

调查显示，关于"中国梦"的实现条件（可多选），受访者中认为最重要的条件是"社会公平"的，占 68.1%。余者，认为是"国家政策好"的，占 45.4%；认为是"让每个人都有发展机会"的，占 43.2%；认为是"经济发展"的，占 40.2%。此外，9.1% 的受访者认为加强国防安全、加大反腐力度、提高国民素质、社会和谐稳定、个人努力等是实现"中国梦"的最重要条件。具体见图 2-9。

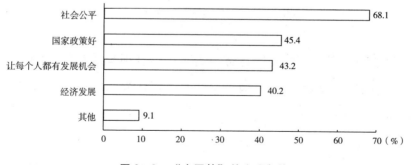

图 2-9 "中国梦"的实现条件

这表明，大多数浙江青年所认知的"中国梦"的实现条件较为多样，主要包括"社会公平""国家政策好""让每个人都有发展机会""经济发展"四个方面，其中又以"社会公平"居首位，被近70%的受访者认为是实现"中国梦"的最重要条件。

（2）"个人梦"的实现条件：多样化但以"自己的才能与努力"为主。

调查显示，关于"个人梦"的实现条件（可多选），受访者中选择"自己的才能与努力"的，占60.0%。余者，选择"国家政策对自己有利"的，占47.0%；选择"国家经济发展"的，占29.5%；选择"机会与运气"的，占19.3%；选择"家庭条件好"的，占13.2%。具体见图2-10。

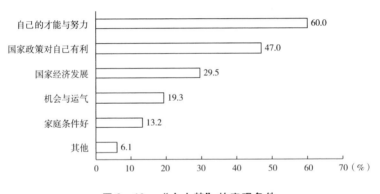

图2-10 "个人梦"的实现条件

这表明，以个人的才能与努力为主，结合国家政策的有利性和国家经济发展的大环境，三者构成浙江青年所认为的实现"个人梦"需具备的重要条件。

2. 信心

（1）对实现"中国梦"的信心：绝大多数人有信心，但同时认为有一定的难度。

调查显示，对于实现"中国梦"的难易程度，受访者中认为"非常容易"的，占0.7%；认为"比较容易"的，占6.0%；认为"一般"的，占26.6%；认为"比较难"的，占46.8%，认为"非常难"的，占12.6%；认为"不可能实现"的，占2.6%；另有4.7%的人表示"说不清楚"（见图2-11）。即，59.4%的受访者认为实现"中国梦"有一定的难度，还有少部分人（7.3%）处于缺乏信心和迷惘的状态之中。

（2）对实现"个人梦"的信心：多数人有信心，但认为有一定难度者亦近半数。

调查显示，对于实现"个人梦"的难易程度，受访者中认为"非常容易"的，占0.5%；认为"比较容易"的，占7.0%；认为"一般"的，占41.4%；认为"比较难"的，占35.1%；认为"非常难"的，占11.6%；另有4.4%的人表示"说不清楚"（见图2-12）。可见，多数人有信心实现"个人梦"，但认为有一定的难度者也占46.7%，近半数。

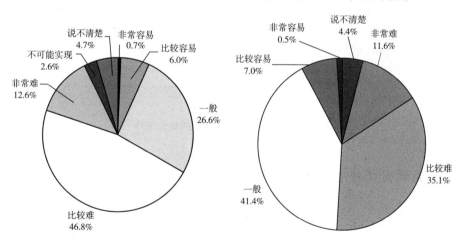

图2-11　实现"中国梦"的难易程度　　图2-12　实现"个人梦"的难易程度

（三）圆梦：挑战与作为

1. 困难与阻碍

（1）实现"中国梦"的最大阻碍："官员贪污腐败"、"社会严重不公"和"法制不健全"为三大主要阻碍。

调查显示，关于实现"中国梦"的最大阻碍（可多选），超过一半的受访者认为是"官员贪污腐败"，比例为54.6%，远远高于其他选项。余者，认为是"社会严重不公"的，占36.2%；认为是"法制不健全"的，占34.9%；认为是"改革遇到困难"的，占16.6%；认为是"经济增长放缓"的，占13.2%。此外，有的受访者还论及"国际形势对我们不利""国民素质低下，尚未树立正确的世界观价值观""贫富差距较大""政策执行力度不够"等，比例共占9.6%。具体见图2－13。

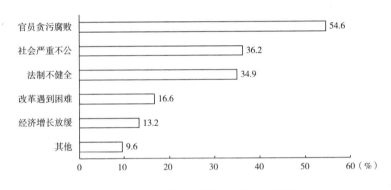

图2－13 实现"中国梦"的最大阻碍

这表明，绝大多数浙江青年认为"官员贪污腐败"、"社会严重不公"和"法制不健全"是实现"中国梦"的三大主要阻碍。其中，"官员贪污腐败"被认为是阻碍"中国梦"实现的最主要因素。

（2）实现"个人梦"的最大困难："房价物价太高，生活不易"、个人"技能不足"和"社会价值取向过于功利化"为三大主要困难。

调查显示，关于实现"个人梦"的最大困难（可多选），受访者中认为来自国家/社会层面的，占61.7%；认为来自个人层面的，占

41.2%；仅有12.4%的人认为实现"个人梦"的最大困难来自家庭层面。

从表2-3可看出，总体而言，居前三位的困难分别是房价物价太高、个人技能不足、社会价值取向的强功利性。具体而言，以10%为较高比例进行统计，国家/社会层面超过10%的六大困难依次为："房价物价太高，生活不易"，占28.1%；"社会价值取向过于功利化"，占18.5%；"国家政策不利于自己发展"，占17.4%；"缺少平台和机遇"，占17.3；"社会偏见与歧视"，占12.8%；"缺乏必要的社会保障"，占12.6%。

表2-3　实现"个人梦"的最大困难

单位：%

困难来源	总排序	实现"个人梦"的最大困难	占比
个人层面	2	技能不足	19.6
	6	不够努力	14.7
	9	学历有限	10.5
	12	健康状况不佳	2.3
家庭层面	10	经济条件不好	6.1
	11	家庭负担很重（赡养老人、抚养孩子）	3.9
	12	社会关系不够多	2.3
	14	自己不是富二代/官二代（父母的社会地位不高）	1.8
	15	家里人不支持	1.6
国家/社会层面	1	房价物价太高，生活不易	28.1
	3	社会价值取向过于功利化	18.5
	4	国家政策不利于自己发展	17.4
	5	缺少平台和机遇	17.3
	7	社会偏见与歧视	12.8
	8	缺乏必要的社会保障	12.6

个人层面超过 10% 的三大困难依次为："技能不足"，占 19.6%；"不够努力"，占 14.7%；"学历有限"，占 10.5%。余者，认为是"健康状况不佳"的，占 2.3%。

家庭层面没有超过 10% 的原因，其占比顺序依次为："经济条件不好"，占 6.1%；"家庭负担很重"，占 3.9%；"社会关系不够多"，占 2.3%；"自己不是富二代/官二代"，占 1.8%；"家里人不支持"，占 1.6%。

这表明，绝大多数浙江青年认为实现"个人梦"的三大主要困难是"房价物价太高，生活不易"、个人"技能不足"和"社会价值取向过于功利化"。

2. 作为

（1）对政府的期望：具有多样化和多层化的特征，其中又以要为青年人"提供公平竞争的环境"为绝大多数人的首选。

调查中有"您认为要实现'中国梦'，政府应该为青年人做些什么"一问。受访者所选答案中，期望政府为青年人"提供公平竞争的环境"以 61.5% 的占比居首位。余者，选择"控制房价物价"的，占 43.6%；选择"增加就业机会"的，占 42.5%；选择"完善社会保障制度"的，占 41.5%；选择"提供创业支持"的，占 37.4%；选择"提供培训机会"的，占 35.1%；选择"增强民族自豪感和自信心"的，占 28.2%。此外，还有提及"重视教育问题""帮助青年人树立正确的人生观和价值观"等其他答案的，占比为 5.9%。具体见图 2-14。

这表明，浙江青年对于实现"中国梦"中政府为青年人作为的期望具有多样化和多层化的特征，包括促进社会公平、改善民生、加强民族自豪感和自信心等多方面，涉及物质和意识形态两大领域。其中，又以促进社会公平为绝大多数青年人的首选，即绝大多数青年人首先期望政府能为其提供一个公平竞争的社会环境。

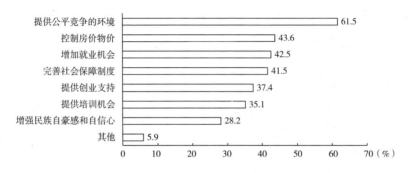

图 2－14　政府应如何为青年人作为才能圆梦

（2）对青年人应有作为的认知：大多数青年人有力求通过自我提升和做好本职工作为社会做出贡献的意识。

调查中有"您认为要实现'中国梦'，青年人应该怎样做"一问。所得数据显示，认为青年人应该"努力提升自我"者，占64.2%；应该"做好本职工作"者，占56.0%；应该"创业、创新"者，占43.3%；应该"热心公益"者，占33.6%；应该"增强民族自豪感和自信心"者，占32.9%；应该"为政府献计献策"者，占29.4%。此外，有提及"响应国家政策""树立正确的人生观价值观""有信仰"等其他答案的，占4.8%；有2.6%的人表示"没什么想法"。具体见图2－15。

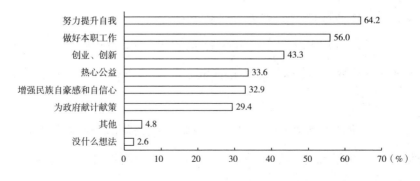

图 2－15　青年人应如何作为才能圆梦

这表明，浙江青年对于实现"中国梦"具有强烈的责任感，力求通过自我提升和做好本职工作为社会做出贡献，希望能为民族、国家、社会的发展发挥更大的作用。

三　分层特征

（一）筑梦的分层特征

1. 知晓状况

调查结果显示，无论城乡，无论何种性别、年龄、婚姻状况、户籍、受教育程度、社会阶层、年收入，青年人对"中国梦"的知晓率在50%以上，知晓度在80%左右；以从电视新闻获知相关信息者占多数，网站、微信等占一定比例。即，无论何种社会身份，大多数浙江青年知晓"中国梦"，且较清晰、准确地知晓"中国梦"的内容；传统媒体中的电视新闻是传播"中国梦"信息的主渠道，网站、微信等新媒体具有一定影响力。

（1）知晓率：年龄较大者、职业为社会上层和中层中的管理岗位者和行政事业单位工作者较高。

从对差异性的分析来看，年龄、职业与"中国梦"的知晓率之间具有显著的相关性，而城乡间及不同性别、婚姻状况、户籍、受教育程度、年收入者之间的差异不具有显著性。

对年龄的分层分析显示，40~44周岁组的知晓率为75.6%，明显高于其他年龄组；18~24周岁组的知晓率为50.2%，明显低于其他年龄组（见表2-4）。

对社会阶层与职业的分层分析显示，行政事业单位领导的知晓率为86.5%，明显高于其他职业者；失业/半失业者的知晓率为40.8%，明显低于其他职业者（见表2-5）。

表2-4　知晓率的年龄比较

单位：%

是否听说过"中国梦"	18~24周岁	25~29周岁	30~34周岁	35~39周岁	40~44周岁	显著性
是	50.2	59.0	66.8	64.1	75.6	＊＊＊
否	49.8	41.0	33.2	35.9	24.4	

注：＊表示在0.05的水平上差异显著，为弱显著性；＊＊表示在0.01的水平上差异显著，为中显著性；＊＊＊表示在0.001的水平上差异显著，为强显著性。下同。

表2-5　知晓率的社会阶层与职业比较

单位：%

社会阶层与职业	是否听说过"中国梦"	
	是	否
社会上层	70.9	29.1
行政事业单位领导	86.5	13.5
企业管理人员	70.7	29.3
私营企业主	61.9	38.1
社会中层	71.0	29.0
行政事业单位一般办事人员	85.2	14.8
专业技术人员（教师、律师等行业人员）	70.7	29.3
企业员工（非体力劳动）	71.6	28.4
个体工商户	55.9	44.1
社会下层	46.1	53.9
商业/服务业工作人员	54.0	46.0
产业工人（体力劳动）	46.1	53.9
农民	56.8	43.2
失业/半失业者	40.8	59.2
其他阶层	56.0	44.0
全日制在校学生	52.2	47.8
其他	59.0	41.0
显著性	＊＊＊	

注：社会阶层与职业比较表中的显著性表示不同社会阶层之间的差异存在何种显著性。受到样本数量限制，各职业之间的差异不做显著性分析。下同。

这表明，在浙江青年中，年龄较大者，对"中国梦"的知晓率较高；职业为社会上层和中层中的管理岗位者和行政事业单位工作者，对"中国梦"的知晓率较高。

（2）知晓度：年龄较大者、已婚者、社会阶层较高者、非当地户籍常住者、年收入在10万~15万元者更高。

从对差异性的分析来看，不同年龄、婚姻状况、社会阶层、户籍和年收入者之间在"中国梦"的知晓度上具有显著性差异，而城乡间及不同性别、受教育程度者之间的差异不具有显著性。

对年龄的分层分析显示，35~39周岁者、40~44周岁者的知晓度在90%以上，明显高于其他年龄组；而18~24周岁者的知晓度仅占约60%，明显低于其他年龄组（见表2-6）。

表2-6 知晓度的年龄比较

单位：%

是否知道"中国梦"就是要实现"国家富强、民族振兴、人民幸福"	18~24周岁	25~29周岁	30~34周岁	35~39周岁	40~44周岁	显著性
是	65.1	74.6	86.0	92.1	91.5	＊＊＊
否	34.9	25.4	14.0	7.9	8.5	

对婚姻状况的分层分析显示，已婚者对"中国梦"的知晓度较高，为87.2%，而未婚者的知晓度为71.6%，已婚者的知晓度显著高于未婚者。

对社会阶层的分层分析显示，社会上层青年的知晓度为94.6%，社会中层青年的知晓度为83.2%，社会下层青年的知晓度为79.9%，其他阶层青年的知晓度为78.6%，各社会阶层占比呈阶梯式递减（见表2-7）。

表 2 - 7　知晓度的社会阶层与职业比较

单位：%

社会阶层与职业	是否知道"中国梦"就是要实现"国家富强、民族振兴、人民幸福"	
	是	否
社会上层	94.6	5.4
行政事业单位领导	100.0	0.0
企业管理人员	91.4	8.6
私营企业主	94.9	5.1
社会中层	83.2	16.8
行政事业单位一般办事人员	90.0	10.0
专业技术人员（教师、律师等行业人员）	83.3	16.7
企业员工（非体力劳动）	76.4	23.6
个体工商户	86.3	13.7
社会下层	79.9	20.1
商业/服务业工作人员	70.4	29.6
产业工人（体力劳动）	89.8	10.2
农民	71.4	28.6
失业/半失业者	77.4	22.6
其他阶层	78.6	21.4
全日制在校学生	77.1	22.9
其他	79.6	20.4
显著性	* * *	

对户籍的分层分析显示，关于"中国梦"的知晓度，非当地户籍常住青年为 94.1%，当地户籍青年为 83.7%，暂住/流动青年为 71.8%，非当地户籍常住青年的知晓度明显高于当地户籍青年与暂住/流动青年（见表 2 - 8）。

表 2 - 8　知晓度的户籍比较

单位：%

是否知道"中国梦"就是要实现"国家富强、民族振兴、人民幸福"	当地户籍	非当地户籍常住	暂住/流动	显著性
是	83.7	94.1	71.8	***
否	16.3	5.9	28.2	

对年收入的分层分析显示，年收入在 10 万～15 万元的人群，对"中国梦"的知晓度最高，为 91.7%；年收入在 15 万元以上人群的知晓度其次，为 88.0%；年收入在 5 万～10 万元的人群居第三，为 85.9%；目前无收入人群（主要为全日制在校学生）居第四，为 81.3%；年收入在 5 万元以下人群的知晓度最低，为 76.2%（见表 2 - 9）。

表 2 - 9　知晓度的年收入比较

单位：%

是否知道"中国梦"就是要实现"国家富强、民族振兴、人民幸福"	5 万元以下	5 万～10 万元	10 万～15 万元	15 万元以上	目前无收入	显著性
是	76.2	85.9	91.7	88.0	81.3	***
否	23.8	14.1	8.3	12.0	18.7	

这表明，浙江青年中，年龄越大者、社会阶层越高者，对"中国梦"的知晓度越高；已婚青年、非当地户籍常住青年和年收入在 10 万～15 万元的中等收入青年对"中国梦"的知晓度显著高于其相对应的其他群体。

（3）知晓渠道：电视新闻等传统媒体在年龄较大的青年、社会下层青年、受教育程度较低的青年中的影响力较大，网络等新媒体在年龄较小的青年、社会中层青年、受教育程度较高的青年中的影响力较大。

从对差异性的分析来看，对"中国梦"的知晓渠道，不同年龄、社会阶层、受教育程度者之间具有显著性差异，而城乡之间及不同性别、婚姻状况、户籍、年收入者之间的差异不具有显著性。

对年龄的分层分析显示，年龄较大者，以电视新闻为主渠道知晓"中国梦"的占比较高；年龄较小者，通过网站、论坛为主渠道知晓"中国梦"的占比较高。其中，40～44周岁的受访者中，通过电视新闻知晓"中国梦"的占71.6%，而18～24周岁受访者的这一占比为53.8%，前者高出后者17.8个百分点；18～24周岁的受访者中，通过网站、论坛知晓"中国梦"的占29.2%，而40～44周岁受访者的这一占比为14.9%，前者高出后者14.3个百分点（见表2-10）。

表 2－10 知晓渠道的年龄比较

单位：%

知晓渠道	18～24周岁	25～29周岁	30～34周岁	35～39周岁	40～44周岁	显著性
电视新闻	53.8	66.2	64.4	60.4	71.6	
网站、论坛	29.2	18.3	22.3	18.8	14.9	
报纸、杂志	2.8	2.8	1.8	10.9	5.0	
微信	1.9	1.9	1.4	1.5	1.0	＊＊＊
单位文件传达	1.9	1.4	2.5	1.5	2.0	
其他人所说	3.8	4.7	2.2	3.0	0.5	
其他	6.6	4.7	5.4	4.0	5.0	

这表明，以年龄划分，在有关"中国梦"的宣传中，电视新闻等传统媒体在年龄较大的青年中具有较大的影响力，而网络等新媒体则在年龄较小的青年中具有较大的影响力。

对社会阶层的分层分析显示，社会下层青年更多地通过电视新闻知晓"中国梦"，社会中层和上层青年更多地通过网站、论坛知晓"中国

梦"。其中，社会下层青年中，通过电视新闻知晓"中国梦"者占
75.1%，相较于社会上层青年的63.6%和社会中层青年的61.0%，分别
高出11.5个百分点和14.1个百分点；社会中层青年中，通过网站、论坛
知晓"中国梦"者占22.7%，相较于社会上层青年的19.4%和社会下层青
年的11.8%，分别高出3.3个百分点和10.9个百分点（见表2-11）。

这表明，以社会阶层划分，在有关"中国梦"的宣传中，电视新
闻等传统媒体在社会下层青年中具有较大的影响力，而网络等新媒体
则在社会中层青年中具有较大的影响力。

表2-11   知晓渠道的社会阶层与职业比较

单位：%

社会阶层与职业	知晓渠道						
	电视新闻	网站、论坛	报纸、杂志	微信	单位文件传达	其他人所说	其他
社会上层	63.6	19.4	7.8	3.1	1.6	0.8	3.9
行政事业单位领导	62.5	9.4	18.8	0.0	6.3	0.0	3.1
企业管理人员	65.5	24.1	5.2	3.4	0.0	0.0	1.7
私营企业主	61.5	20.5	2.6	5.1	0.0	2.6	7.7
社会中层	61.0	22.7	4.2	0.8	2.4	3.2	5.7
行政事业单位一般办事人员	65.3	22.0	2.7	0.7	4.0	2.0	3.3
专业技术人员（教师、律师等行业人员）	60.3	23.0	4.6	0.0	2.9	4.6	4.6
企业员工（非体力劳动）	58.8	23.6	4.5	1.0	1.5	3.0	7.5
个体工商户	60.0	21.1	5.3	2.1	1.1	3.2	7.4
社会下层	75.1	11.8	3.6	3.6	0.6	2.4	3.0
商业/服务业工作人员	66.7	11.1	0.0	11.1	3.7	3.7	3.7
产业工人（体力劳动）	78.0	10.2	3.4	1.7	0.0	3.4	3.4
农民	81.0	4.8	9.5	0.0	0.0	0.0	4.8
失业/半失业者	74.2	16.1	3.2	3.2	0.0	1.6	1.6

社会阶层与职业	知晓渠道						
	电视新闻	网站、论坛	报纸、杂志	微信	单位文件传达	其他人所说	其他
其他阶层	67.9	17.9	4.8	0.0	1.2	2.4	6.0
全日制在校学生	57.1	17.1	5.7	0.0	2.9	5.7	11.4
其他	75.5	18.4	4.1	0.0	0.0	0.0	2.0
显著性	*						

对受教育程度的分层分析显示，受教育程度为初中和小学及以下者，通过电视新闻知晓"中国梦"的比例较高；受教育程度在大专和本科及以上者，通过网站、论坛知晓"中国梦"的比例较高（见表2－12）。这表明，以受教育程度划分，在有关"中国梦"的宣传中，电视新闻等传统媒体在低受教育程度青年中具有较大的影响力，而网络等新媒体则在高受教育程度青年中具有较大的影响力。

表2－12　知晓渠道的受教育程度比较

单位：%

知晓渠道	小学及以下	初中	高中/中专/中职	大专	本科及以上	显著性
电视新闻	70.6	76.2	66.5	59.6	62.3	
网站、论坛	11.8	9.5	19.2	24.2	21.4	
报纸、杂志	2.9	1.9	6.9	2.7	5.3	
微信	2.9	2.9	1.5	1.8	0.9	* * *
单位文件传达	0.0	1.0	0.0	0.4	3.9	
其他人所说	2.9	1.9	3.0	3.1	2.5	
其他	8.8	6.7	3.0	8.1	3.7	

2. 理解与认知

调查结果显示，无论城乡，无论何种性别、年龄、婚姻状况、户籍、受教育程度、社会阶层、年收入，绝大多数青年认为安居乐业和国家强盛是"中国梦"的基本内容，以企业家和政治领袖为追求"中国梦"的首选榜样，强调家庭幸福在"个人梦"中的重要和首要地位，以相关性和同一性为对"中国梦"与"个人梦"关系的基本认知。即，无论何种社会身份，大多数浙江青年以个人/家庭层面的安居乐业和国家层面的国家强盛构成其对"中国梦"的基本认知，以企业家和政治领袖为追求"中国梦"的首选榜样，关注家庭幸福在"个人梦"中的首要性和重要性，认为"中国梦"和"个人梦"之间是相辅相成的相关性关系或一体化的同一性关系。

（1）对"中国梦"的理解：以性别划分，女青年更倾向于在个人/家庭层面的安居乐业和社会层面的社会和谐公正这两个方面理解"中国梦"，男青年更倾向于在国家层面的国家强盛和个人/家庭层面的安居乐业这两个方面理解"中国梦"；以婚姻状况划分，未婚者更倾向于在个人层面的"'个人梦'的实现"这一方面理解"中国梦"，已婚者更倾向于在国家层面的"国家强盛"这一方面理解"中国梦"；以年龄划分，年龄越小者越倾向于将"中国梦"与"'个人梦'的实现"联系在一起，在个人层面上理解"中国梦"；以社会阶层划分，较之社会下层和上层者，社会中层者更倾向于在个人和国家这两个层面上理解"中国梦"，将"中国梦"与"'个人梦'的实现"和"国家强盛"联系在一起，而较之社会上层和中层者，社会下层者则较多地处于不解和迷惘之中；以受教育程度划分，较之其他程度的受教育者，本科及以上程度者更倾向于在个人、国家、经济这三个层面上理解"中国梦"，将"中国梦"与"'个人梦'的实现""国家强盛"

"经济增长"这三者联系在一起；以年收入划分，年收入在 10 万 ~ 15 万元的中等收入者更倾向于在国家层面理解"中国梦"，将"中国梦"与"国家强盛"联系在一起。

从对差异性的分析来看，不同性别、年龄、婚姻状况、社会阶层、受教育程度、年收入者之间在可多选的对"中国梦"的理解上存在显著性差异，而城乡间和不同户籍者之间的差异不显著。

对性别的分层分析显示，以超过半数计，女性受访者中占比超过半数的选项为"安居乐业、有稳定的工作和生活"，男性受访者中占比超过半数的选项为"国家强盛"和"安居乐业、有稳定的工作和生活"。在"'个人梦'的实现"和"社会和谐与公正"两个选项上，女性受访者的比例明显高过男性受访者，其中，前者的差距为 12.2 个百分点，为强显著性差异；后者的差距为 6.5 个百分点，为弱显著性差异（见表 2 - 13）。

表 2 - 13　对"中国梦"的理解的性别比较

单位：%

对"中国梦"的理解	男	女	显著性
安居乐业、有稳定的工作和生活	50.6	53.7	—
"个人梦"的实现	24.9	37.1	* * *
国家强盛	51.0	48.0	—
经济增长	21.1	21.4	—
社会和谐与公正	33.6	40.1	*
没有任何想法	4.1	5.1	—
其他	13.3	10.2	—

这表明，以性别划分，多数青年以"安居乐业、有稳定的工作和生活"为"中国梦"的重要内容；但相比较而言，女青年更多地将"中国梦"与"'个人梦'的实现"和"社会和谐公正"联系在一起，

男青年更多地将"中国梦"与"国家强盛"和"安居乐业、有稳定的工作和生活"联系在一起。

对婚姻状况的分层分析显示，以超过半数计，已婚受访者中占比超过半数的选项为"安居乐业、有稳定的工作和生活"和"国家强盛"，未婚受访者没有占比超过半数的选项。在具有显著性差异的两个选项上，关于"'个人梦'的实现"，未婚受访者的比例高于已婚受访者高8.5个百分点，为中显著性差异；关于"国家强盛"，未婚受访者的比例低于已婚受访者10.3个百分点，亦为中显著性差异（见表2-14）。

表2-14　对"中国梦"的理解的婚姻状况比较

单位：%

对"中国梦"的理解	已婚	未婚	显著性
安居乐业、有稳定的工作和生活	53.1	46.8	—
"个人梦"的实现	26.6	35.1	＊＊
国家强盛	52.6	42.3	＊＊
经济增长	21.9	19.4	—
社会和谐与公正	36.3	32.9	—
没有任何想法	4.7	3.2	—
其他	12.4	12.6	—

这表明，以婚姻状况划分，未婚受访者更多地将"中国梦"与"'个人梦'的实现"联系在一起，已婚受访者更多地将"中国梦"与"安居乐业、有稳定的工作和生活"和"国家强盛"联系在一起。

对年龄的分层分析显示，在具有显著性差异的"'个人梦'的实现"这一选项上，年龄越小者，越倾向于将"中国梦"与"'个人梦'的实现"联系在一起，其中，18~24周岁者的这一占比比40~44周岁者的这一占比高出18.7个百分点，总体为中显著性差异（见表2-15）。

表 2 – 15　对"中国梦"的理解的年龄比较

单位：%

对"中国梦"的理解	18～24周岁	25～29周岁	30～34周岁	35～39周岁	40～44周岁	显著性
安居乐业、有稳定的工作和生活	47.2	53.1	49.3	55.4	51.2	—
"个人梦"的实现	39.6	31.0	30.2	25.2	20.9	＊＊
国家强盛	40.6	46.5	51.4	53.0	54.2	—
经济增长	19.8	18.8	22.7	20.8	22.9	—
社会和谐与公正	34.0	29.1	42.1	33.7	35.8	—
没有任何想法	1.9	5.6	4.7	4.0	4.5	—
其他	12.3	12.2	11.9	13.4	12.4	—

这表明，以年龄划分，青年群体中的年龄越小者越倾向于在个人层面上理解"中国梦"，将"中国梦"与"'个人梦'的实现"联系在一起。

对社会阶层的分层分析显示，在具有显著性差异的两个选项上，关于"'个人梦'的实现"，社会中层者的比例分别高出社会上层者和社会下层者 3.0 个百分点和 11.2 个百分点，社会阶层间呈中显著性差异；关于"国家强盛"，社会中层者的比例分别高出社会上层者和社会下层者 2.7 个百分点和 11.7 个百分点，社会阶层间呈弱显著性差异。此外，在"没有任何想法"选项中，社会下层者的占比为最高（8.3%），较社会上层者和社会中层者均高出 4.4 个百分点，社会阶层间呈弱显著性差异（见表 2 – 16）。

这表明，以社会阶层划分，青年群体中，较之社会下层和上层者，社会中层者更倾向于在个人和国家这两个层面上理解"中国梦"，将"中国梦"与"个人梦想的实现"和"国家强盛"联系在一起；而较之社会上层和中层者，社会下层者则较多地处于不解和迷惘之中。

表 2-16 对"中国梦"的理解的社会阶层与职业比较

单位：%

社会阶层与职业	对"中国梦"的理解						
	安居乐业、有稳定的工作和生活	"个人梦"的实现	国家强盛	经济增长	社会和谐与公正	没有任何想法	其他
社会上层	45.7	27.1	50.4	19.4	30.2	3.9	18.6
行政事业单位领导	53.1	15.6	53.1	31.3	21.9	3.1	18.8
企业管理人员	44.8	31.0	55.2	17.2	39.7	6.9	20.7
私营企业主	41.0	30.8	41.0	12.8	23.1	0.0	15.4
社会中层	53.4	30.1	53.1	22.4	37.9	3.9	12.1
行政事业单位一般办事人员	59.3	33.3	60.0	26.7	40.0	1.3	15.3
专业技术人员（教师、律师等行业人员）	47.1	34.5	58.0	21.3	41.4	4.6	13.2
企业员工（非体力劳动）	56.3	26.6	44.7	17.6	32.2	4.0	8.5
个体工商户	49.5	24.2	50.5	27.4	40.0	6.3	12.6
社会下层	50.3	18.9	41.4	16.6	28.4	8.3	10.1
商业/服务业工作人员	55.6	18.5	37.0	3.7	33.3	11.1	11.1
产业工人（体力劳动）	47.5	18.6	47.5	18.6	25.4	8.5	8.5
农民	52.4	9.5	42.9	28.6	28.6	9.5	14.3
失业/半失业者	50.0	22.6	37.1	16.1	29.0	6.5	9.7
其他阶层	48.8	38.1	45.2	25.0	40.5	1.2	9.5
全日制在校学生	37.1	48.6	40.0	25.7	40.0	2.9	11.4
其他	57.1	30.6	49.0	24.5	40.8	0.0	8.2
显著性	—	＊＊	＊	—	—	＊	—

对受教育程度的分层分析显示，在具有显著性差异的"'个人梦'的实现"、"国家强盛"和"经济增长"这三个选项的比例分布上，受教育程度在本科及以上者的占比较高。其中，在"'个人梦'的实现"上，本科及上以受教育程度者高出占比最低的初中受教育程度者14.3

个百分点,在"国家强盛"上,本科及以上受教育程度者高出占比最低的高中/中专/中职受教育程度者 16.8 个百分点,均为强显著性差异;在"经济增长"上,本科及以上受教育程度者高出占比最低的初中受教育程度者 5.7 个百分点,为中显著性差异(见表 2 - 17)。

表 2 - 17 对"中国梦"的理解的受教育程度比较

单位:%

对"中国梦"的理解	小学及以下	初中	高中/中专/中职	大专	本科及以上	显著性
安居乐业、有稳定的工作和生活	47.1	48.6	50.2	53.4	52.2	—
"个人梦"的实现	26.5	20.0	25.1	24.7	34.3	* * *
国家强盛	50.0	47.6	40.9	44.8	57.7	* * *
经济增长	23.5	17.1	18.7	22.0	22.8	* *
社会和谐与公正	20.6	31.4	31.5	30.5	42.1	—
没有任何想法	2.9	3.8	6.4	4.5	3.7	—
其他	14.7	11.4	11.3	11.7	13.3	—

这表明,以受教育程度划分,较之其他受教育程度者,青年群体中的本科及以上者更倾向于在个人、国家和经济这三个层面理解"中国梦",将"中国梦"与"'个人梦'的实现"、"国家强盛"和"经济增长"这三者联系在一起。

对年收入的分层分析显示,在具有显著性差异的"国家强盛"这一选项上,年收入为 10 万~15 万元的人群,即中等收入者相较于其他收入群体的比例更高。其中,年收入 10 万~15 万元者的比例分别高出年收入 5 万~10 万元者、年收入 15 万元以上者、年收入 5 万元以下者和目前无收入者(主要为全日制在校学生)6.2 个百分点、12.9 个百分点、19.3 个百分点、24.2 个百分点。各年收入群体间呈强显著性差异(见表 2 - 18)。

表 2 –18 对"中国梦"的理解的年收入比较

单位：%

对中国梦的理解	5 万元以下	5 万~10 万元	10 万~15 万元	15 万元以上	目前无收入	显著性
安居乐业、有稳定的工作和生活	53.0	53.9	53.3	41.6	48.4	—
"个人梦"的实现	25.5	28.5	27.5	28.8	39.1	—
国家强盛	42.4	55.5	61.7	48.8	37.5	＊＊＊
经济增长	18.9	22.4	26.7	18.4	23.4	
社会和谐与公正	32.8	34.9	44.2	33.6	40.6	
没有任何想法	5.0	3.7	4.2	4.8	4.7	
其他	11.9	13.1	9.2	16.8	9.4	—

这表明，以年收入划分，青年群体中，年收入为 10 万~15 万元的中等收入者更倾向于在国家层面理解"中国梦"，将"中国梦"与"国家强盛"联系在一起。

（2）追求"中国梦"的榜样人物：较多的浙江青年将企业家和国家领导人作为追求"中国梦"的首选榜样人物。相比较而言，城镇青年以企业家为首选榜样人物的比例显著高于农村青年，女青年以科技明星（如宇航员）为首选榜样人物的比例显著高于男青年。

在整理后形成的八个追求"中国梦"的榜样人物类型中，只有企业家（44.3%）、国家领导人（31.0%）和宇航员（14.6%）的占比超过 10%。从对这三类榜样人物的差异性分析来看，城乡及不同性别的受访者之间在部分榜样人物类型的认知上存在显著性差异，余者的差异不具显著性。

对性别及城乡的分层分析显示，女青年以宇航员为榜样人物的比例高出男青年 14.5 个百分点，男女青年在这一项的差异具有强显著性；城镇青年以企业家为榜样人物的比例超过农村青年 17.2 个百分点，城乡青年在这一项的差异具有强显著性（见表 2 - 19）。

表 2 - 19　追求"中国梦"的榜样人物的性别及城乡比较

单位：%

榜样人物	男	女	显著性	城镇	乡村	显著性
企业家	47.1	37.0	—	49.3	32.1	* * *
国家领导人	33.3	25.1	—	28.3	37.5	—
宇航员	10.5	25.0	* * *	14.7	14.3	—

这表明，在追求"中国梦"的榜样人物类型中，以性别划分，女青年更倾向于将宇航员作为追求"中国梦"榜样人物；以城乡划分，城镇青年更倾向于将企业家作为追求"中国梦"的榜样人物。

（3）"个人梦"的内容：以性别划分，女青年的"个人梦"更倾向于家庭幸福、自我实现和自我提升，男青年的"个人梦"则更多地与国家富强相关联；以婚姻状况划分，多数已婚者的"个人梦"以家庭幸福为首选，并更多地与国家富强、物质生活富裕相关联，多数未婚者的"个人梦"以自我实现和自我提升为首选；以年龄划分，多数年龄较大者以家庭幸福为首选，多数年龄较小者以自我实现和自我提升为首选，相比较而言，年龄较大者的"个人梦"的国家色彩更浓；以社会阶层划分，较之社会上层和下层者，社会中层者的"个人梦"更具有"家庭型"的倾向；以受教育程度划分，受教育程度较高者的"个人梦"更多地与家庭幸福、自我实现和自我提升相关联，受教育程度较低者的"个人梦"更多地与国家富强相关联；以年收入划分，有收入青年"个人梦"的家庭色彩更浓，目前无收入青年"个人梦"的个人色彩更浓，中等收入群体则更多地将"个人梦"与国家富强联系在一起。

从对差异性的分析来看，关于"个人梦"的内容（可多选），不同性别、年龄、婚姻状况、社会阶层、受教育程度、年收入者之间均存在显著性差异，余者的差异不具有显著性。

对性别的分层分析显示，虽然男女受访者中占比超过半数的选项均为"家庭生活幸福"，但从总体来看，男青年各选项的比例分布较为均衡，女青年的比例分布则差异性较大。在"家庭生活幸福""自我实现、自我提升""国家实力更强"三个选项的占比上，男女受访者之间存在显著性差异：前两项中，女性受访者分别超过男性受访者12.6个和9.9个百分点，分别为强显著性差异和中显著性差异；后一项中，男性受访者超过女性受访者6.5个百分点，为弱显著性差异（见表2-20）。

表2-20 "个人梦"的内容的性别比较

单位：%

"个人梦"的内容	男	女	显著性
物质生活富裕	41.2	36.4	—
家庭生活幸福	55.1	67.7	＊＊＊
自我实现、自我提升	33.0	42.9	＊＊
国家实力更强	35.1	28.6	＊
没什么梦想	4.1	2.4	—
其他	14.9	14.6	—

这表明，以性别划分，关于"个人梦"的内容，多数男女青年都以"家庭生活幸福"为首选，但相比较而言，第一，男青年的认知构成较为均衡，而女青年的认知构成较为集中；第二，从国家、家庭、个人三个层面看，除了男女青年的"个人梦"均体现出的家庭性以外，女青年的"个人梦"更多地与个人相关联，倾向于家庭幸福和自我实现与自我提升，男青年的"个人梦"更多地与国家相关联，倾向于国家富强。

对婚姻状况的分层分析显示，以超过半数计，已婚受访者中占比超过半数的选项为"家庭生活幸福",未婚受访者中占比超过半数的选项为"自我实现、自我提升"。其中,在"物质生活富裕""家庭生活幸福""自我实现、自我提升""国家实力更强"这四个选项的比例分布上,已婚者与未婚者之间存在显著性差异:"物质生活富裕""家庭生活幸福""国家实力更强"这三项为已婚者分别超过未婚者9.1个、14.7个和15.6个百分点,前一项具有弱显著性差异,后两项具有强显著性差异;"自我实现、自我提升"这一项为未婚者超过已婚者19.9个百分点,具有强显著性差异(见表2-21)。

表2-21 "个人梦"的内容的婚姻状况比较

单位:%

"个人梦"的内容	已婚	未婚	显著性
物质生活富裕	42.0	32.9	*
家庭生活幸福	62.0	47.3	* * *
自我实现、自我提升	31.5	51.4	* * *
国家实力更强	36.8	21.2	* * *
没什么梦想	3.8	3.2	—
其他	14.1	16.7	—

这表明,以婚姻状况划分,关于"个人梦"的内容,第一,多数已婚者以"家庭生活幸福"为首选,多数未婚者以"自我实现、自我提升"为首选,两者存在较大的不同;第二,在对"个人梦"四大主要内容的认知上,已婚者更看重"家庭生活幸福""国家实力更强""物质生活富裕",未婚者更看重"自我实现、自我提升";第三,相比较而言,已婚者"个人梦"的物质生活、家庭、国家的色彩更浓,未婚者"个人梦"的个人色彩更浓。

对年龄的分层分析显示,以超过半数计,除了18~24周岁者占比超过半数的选项为"自我实现、自我提升"外,各年龄段受访者中占比超过半数的选项均为"家庭生活幸福"。在"家庭生活幸福""自我实现、自我提升""国家实力更强"这三个选项的比例分布上，各年龄段受访者之间存在显著性差异。其中，在"自我实现、自我提升"这一项的比例分布上，年龄较小的受访者占比较高，其中，年龄最小的18～24周岁者高出年龄最大的40～44周岁者28.9个百分点，为强显著性差异；在"家庭生活幸福""国家实力更强"这两个选项的比例分布上，年龄较大的受访者占比较高，其中，年龄最大的40～44周岁者分别高出年龄最小的18～24周岁者16.2个和17.5个百分点，前一项为强显著性差异，后一项为中显著性差异（见表2-22）。

表2-22 "个人梦"的内容的年龄比较

单位：%

"个人梦"的内容	18～24周岁	25～29周岁	30～34周岁	35～39周岁	40～44周岁	显著性
物质生活富裕	39.6	39.9	38.5	40.1	41.3	—
家庭生活幸福	41.5	59.6	68.0	55.4	57.7	＊＊＊
自我实现、自我提升	53.8	45.1	33.5	31.2	24.9	＊＊＊
国家实力更强	19.8	27.7	38.5	34.7	37.3	＊＊
没什么梦想	3.8	3.3	5.0	4.5	1.0	—
其他	14.2	9.9	12.2	17.8	20.9	—

这表明，以年龄划分，关于"个人梦"的内容，第一，无论是何年龄段，多数青年将"个人梦"与家庭幸福相关联；第二，多数年龄较大者以"家庭生活幸福"为首选，多数年龄较小者以"自我实现、自我提升"为首选；第三，在"家庭生活幸福""自我实现、自我提升""国家实力更强"的选择上，年龄较大者更看重"家庭生活幸福""国家实力更强"，年龄较小者更看重"自我实现、自我提升"；第四，相比较而言，年龄较大者"个人梦"的家庭、国家的色彩更浓，年龄

较小者"个人梦"的个人色彩更浓。

对社会阶层的分层分析显示，以超过半数计，社会上层、中层、下层受访者中占比超过半数的选项均为"家庭生活幸福"。在这一选项的比例分布上，社会中层受访者的比例最高，比社会下层受访者高出7.1个百分点，社会阶层间呈弱显著性差异（见表2-23）。

表2-23 "个人梦"的内容的社会阶层与职业比较

单位：%

社会阶层与职业	"个人梦"的内容					
	物质生活富裕	家庭生活幸福	自我实现、自我提升	国家实力更强	没什么梦想	其他
社会上层	38.0	56.6	38.8	30.2	5.4	15.5
行政事业单位领导	53.1	50.0	37.5	37.5	0.0	21.9
企业管理人员	29.3	63.8	44.8	25.9	5.2	17.2
私营企业主	38.5	51.3	30.8	30.8	10.3	7.7
社会中层	38.3	62.1	35.4	33.3	3.4	14.4
行政事业单位一般办事人员	38.7	71.3	37.3	42.0	3.3	18.0
专业技术人员（教师、律师等行业人员）	30.5	60.9	39.7	30.5	2.9	17.2
企业员工（非体力劳动）	43.7	61.8	34.2	29.1	4.0	12.6
个体工商户	41.1	50.5	27.4	33.7	3.2	7.4
社会下层	45.6	55.0	31.4	38.5	4.1	13.6
商业/服务业工作人员	44.4	51.9	18.5	40.7	3.7	18.5
产业工人（体力劳动）	54.2	59.3	35.6	45.8	1.7	13.6
农民	42.9	52.4	14.3	38.1	0.0	19.0
失业/半失业者	38.7	53.2	38.7	30.6	8.1	9.7
其他阶层	41.7	45.2	44.0	26.2	1.2	19.0
全日制在校学生	20.0	31.4	80.0	22.9	2.9	14.3
其他	57.1	55.1	18.4	28.6	0.0	22.4
显著性	—	*	—	—	—	—

这表明，以社会阶层划分，关于"个人梦"的内容，各社会阶层青年均以"家庭生活幸福"为首选，相比较而言，社会中层青年更看重"家庭生活幸福"。

对受教育程度的分层分析显示，以超过半数计，各受教育程度受访者中占比超过半数的选项均为"家庭生活幸福"。在"家庭生活幸福""自我实现、自我提升""国家实力更强"这三个选项的比例分布上，各受教育程度受访者之间存在显著性差异：在"自我实现、自我提升"的比例分布上，本科及以上者的占比最高，高出占比最低的初中者19.9个百分点，为强显著性差异；在"家庭生活幸福"的比例分布上，受教育程度为本科及以上者的占比最高，高出占比最低的高中/中专/中职者12.5个百分点，为弱显著性差异；在"国家实力更强"的比例分布上，受教育程度为小学及以下者的占比最高，高出占比最低的高中/中专/中职者16个百分点，为弱显著性差异（见表2-24）。

表2-24 "个人梦"的内容的受教育程度比较

单位：%

"个人梦"的内容	小学及以下	初中	高中/中专/中职	大专	本科及以上	显著性
物质生活富裕	35.3	46.7	42.4	37.2	38.6	—
家庭生活幸福	61.8	51.4	51.2	59.2	63.7	*
自我实现、自我提升	29.4	21.9	35.0	32.7	41.8	* * *
国家实力更强	44.1	39.0	28.1	28.3	35.9	*
没什么梦想	8.8	4.8	2.5	4.0	3.2	—
其他	11.8	12.4	13.8	15.2	15.9	—

这表明，以受教育程度划分，关于"个人梦"的内容，第一，各受教育程度的受访者均以"家庭生活幸福"为首选；第二，受教育程

度较高者更看重"自我实现、自我提升"和"家庭生活幸福",受教育程度较低者更看重"国家实力更强"。

对年收入的分层分析显示,以超过半数计,不同有收入者中占比超过半数的选项均为"家庭生活幸福",而目前无收入受访者(主要为全日制在校学生)中占比超过半数的选项还有"自我实现、自我提升"。在"自我实现、自我提升""国家实力更强"这两个选项的比例分布上,不同年收入者之间存在显著性差异:在"自我实现、自我提升"的比例分布上,目前无收入者的占比最高,高出占比最低的年收入为 10 万~15 万元者 31.7 个百分点,不同年收入者间呈强显著性差异;在"国家实力更强"的比例分布上,年收入在5 万~10 万元者,即中等收入者的占比最高,高出占比最低的目前无收入者 12.1 个百分点,不同年收入者间呈弱显著性差异(见表 2 – 25)。

表 2 – 25　"个人梦"的内容的年收入比较

单位:%

"个人梦"的内容	5 万元以下	5 万 ~10 万元	10 万 ~15 万元	15 万元以上	目前无收入	显著性
物质生活富裕	46.0	38.4	40.0	32.8	34.4	—
家庭生活幸福	59.9	62.4	60.0	51.2	50.0	—
自我实现、自我提升	34.4	34.4	30.8	35.2	62.5	＊＊＊
国家实力更强	27.2	38.7	34.2	32.8	26.6	＊
没什么梦想	2.6	2.9	5.0	4.8	6.3	—
其他	11.6	15.2	15.8	17.6	20.3	—

这表明,以年收入划分,关于"个人梦"的内容,第一,无论何种年收入,多数青年强调"家庭生活幸福"的重要性;第二,多

数有收入的青年以"家庭生活幸福"为首选，目前无收入的青年（主要为全日制在校学生）以"自我实现、自我提升"为首选，两者有较大的不同；第三，在"自我实现、自我提升""国家实力更强"的认知上，中等收入者更看重"国家实力更强"，目前无收入者更看重"自我实现、自我提升"；第四，相比较而言，中等收入者"个人梦"的家庭和国家色彩更浓，目前无收入者"个人梦"的个人色彩更浓。

（4）"中国梦"与"个人梦"的关系：相关性与同一性为浙江青年对"个人梦"与"中国梦"关系的基本认知，其中，以相关性的认知为主。相比之下，社会上层者和高中及以上受教育程度者更倾向于将"个人梦"的实现置于优先地位，社会中层者、社会下层者和初中受教育程度者更倾向于将"中国梦"的实现置于优先地位。

从对差异性的分析来看，不同社会阶层者和受教育程度者之间存在显著性差异，余者的差异不具有显著性。

对社会阶层的分层分析显示，无论是社会上层、社会中层，还是社会下层，受访者对"个人梦"与"中国梦"的关系的认知中，同一性占 1/3 以上，相关性占 1/2 以上。不同社会阶层相比，社会上层者更多地认为实现"个人梦"是实现"中国梦"的前提和条件，其占比高出社会中层者 5.9 个百分点、高出社会下层者 6.1 个百分点；社会中层者和社会下层者更多地认为实现"中国梦"是实现"个人梦"的前提和条件，前者的占比高出社会上层者 7.3 个百分点，后者的占比高出社会上层者 8.3 个百分点。总体来看，关于"中国梦"与"个人梦"的关系，不同社会阶层间呈弱显著性差异（见表 2 - 26）。

表 2 - 26 "个人梦"与"中国梦"的关系的社会阶层与职业比较

单位：%

社会阶层与职业	"个人梦"与"中国梦"的关系				
	只有实现了"中国梦"，"个人梦"才能实现	只有"个人梦"实现了，"中国梦"才能真正实现	"中国梦"和"个人梦"是一样的	没有什么关系	其他
社会上层	22.5	31.0	39.5	2.3	4.7
行政事业单位领导	21.9	21.9	56.3	0.0	0.0
企业管理人员	25.9	25.9	37.9	3.4	6.9
私营企业主	17.9	46.2	28.2	2.6	5.1
社会中层	29.8	25.1	38.0	5.8	1.3
行政事业单位一般办事人员	29.3	32.0	34.0	4.0	0.7
专业技术人员（教师、律师等行业人员）	31.0	23.0	42.5	2.9	0.6
企业员工（非体力劳动）	29.6	23.1	39.2	6.5	1.5
个体工商户	28.4	22.1	33.7	12.6	3.2
社会下层	30.8	24.9	36.7	7.1	0.6
商业/服务业工作人员	29.6	29.6	33.3	7.4	0.0
产业工人（体力劳动）	28.8	23.7	44.1	1.7	1.7
农民	42.9	19.0	19.0	19.0	0.0
失业/半失业者	29.0	25.8	37.1	8.1	0.0
其他阶层	19.0	34.5	40.5	6.0	0.0
全日制在校学生	24.5	36.7	34.7	4.1	0.0
其他	28.1	26.6	38.2	5.6	1.5
显著性	*				

　　这表明，相关性和同一性构成不同阶层者对"中国梦"与"个人梦"关系的基本认知，并以相关性的认知为主。不同社会阶层相比，

社会上层者更倾向于将"个人梦"的实现置于优先地位，社会中层和下层者更倾向于将"中国梦"的实现置于优先地位。

对受教育程度的分层分析显示，无论何种受教育程度，受访者对"个人梦"与"中国梦"的关系的认知中，同一性占1/3以上，相关性占2/5以上。不同受教育程度相比，受教育程度为初中的受访者更多地认为实现"中国梦"是实现"个人梦"的前提和条件，受教育程度为高中/中专/中职及以上的受访者更多地认为实现"个人梦"是实现"中国梦"的前提和条件（见表2-27）。

表2-27　"个人梦"与"中国梦"的关系的受教育程度比较

单位：%

"个人梦"与"中国梦"的关系	小学及以下	初中	高中/中专/中职	大专	本科及以上	显著性
只有实现了"中国梦"，"个人梦"才能实现	23.5	41.0	27.6	27.4	26.0	
只有"个人梦"实现了，"中国梦"才能真正实现	20.6	17.1	27.1	28.7	28.0	*
"中国梦"和"个人梦"是一样的	41.2	37.1	34.5	36.3	40.9	
没有什么关系	11.8	3.8	9.4	4.9	4.1	
其他	2.9	1.0	1.5	2.7	0.9	

这表明，相关性和同一性是不同受教育程度青年对"中国梦"和"个人梦"关系的基本认知，并又以相关性的认知为主。不同受教育程度相比，受教育程度为初中者更倾向于将"中国梦"的实现置于优先地位，受教育程度为高中/中专/中职及以上者更倾向于将"个人梦"的实现置于优先地位。

（二）逐梦的分层特征

1. 实现条件

调查结果显示，一是对"中国梦"实现条件的认知，无论城乡，无论何种性别、婚姻状况、年龄、社会阶层、年收入，大多数浙江青年认为"社会公平"是实现"中国梦"的首要条件，即，无论何种社会身份，大多数浙江青年更强调"社会公平"在实现"中国梦"中的重要性和首要性；二是对"个人梦"实现条件的认知，无论城乡，无论何种性别、婚姻状况、年龄、户籍状况、社会阶层、受教育程度、年收入，大多数浙江青年认为自己的才能和努力是实现"个人梦"的首要条件，即，无论何种社会身份，大多数浙江青年认为个人因素是实现"个人梦"的首要条件，强调个人的才能和努力在实现"个人梦"中的首要性；三是无论城乡，无论何种性别、婚姻状况、年龄、户籍状况、社会阶层、受教育程度、年收入，大多数浙江青年有信心实现"中国梦"和"个人梦"，即，无论何种社会身份，大多数浙江青年对实现"中国梦"和"个人梦"抱有信心——但认为存在难度者也占一定比例。

（1）"中国梦"的实现条件：无论何种社会身份，大多数浙江青年认同"社会公平"是实现"中国梦"的首要条件。

从对差异性的分析来看，不同性别、户籍、受教育程度、年收入者之间存在显著性差异，而城乡及不同年龄、婚姻状况、社会阶层者之间的差异不具有显著性。

对性别的分层分析显示，以比例超过半数计，绝大多数男青年以"社会公平"为首选，大多数女青年以"让每个人都有发展机会""社会公平""国家政策好"为首选。显著性差异的比较分析进一步显示，在"让每个人都有发展机会""国家政策好""经济发展"这三个选项上，女性的占比均超过男性的占比，差距分别为 15.9 个、8.5 个、7.6 个百分点，前一项为强显著性差异，后两项为弱显著性差异（见表 2 - 28）。

表 2 - 28 "中国梦"的实现条件的性别比较

单位：%

"中国梦"的实现条件	男	女	显著性
让每个人都有发展机会	38.5	54.4	＊＊＊
社会公平	66.9	71.1	—
国家政策好	42.9	51.4	＊
经济发展	38.0	45.6	＊
其他	9.6	7.8	—

这表明，无论男女，绝大多数浙江青年认为"社会公平"是实现"中国梦"的首要条件。不同性别的青年相比，第一，女青年的首选条件较为多样，男青年的首选条件较为单一；第二，女青年对"中国梦"实现条件的选择包括社会、国家、个人三个层面，男青年的选择则更多地指向社会层面；第三，女青年较之男青年更强调个人发展机会、国家政策和经济发展在实现"中国梦"中的重要性。

对户籍的分层分析显示，以比例超过半数计，绝大多数当地户籍青年和非当地户籍常住青年以"社会公平"为首选，暂住/流动青年中，"社会公平"的占比虽低于半数 1.5 个百分点，且与其他各选项之间的差异较小，但亦为占比最高的选项，为其首选条件。显著性差异的比较分析进一步显示，在"社会公平"这一选项上，当地户籍青年的占比明显超过非当地户籍常住青年和暂住/流动青年的占比，差距分别为 11.7 个和 23.4 个百分点，为强显著性差异；在"让每个人都有发展机会"这一选项上,当地户籍青年的占比也超过非当地户籍常住青年和暂住/流动青年的占比,差距分别为 13.5 个和 1.2 个百分点,为弱显著性差异(见表 2 - 29)。

表 2 - 29 "中国梦"的实现条件的户籍比较

单位:%

"中国梦"的实现条件	当地户籍	非当地户籍常住	暂住/流动	显著性
让每个人都有发展机会	44.9	31.4	43.7	*
社会公平	71.9	60.2	48.5	* * *
国家政策好	45.4	44.9	45.6	—
经济发展	39.5	38.1	47.6	—
其他	9.9	5.9	6.8	

这表明,无论何种户籍,浙江青年普遍认为"社会公平"是实现"中国梦"的首要条件。不同户籍的青年相比,第一,暂住/流动青年的首选条件较为多样,当地户籍和非当地户籍常住青年的首选条件较为单一;第二,暂住/流动青年对"中国梦"实现条件的选择具有多样化的特征,当地户籍和非当地户籍常住青年的选择则更多地指向社会层面;第三,较之非当地户籍常住青年和暂住/流动青年,当地户籍青年更强调社会公平、个人发展机会在实现"中国梦"中的重要性。

对受教育程度的分层分析显示,以比例超过半数计,绝大多受教育程度为高中/中专/中职及以上的青年以"社会公平"为首选,余者各选项的占比均不及半数,受教育程度为初中的青年以"社会公平"和"让每个人都有发展机会"两项为首选,受教育程度为小学及以下的青年以"经济发展"为首选。显著性差异的比较分析进一步显示,在"社会公平"这一选项上,受教育程度为本科及以上者的占比为最高，高出占比最低的小学及以下受教育程度者 37.4 个百分点，不同受教育程度者间呈强显著性差异；在"其他"条件上，小学及以下受教育程度者的占比为最高，比占比最低的初中受教育程度者高出 15.8 个百分点，总体差异呈中显著性（见表 2 - 30）。

表 2 - 30   "中国梦"的实现条件的受教育程度比较

单位：%

"中国梦"的实现条件	小学及以下	初中	高中/中专/中职	大专	本科及以上	显著性
让每个人都有发展机会	38.2	47.6	36.0	40.8	47.1	—
社会公平	41.2	47.6	66.5	62.8	78.6	＊＊＊
国家政策好	41.2	43.8	45.3	48.9	44.4	—
经济发展	47.1	36.2	36.0	38.1	43.7	—
其他	20.6	4.8	6.4	13.0	8.5	＊＊

这表明，无论何种受教育程度，大多数浙江青年认为"社会公平"是实现"中国梦"的首要条件。以是否接受过大专及以上教育为标志，对青年受教育程度的高低进行划分，不同受教育程度的青年相比，第一，低受教育程度青年的首选条件较为多样，高受教育程度青年的首选条件较为单一；第二，低受教育程度青年对"中国梦"实现条件选择的指向具有多样化的特征，高受教育程度青年的选择则更多地指向社会层面；第三，高受教育程度青年更强调社会公平在实现"中国梦"中的重要性，低受教育程度青年同时也强调个人发展机会、经济发展等条件在实现"中国梦"中的重要性。

对年收入的分层分析显示，以比例超过半数计，绝大多数青年以"社会公平"为首选条件。显著性差异的比较分析进一步显示，在"社会公平"这一选项上，年收入为 10 万～15 万元和 5 万～10 万元的受访者的占比明显超过年收入为 5 万元以下和 15 万元以上的受访者,其中,年收入为 10 万 ~ 15 万元者的占比高出年收入为 5 万元以下者 15.6 个百分点,不同年收入的受访者间呈中显著性差异(见表 2 – 31)。

表 2 – 31 "中国梦"的实现条件的年收入比较

单位:%

"中国梦"的实现条件	5 万元以下	5 万 ~ 10 万元	10 万 ~ 15 万元	15 万元以上	目前无收入	显著性
让每个人都有发展机会	47.7	42.9	35.8	38.4	50.0	—
社会公平	61.9	71.5	77.5	67.2	67.2	* *
国家政策好	44.4	48.3	45.0	41.6	43.8	—
经济发展	41.1	42.7	31.7	36.0	48.4	—
其他	9.3	9.1	10.8	8.8	6.3	—

这表明,无论何种年收入,绝大多数浙江青年认为"社会公平"是实现"中国梦"的首要条件。不同年收入的青年相比,第一,低收入(5 万元以下)和高收入(15 万元以上)青年的首选条件较为多样,中等收入(5 万 ~ 15 万元)青年的首选条件较为单一;第二,低收入青年对"中国梦"实现条件选择的指向包括社会、国家、个人三个层面,中等收入青年的选择则更多地指向社会层面;第三,中等收入青年较之低收入和高收入青年更强调"社会公平"在实现"中国梦"中的重要性。

(2)"个人梦"的实现条件:无论何种性别、婚姻状况、社会阶层、年收入,大多数受访者以"自己的才能与努力"为首选条件。

从对差异性的分析来看,关于"个人梦"的实现条件,不同性别、年龄、婚姻状况、社会阶层、受教育程度、年收入者之间在部分选项上有显著性差异,而城乡和不同户籍者之间的差异不具有显著性。

对性别的分层分析显示，以比例超过半数计，无论男女，大多数受访者以"自己的才能与努力"为首选条件。相比较而言，女性受访者比男性受访者更多地认为"自己的才能与努力"是"个人梦"实现的首要条件，二者占比的差距为 7.1 个百分点，男女受访者间的差异呈弱显著性；其他选项的占比差异均不具显著性（见表 2 - 32）。

表 2 - 32 "个人梦"的实现条件的性别比较

单位：%

"个人梦"的实现条件	男	女	显著性
自己的才能与努力	57.9	65.0	*
家庭条件好（例如有个好爹）	13.3	12.9	—
机会与运气	18.1	22.1	—
国家政策对自己有利	46.2	49.0	—
国家经济发展	29.7	28.9	—
其他	6.8	4.4	—

这表明，以性别划分，大多数浙江青年认为"自己的才能与努力"是实现"个人梦"的首要条件。相比之下，女青年比男青年更强调"自己的才能与努力"的重要性和首要性；对其他如家庭、社会、国家等层面条件的选择，男女青年间的差异不大。

对婚姻状况的分层分析显示，以比例超过半数计，不论婚否，大多数受访者以"自己的才能与努力"为实现"个人梦"的首选条件。相比较而言，未婚受访者比已婚受访者更多地认为"自己的才能与努力"是"个人梦"实现的首选条件，二者在这一项的占比差距为 7.6 个百分点，呈弱显著性差异；"机会与运气"选项的占比亦为未婚者超过已婚者，二者在这一项的占比差距为 12.1 个百分点，呈强显著性差异；"国家经济发展"选项的占比为已婚者超过未婚者，差距为 11.3 个百分点，呈中显著性差异（见表 2 - 33）。

表 2 – 33 "个人梦"的实现条件的婚姻状况比较

单位：%

"个人梦"的实现条件	已婚	未婚	显著性
自己的才能与努力	58.2	65.8	*
家庭条件好（例如有个好爹）	12.7	14.9	—
机会与运气	16.7	28.8	* * *
国家政策对自己有利	48.3	42.8	—
国家经济发展	32.0	20.7	* *
其他	6.1	5.9	—

这表明，以婚姻状况划分，无论婚否，大多数浙江青年认为"自己的才能与努力"是"个人梦"实现的首选条件。相比较而言，第一，已婚者对"个人梦"实现条件认知的分布较为均衡，未婚者认知的分布较为集中；第二，从国家、社会、个人三个层面看，未婚者更强调个人因素，已婚者更强调国家因素；第三，已婚者更重视"国家经济发展"，未婚者更重视"机会与运气"及"自己的才能与努力"。

对年龄的分层分析显示，以比例超过半数计，不论是何年龄层，大多数受访者以"自己的才能与努力"为"个人梦"实现的首选条件。相比较而言，在"自己的才能与努力"这一选项上，18～24 周岁者比 40～44 周岁者高出 16.7 个百分点，为中显著性差异；"机会与运气"选项的占比亦为年龄较小者超过年龄较大者——18～24 周岁者与 40～44 周岁者的占比差距为 29.2 个百分点，为强显著性差异（见表 2 – 34）。

表 2 – 34 "个人梦"的实现条件的年龄比较

单位：%

"个人梦"的实现条件	18～24 周岁	25～29 周岁	30～34 周岁	35～39 周岁	40～44 周岁	显著性
自己的才能与努力	68.9	67.1	59.0	56.9	52.2	* *

续表

"个人梦"的实现条件	18～24周岁	25～29周岁	30～34周岁	35～39周岁	40～44周岁	显著性
家庭条件好（例如有个好爹）	14.2	14.6	13.7	12.9	10.9	—
机会与运气	38.7	17.8	20.9	18.3	9.5	＊＊＊
国家政策对自己有利	36.8	46.5	45.7	49.5	52.2	—
国家经济发展	22.6	25.4	28.4	34.2	34.3	—
其他	2.8	5.6	7.2	4.5	8.5	

这表明，以年龄划分，无论是何年龄层，大多数浙江青年认为"自己的才能与努力"是"个人梦"实现的首选条件，但相比较而言，年龄较小者更强调"机会与运气"和"自己的才能与努力"的重要性。

对社会阶层的分层分析显示，以比例超过半数计，不论何种社会阶层，大多数受访者以"自己的才能与努力"为"个人梦"实现的首选条件。相比较而言，社会上层受访者比其他社会阶层的受访者更多地认为"自己的才能与努力"是"个人梦"实现的首选条件，其占比分别高出社会中层者 5.7 个百分点、社会下层者 17.6 个百分点，为中显著性差异；社会上层受访者比其他社会阶层的受访者更强调"国家经济发展"在实现"个人梦"中的重要性，其占比分别高出社会中层者 9.7 个百分点、社会下层者 11.0 个百分点，为弱显著性差异；属于"其他阶层"的受访者（主要是全日制在校学生）更多地认为"机会与运气"是"个人梦"实现的首选条件，较之社会上层、中层和下层者，占比差距分别为 11.5 个、5.5 个和 12.0 个百分点，为弱显著性差异（见表 2-35）。

表 2－35　"个人梦"的实现条件的社会阶层与职业比较

单位：%

社会阶层与职业	"个人梦"的实现条件					
	自己的才能与努力	家庭条件好（例如有个好爹）	机会与运气	国家政策对自己有利	国家经济发展	其他
社会上层	66.7	10.1	14.7	40.3	38.8	9.3
行政事业单位领导	59.4	12.5	21.9	50.0	34.4	3.1
企业管理人员	70.7	10.3	10.3	37.9	41.4	8.6
私营企业主	66.7	7.7	15.4	35.9	38.5	15.4
社会中层	61.0	12.6	20.7	48.7	29.1	4.9
行政事业单位一般办事人员	68.7	12.0	24.7	46.0	27.3	4.7
专业技术人员（教师、律师等行业人员）	70.1	10.9	19.0	53.4	24.7	4.6
企业员工（非体力劳动）	56.3	13.6	22.6	44.2	32.2	4.0
个体工商户	42.1	14.7	13.7	53.7	33.7	7.4
社会下层	49.1	14.80	14.2	49.1	27.8	9.5
商业/服务业工作人员	48.1	3.7	14.8	66.7	22.2	11.1
产业工人（体力劳动）	54.2	10.2	18.6	47.5	22.0	13.6
农民	42.9	9.5	0.0	42.9	47.6	9.5
失业/半失业者	46.8	25.8	14.5	45.2	29.0	4.8
其他阶层	64.3	19.0	26.2	40.5	21.4	3.6
全日制在校学生	77.1	17.1	42.9	22.9	25.7	2.9
其他	55.1	20.4	14.3	53.1	18.4	4.1
显著性	＊＊	—	＊	—	＊	＊

这表明，以社会阶层划分，无论何种社会阶层，大多数浙江青年认为"自己的才能与努力"是"个人梦"实现的首选条件。相比较而言，社会上层者更强调"自己的才能与努力"和"国家经济发展"的重要性，"其他阶层"者（主要是全日制在校学生）更强调

"机会与运气"的重要性。

对受教育程度的分层分析显示，以超过半数计，大多数受教育程度在高中/中专/中职及以上的受访者以"自己的才能与努力"为"个人梦"实现的首选条件，多数受教育程度在初中及以下的受访者以"国家政策对自己有利"为"个人梦"实现的首选条件。相比较而言，受教育程度越高，受访者越倾向于认为"自己的才能与努力"是"个人梦"实现的首选条件，不同受教育程度者之间为强显著性差异；对"家庭条件好"和"其他"选项的占比则为受教育程度为小学及以下的受访者高于其他受教育程度受访者，两个选项均呈弱显著性差异（见表2-36）。

表2-36 "个人梦"的实现条件的受教育程度比较

单位：%

"个人梦"的实现条件	小学及以下	初中	高中/中专/中职	大专	本科及以上	显著性
自己的才能与努力	29.4	44.8	53.7	61.9	68.0	＊＊＊
家庭条件好（例如有个好爹）	29.4	12.4	16.7	12.6	10.8	＊
机会与运气	11.8	11.4	22.7	17.9	20.9	—
国家政策对自己有利	44.1	48.6	41.9	54.3	45.5	—
国家经济发展	35.3	30.5	26.6	29.1	30.3	—
其他	14.7	10.5	5.9	4.0	5.5	＊

这表明，以受教育程度划分，大多数受教育程度在高中/中专/中职及以上的浙江青年以"自己的才能与努力"为"个人梦"实现的首选条件，多数受教育程度在初中及以下的浙江青年以"国家政策对自己有利"为"个人梦"实现的首选条件；受教育程度越高的浙江青年，越强调"自己的才能与努力"的重要性；受教育程度为小学及以下的浙江青年，强调"家庭条件好"和"其他"条件的重要性。

对年收入的分层分析显示，以比例超过半数计，无论年收入多少，大多数受访者以"自己的才能与努力"为"个人梦"实现的首选条件。相比较而言，在"家庭条件好"这一选项上，年收入在5万元以下的受访者的占比比年收入在15万元以上的受访者高出13.3个百分点，为强显著性差异；目前无收入的受访者（主要为全日制在校学生）相对于其他年收入的受访者更多地认为"机会与运气"是"个人梦"实现的首选条件，其占比高出年收入在15万元以上者25.5个百分点，为强显著性差异（见表2-37）。

表2-37　"个人梦"的实现条件的年收入比较

单位：%

"个人梦"的实现条件	5万元以下	5万~10万元	10万~15万元	15万元以上	目前无收入	显著性
自己的才能与努力	57.6	60.5	60.0	61.6	64.1	—
家庭条件好（例如有个好爹）	18.9	12.0	10.0	5.6	15.6	＊＊＊
机会与运气	16.9	20.0	19.2	13.6	39.1	＊＊＊
国家政策对自己有利	45.0	50.7	46.7	47.2	32.8	—
国家经济发展	27.8	30.1	30.0	35.2	23.4	—
其他	7.0	6.1	5.0	7.2	3.1	—

这表明，以年收入划分，大多数浙江青年认为"自己的才能与努力"是"个人梦"实现的首选条件。相比较而言，第一，年收入较低者更强调"家庭条件好"对实现"个人梦"的重要性；第二，目前无收入者更强调"机会与运气"对实现"个人梦"的重要性。

2. 信心

调查结果显示，无论城乡，无论何种性别、婚姻状况、年龄层、户籍状况、社会阶层、受教育程度、年收入，大多数青年人有信心实现"中国梦"和"个人梦"，即，无论是实现"中国梦"还是实现

"个人梦"，各种社会身份的浙江青年都抱有信心，但认为存在难度者也占一定比例。

（1）对实现"中国梦"的信心：无论何种社会身份，大多数浙江青年认为"中国梦"能够实现，但同时也面临着一定的挑战。

从对差异性的分析来看，不同性别、受教育程度者之间具有显著性的差异，而城乡间及不同年龄、婚姻状况、社会阶层、户籍、年收入者之间的差异不具有显著性。

对性别的分层分析显示，无论男女，大多数浙江青年对实现"中国梦"抱有信心。两性相比，男性受访者认为实现"中国梦""非常容易"、"比较容易"和"一般"的占比共计34.7%，高于女性受访者4.7个百分点，整体为强显著性差异（见表2－38）。

表2－38　对实现"中国梦"的信心的性别比较

单位：%

对实现"中国梦"的信心	男	女	显著性
非常容易	1.0	0.0	
比较容易	6.8	4.1	
一般	26.9	25.9	
比较难	43.3	55.1	＊＊＊
非常难	14.0	9.2	
不可能实现	3.3	1.0	
说不清楚	4.7	4.8	

这表明，无论何种性别，大多数浙江青年有信心实现"中国梦"，而相比较来看，男青年对实现"中国梦"所持的态度更为乐观。

对受教育程度的分层分析显示，无论何种受教育程度，大多数浙江青年对实现"中国梦"抱有信心。不同受教育程度者相比，初中受访者认为实现"中国梦""非常容易"、"比较容易"和"一

般"的占比共计 53.3%，小学及以下受访者的这一占比为
41.2%，大专受访者的这一占比为 35.4%，本科及以上受访者的
这一占比为 29.5%，高中/中专/中职受访者的这一占比为
27.6%，最高比例与最低比例间相差 25.7 个百分点，整体为强显
著性差异（见表 2 - 39）。

表 2 - 39　对实现"中国梦"的信心的受教育程度比较

单位：%

对实现"中国梦"的信心	小学及以下	初中	高中/中专/中职	大专	本科及以上	显著性
非常容易	0.0	1.9	1.5	0.0	0.5	
比较容易	11.8	12.4	3.9	6.7	4.6	
一般	29.4	39.0	22.2	28.7	24.4	
比较难	35.3	26.7	53.7	43.9	50.8	＊＊＊
非常难	14.7	12.4	12.3	13.9	12.0	
不可能实现	0.0	2.9	3.9	2.2	2.3	
说不清楚	8.8	4.8	2.5	4.5	5.5	

这表明，无论何种受教育程度，大多数浙江青年有信心实现"中
国梦"，而相比较来看，受教育程度较低者对实现"中国梦"所持的
态度更为乐观。

（2）对实现"个人梦"的信心：无论何种社会身份，大多数浙江
青年有信心实现"个人梦"。

从对差异性的分析来看，不同性别、年收入者之间对实现"个人
梦"的信心存在显著性差异，而城乡及不同年龄、婚姻状况、社会阶
层、户籍、受教育程度者之间的这一差异不具有显著性。

对性别的分层分析显示，无论男女，大多数浙江青年有信心实现
"个人梦"。两性相比，女性受访者认为实现"个人梦""非常容易"、

"比较容易"和"一般"的占比共计54.4%，比男性受访者的这一占比高7.8个百分点，整体为强显著性差异（见表2-40）。

表2-40　对实现"个人梦"的信心的性别比较

单位：%

对实现"个人梦"的信心	男	女	显著性
非常容易	0.7	0.0	
比较容易	5.7	10.2	
一般	40.2	44.2	
比较难	35.3	34.7	＊＊＊
非常难	13.7	6.5	
说不清楚	4.4	4.4	

这表明，无论何种性别，大多数浙江青年有信心实现"个人梦"，相比而言，女青年对实现"个人梦"所持的态度更为乐观。

对年收入的分层分析显示，无论何种年收入，大多数浙江青年有信心实现"个人梦"。不同年收入群体相比，年收入为10万~15万元者中认为实现"个人梦""非常容易"、"比较容易"和"一般"的占比共计58.3%，分别高于年收入为5万元以下者和5万~10万元者的这一占比16.3个和8.8个百分点，年收入为15万元以上者中认为实现"个人梦""非常容易"、"比较容易"和"一般"的占比共计53.6%，分别高于年收入为5万元以下者和5万~10万元者的这一占比11.5个和4.0个百分点（见表2-41）。

这表明，无论何种年收入，大多数浙江青年有信心实现"个人梦"，相比而言，高收入（15万元以上）和中高收入（10万~15万元）群体较之中低收入（5万~10万元）和低收入（5万元以下）群体对实现"个人梦"所持的态度更为乐观。

表 2 – 41   对实现"个人梦"的信心的年收入比较

单位：%

对实现"个人梦"的信心	5 万元以下	5 万 ~ 10 万元	10 万 ~ 15 万元	15 万元以上	目前无收入	显著性
非常容易	0.3	0.5	0.0	1.6	0.0	
比较容易	4.0	7.2	11.7	9.6	7.8	
一般	37.7	41.9	46.7	42.4	42.2	
比较难	39.4	36.8	30.8	24.0	37.5	*
非常难	15.2	9.3	8.3	14.4	7.8	
说不清楚	3.3	4.3	2.5	8.0	4.7	

（三）圆梦的分层特征

1. 困难与阻碍

调查结果显示，无论城乡，无论何种性别、年龄、婚姻状况、户籍、受教育程度、社会阶层、年收入，绝大多数浙江青年认为"官员贪污腐败"是实现"中国梦"的最大阻碍，认为房价物价过高、缺少发展平台和机遇、社会价值取向过于功利化等国家/社会层面的困难是实现"个人梦"面临的最大困难。即，无论是何种社会身份，大多数浙江青年将"官员贪污腐败"指认为实现"中国梦"的最大阻碍，将来自国家/社会层面的困难指认为自己实现"个人梦"遇到的最大困难。

（1）实现"中国梦"的最大阻碍：无论是何种社会身份，大多数浙江青年认为"官员贪污腐败"是实现"中国梦"的最大阻碍。

从对差异性的分析来看，城乡及不同年龄、社会阶层、户籍、受教育程度、年收入者之间存在显著性差异，而不同性别、婚姻状况者之间的差异不具有显著性。

对年龄的分层分析显示，以比例超过半数计，无论何种年龄段，大多数青年认为"官员贪污腐败"是阻碍"中国梦"实现的首要因素。不同年龄段相比，受访者在"改革遇到困难"和"社会严重不公"这两个选项上存在显著性差异。其中，18～24周岁者中的50.0%认为实现"中国梦"最大的阻碍是"社会严重不公"，分别较25～29周岁者、30～34周岁者、35～39周岁者、40～44周岁者的这一占比高出17.1个、13.3个、16.8个、15.2个百分点，为弱显著性差异；35～39周岁者中认为实现"中国梦"的最大阻碍是"改革遇到困难"者占20.8%，较18～24周岁组的这一占比高出12.3个百分点，为弱显著性差异（见表2-42）。

表2-42　实现"中国梦"的最大阻碍的年龄比较

单位：%

实现"中国梦"的最大阻碍	18～24周岁	25～29周岁	30～34周岁	35～39周岁	40～44周岁	显著性
改革遇到困难	8.5	17.4	19.4	20.8	11.9	*
官员贪污腐败	54.7	57.7	53.2	54.5	53.2	—
经济增长放缓	12.3	15.5	12.6	13.9	11.4	—
社会严重不公	50.0	32.9	36.7	33.2	34.8	*
法制不健全	34.9	32.4	35.3	34.2	37.8	—
其他	7.5	10.3	10.1	10.9	8.0	—

这表明，无论何种年龄段，大多数浙江青年认为"官员贪污腐败"是实现"中国梦"的最大阻碍，而不同年龄段相比，18～24周岁者更强调"社会严重不公"对实现"中国梦"的阻碍，35～39周岁者更强调"改革遇到困难"对实现"中国梦"的阻碍。

对社会阶层的分层分析显示，以比例超过半数计，无论何种社会阶层，大多数青年认为"官员贪污腐败"是阻碍"中国梦"实现的首要因素。不同社会阶层相比，受访者在"官员贪污腐败"、"社会严重不公"、"法制不健全"和"改革遇到困难"这四个选项上存在显著性差异。其中,社会下层者中的65.7%认为实现"中国梦"的最大阻碍是"官员贪污腐败",高出社会上层者15.3个百分点,为强显著性差异;社会中层者中的38.8%认为实现"中国梦"的最大阻碍是"社会严重不公",高出社会上层者13.2个百分点,为强显著性差异;社会上层者中的44.2%认为实现"中国梦"的最大阻碍是"法制不健全",20.9%认为实现"中国梦"的最大阻碍是"改革遇到困难",分别高出社会下层者中这两个选项的占比16.4个和7.9个百分点,两个选项均为弱显著性差异(见表2-43)。

表2-43 实现"中国梦"的最大阻碍的社会阶层与职业比较

单位:%

社会阶层与职业	实现"中国梦"的最大阻碍					
	改革遇到困难	官员贪污腐败	经济增长放缓	社会严重不公	法制不健全	其他
社会上层	20.9	50.4	14.0	25.6	44.2	11.6
行政事业单位领导	34.4	43.8	15.6	21.9	43.8	12.5
企业管理人员	24.1	50.0	12.1	19.0	44.8	13.8
私营企业主	5.1	56.4	15.4	38.5	43.6	7.7
社会中层	18.0	51.6	13.3	38.8	35.0	9.5
行政事业单位一般办事人员	28.0	35.3	15.3	32.7	44.0	13.3
专业技术人员(教师、律师等行业人员)	14.9	56.3	11.5	37.4	39.1	8.6
企业员工(非体力劳动)	18.1	54.3	13.1	44.2	26.1	8.0
个体工商户	7.4	63.2	13.7	40.0	31.6	8.4
社会下层	13.0	65.7	13.6	26.6	27.8	8.9
商业/服务业工作人员	18.5	70.4	3.7	25.9	40.7	14.8
产业工人(体力劳动)	18.6	61.0	16.9	32.2	15.3	5.1
农民	14.3	66.7	19.0	33.3	14.3	4.8
失业/半失业者	4.8	67.7	12.9	19.4	38.7	11.3

社会阶层与职业	实现"中国梦"的最大阻碍					
	改革遇到困难	官员贪污腐败	经济增长放缓	社会严重不公	法制不健全	其他
其他阶层	7.1	60.7	10.7	52.4	34.5	8.3
全日制在校学生	5.7	51.4	11.4	65.7	40.0	8.6
其他	8.2	67.3	10.2	42.9	30.6	8.2
显著性	*	* * *	—	* * *	*	—

这表明，无论何种社会阶层，大多数浙江青年认为"官员贪污腐败"是实现"中国梦"的最大阻碍，而不同社会阶层相比，社会下层者更强调"官员贪污腐败"对实现"中国梦"的阻碍，社会中层者更强调"社会严重不公"对实现"中国梦"的阻碍，社会上层者更强调"法制不健全"和"改革遇到困难"对实现"中国梦"的阻碍。

对城乡的分层分析显示，以比例超过半数计，无论城乡，大多数浙江青年认为"官员贪污腐败"是阻碍"中国梦"实现的首要因素。城乡相比，受访者在"改革遇到困难"、"官员贪污腐败"和"社会严重不公"这三个选项上存在显著性差异。其中，城镇青年中的18.9%和38.7%分别认为实现"中国梦"的最大阻碍是"改革遇到困难"和"社会严重不公"，各高出农村青年7.0个和7.6个百分点，前者为强显著性差异，后者为弱显著性差异；农村青年中的60.1%认为实现"中国梦"的最大阻碍是"官员贪污腐败"，高出城镇青年8.2个百分点，为弱显著性差异（见表2-44）。

这表明，无论城乡，大多数浙江青年认为"官员贪污腐败"是实现"中国梦"的最大阻碍，而城乡相比，农村青年更强调"官员贪污腐败"对实现"中国梦"的阻碍，城镇青年更强调"改革遇到困难"和"社会严重不公"对实现"中国梦"的阻碍。

表 2 - 44　实现"中国梦"的最大阻碍的城乡比较

单位：%

实现"中国梦"的最大阻碍	城镇	农村	显著性
改革遇到困难	18.9	11.9	* * *
官员贪污腐败	51.9	60.1	*
经济增长放缓	12.4	14.9	—
社会严重不公	38.7	31.1	*
法制不健全	36.6	31.4	—
其他	8.8	11.3	—

对户籍的分层分析显示，以比例超过半数计，无论何种户籍，大多数青年认为"官员贪污腐败"是阻碍"中国梦"实现的首要因素。不同户籍相比，受访者在"官员贪污腐败"和"改革遇到困难"这两个选项上存在显著性差异。其中，暂住/流动青年中的 72.8% 认为实现"中国梦"的最大阻碍是"官员贪污腐败"，高出当地户籍青年 20.7 个百分点，为强显著性差异；当地户籍青年中的 18.2% 认为实现"中国梦"的最大阻碍是"改革遇到困难"，高出暂住/流动青年 8.5 个百分点，为弱显著性差异（见表 2 - 45）。

表 2 - 45　实现"中国梦"的最大阻碍的户籍比较

单位：%

实现"中国梦"的最大阻碍	当地户籍	非当地户籍常住	暂住/流动	显著性
改革遇到困难	18.2	11.9	9.7	*
官员贪污腐败	52.1	55.1	72.8	* * *
经济增长放缓	13.1	16.1	10.7	—
社会严重不公	37.1	36.4	29.1	—
法制不健全	36.6	30.5	27.2	—
其他	9.1	12.7	9.7	—

这表明，无论何种户籍，大多数浙江青年认为"官员贪污腐败"是实现"中国梦"的最大阻碍，而不同户籍相比，暂住/流动青年更强调"官员贪污腐败"对实现"中国梦"的阻碍，当地户籍青年人更强调"改革遇到困难"对实现"中国梦"的阻碍。

对受教育程度的分层分析显示，无论何种受教育程度，大多数浙江青年认为"官员贪污腐败"是阻碍"中国梦"实现的首要因素。不同受教育程度相比，在"官员贪污腐败"、"社会严重不公"、"法制不健全"和"改革遇到困难"这四个选项上存在显著性差异。其中，受教育程度较高的受访者更倾向于认为实现"中国梦"的最大阻碍是"改革遇到困难""社会严重不公""法制不健全"——本科及以上受教育程度青年的这三项占比分别高出小学及以下受教育程度青年的这三项占比18.1个、16.9个和28.2个百分点，均为强显著性差异；受教育程度较低的受访者更倾向于认为实现"中国梦"的最大阻碍是"官员贪污腐败"——初中受教育程度青年的这一占比高出本科及以上受教育程度青年的这一占比25.0个百分点，为强显著性差异（见表2-46）。

表 2-46 实现"中国梦"的最大阻碍的受教育程度比较

单位：%

实现"中国梦"的最大阻碍	小学及以下	初中	高中/中专/中职	大专	本科及以上	显著性
改革遇到困难	8.8	5.7	7.9	10.8	26.9	＊＊＊
官员贪污腐败	67.6	71.4	61.6	54.3	46.4	＊＊＊
经济增长放缓	17.6	17.1	10.8	12.1	13.6	—
社会严重不公	17.6	25.7	39.9	43.9	34.5	＊＊＊
法制不健全	11.8	25.7	33.5	34.1	40.0	＊＊＊
其他	11.8	7.6	7.4	12.1	9.7	—

这表明，无论何种受教育程度，大多数浙江青年认为"官员贪污腐败"是实现"中国梦"的最大阻碍，而不同受教育程度相比，受教育程度较高的青年更强调"法制不健全"、"社会严重不公"和"改革遇到困难"对实现"中国梦"的阻碍，受教育程度较低的青年更强调"官员贪污腐败"对实现"中国梦"的阻碍。

对年收入的分层分析显示，以比例超过半数计，无论何种年收入，大多数青年认为"官员贪污腐败"是阻碍"中国梦"实现的首要因素。不同年收入相比，受访者在"改革遇到困难"和"社会严重不公"这两个选项上存在显著性差异。其中，年收入为 5 万 ~ 10 万元和 10 万 ~ 15 万元的青年，即中等收入群体，更倾向于认为实现"中国梦"的最大阻碍是"改革遇到困难"和"社会严重不公"，前者具有强显著性差异，后者具有弱显著性差异（见表 2 - 47）。

表 2 - 47 实现"中国梦"的最大阻碍的年收入比较

单位：%

实现"中国梦"的最大阻碍	5 万元以下	5 万 ~ 10 万元	10 万 ~ 15 万元	15 万元以上	目前无收入	显著性
改革遇到困难	11.6	21.3	20.8	16.8	4.7	* * *
官员贪污腐败	57.0	53.9	54.2	52.8	54.7	—
经济增长放缓	16.9	12.0	10.0	14.4	9.4	—
社会严重不公	33.8	37.1	42.5	29.6	48.4	*
法制不健全	31.5	37.3	32.5	36.0	39.1	—
其他	11.9	7.7	7.5	9.6	10.9	—

这表明，无论何种年收入，大多数浙江青年认为"官员贪污腐败"是实现"中国梦"的最大阻碍，而相较于其他年收入群体，中等收入群体更强调"改革遇到困难"和"社会严重不公"对实现"中国梦"的阻碍。

（2）实现"个人梦"的最大困难：大多数浙江青年认为实现"个人梦"的最大困难来自国家/社会层面；男青年、已婚青年、年龄较大的青年、城镇青年、社会阶层较高的青年、受教育程度较高的青年更强调来自国家/社会的困难；女青年、未婚青年、年龄较小的青年、年收入较低的青年更强调来自个人层面的困难；农村青年、暂住/流动青年、受教育程度较低的青年、年收入较低的青年更强调来自家庭层面的困难。

从对差异性的分析来看，城乡及不同性别、年龄、婚姻状况、社会阶层、户籍、受教育程度、年收入者之间均存在显著性差异。

对性别的分层分析显示，无论男女，大多数受访者在国家/社会层面指认实现"个人梦"的最大困难。两性相比，女性受访者更倾向于认为实现"个人梦"的最大困难来自个人层面，两性占比相差10.1个百分点，具有强显著性差异；男性受访者则更倾向于认为实现"个人梦"的最大困难来自国家/社会层面，两性占比相差7.5个百分点，具有弱显著性差异（见表2-48）。

表2-48 实现"个人梦"的最大困难的性别比较

单位：%

实现"个人梦"的最大困难	男	女	显著性
个人层面	38.2	48.3	
学历有限	10.3	10.9	
技能不足	17.8	23.8	***
不够努力	13.6	17.3	
健康状况不佳	1.4	4.4	
其他	6.7	7.8	

续表

实现"个人梦"的最大困难	男	女	显著性
家庭层面	11.8	13.9	
家里人不支持	1.4	2.0	
自己不是富二代/官二代	2.1	1.0	
社会关系不够多	2.0	3.1	—
经济条件不好	6.2	5.8	
家庭负担很重	3.5	4.8	
其他	0.7	0.7	
国家/社会层面	64.2	56.7	
国家政策不利于自己发展	18.0	16.0	
社会偏见与歧视	13.6	10.9	
缺少平台和机遇	17.3	17.3	
房价物价太高,生活不易	28.5	27.2	*
缺乏必要的社会保障	12.6	12.6	
社会价值取向过于功利化	18.6	18.4	
其他	9.5	6.5	
其他层面	2.5	3.4	—

注:实现"个人梦"的最大困难比较表中的显著性差异表示个人、家庭、国家/社会、其他四个层面上的显著性差异。受到样本数量限制,各层面细分困难的差异不做显著性分析。下同。

这表明,无论男女,大多数浙江青年认为实现"个人梦"的最大困难来自国家/社会层面,而两性相比,男青年更强调来自国家/社会层面的困难,如"房价物价太高,生活不易""社会价值取向过于功利化""国家政策不利于自己发展"等;女青年更强调来自个人层面的困难,如"技能不足""健康状况不佳"等。

对婚姻状况的分层分析显示,无论婚否,多数青年认为实现"个人梦"的最大困难来自国家/社会层面。不同婚姻状况相比,未婚者更倾向于认为实现"个人梦"的最大困难来自个人层面,其占比高出已婚者15.8个百分点,为强显著性差异;已婚者更倾向于认为实现

"个人梦"的最大困难来自国家/社会层面，其占比高出未婚者13.2个百分点，为强显著性差异（见表2-49）。

表 2-49 实现"个人梦"的最大困难的婚姻状况比较

单位：%

实现"个人梦"的最大困难	已婚	未婚	显著性
个人层面	37.8	53.6	
学历有限	9.7	13.5	
技能不足	17.2	28.4	***
不够努力	13.0	20.7	
健康状况不佳	2.5	1.8	
其他	6.9	7.7	
家庭层面	12.8	11.7	
家里人不支持	0.9	4.1	
自己不是富二代/官二代	1.9	1.4	
社会关系不够多	2.5	1.8	—
经济条件不好	6.2	5.9	
家庭负担很重	4.1	3.2	
其他	0.9	0.0	
国家/社会层面	64.6	51.4	
国家政策不利于自己发展	18.7	13.1	
社会偏见与歧视	12.8	12.6	
缺少平台和机遇	17.4	17.1	***
房价物价太高，生活不易	28.8	25.7	
缺乏必要的社会保障	13.7	9.0	
社会价值取向过于功利化	18.0	18.9	
其他	9.5	5.4	
其他层面	2.8	2.7	—

这表明，无论婚否，大多数浙江青年认为实现"个人梦"的最大困难来自国家/社会层面，而不同婚姻状况相比，已婚者更强调来自国

家/社会层面的困难,如"房价物价太高,生活不易""国家政策不利于自己发展""社会价值取向过于功利化"等;未婚者更强调来自个人层面的困难,如"技能不足""不够努力"等。

对年龄的分层分析显示,无论何种年龄段,大多数青年认为实现"个人梦"的最大困难来自国家/社会层面。相比较来说,大多数年龄为30~44周岁的受访者在国家/社会层面指认实现"个人梦"的最大困难,大多数年龄为18~29周岁的受访者在个人层面指认实现"个人梦"的最大困难。不同年龄段相比,在个人层面,18~24周岁者的占比高于40~44周岁者的占比31.4个百分点,为强显著性差异;在国家/社会层面,40~44周岁者的占比高于18~24周岁者的占比21.5个百分点,为强显著性差异(见表2-50)。

表 2-50 实现"个人梦"的最大困难的年龄比较

单位:%

实现"个人梦"的最大困难	18~24周岁	25~29周岁	30~34周岁	35~39周岁	40~44周岁	显著性
个人层面	64.2	51.2	33.8	37.1	32.8	
学历有限	17.0	10.8	8.6	11.4	8.5	
技能不足	32.1	26.8	18.7	13.9	12.4	＊＊＊
不够努力	24.5	17.4	12.6	13.4	10.9	
健康状况不佳	3.8	2.3	2.2	3.0	1.0	
其他	8.5	7.0	5.4	6.4	9.0	
家庭层面	12.3	15.0	14.7	11.4	7.5	
家里人不支持	4.7	1.4	2.2	0.5	0.5	
自己不是富二代/官二代	0.9	1.4	2.5	1.5	2.0	
社会关系不够多	2.8	2.3	2.5	2.0	2.0	—
经济条件不好	6.6	8.5	5.0	5.4	5.5	
家庭负担很重	4.7	5.2	4.7	4.0	1.0	
其他	0.0	0.9	0.7	1.5	0.0	

续表

实现"个人梦"的最大困难	18~24周岁	25~29周岁	30~34周岁	35~39周岁	40~44周岁	显著性
国家/社会层面	47.2	50.7	67.6	66.3	68.7	
国家政策不利于自己发展	8.5	12.7	21.2	22.3	16.9	
社会偏见与歧视	10.4	8.9	12.6	14.4	16.9	
缺少平台和机遇	15.1	17.4	17.6	19.8	15.4	* * *
房价物价太高，生活不易	25.5	28.6	34.9	27.7	19.9	
缺乏必要的社会保障	10.4	9.9	14.7	14.9	11.4	
社会价值取向过于功利化	14.2	18.3	20.1	21.3	15.9	
其他	5.7	4.2	9.4	10.9	11.4	
其他层面	0.0	1.9	2.9	3.0	5.0	—

这表明，无论何种年龄段，大多数浙江青年更强调在实现"个人梦"过程中来自国家/社会层面的困难，而不同年龄段相比，30~44周岁者更强调来自国家/社会层面的困难，如"房价物价太高，生活不易""国家政策不利于自己发展""社会偏见与歧视"等；18~29周岁者更强调来自个人层面的困难，如"技能不足""不够努力"等。

对社会阶层的分层分析显示，无论何种社会阶层，大多数受访者在国家/社会层面指认实现"个人梦"的最大困难。不同社会阶层相比，社会上层受访者在国家/社会层面的占比高出社会下层受访者在这一层面的占比14.2个百分点，为弱显著性差异（见表2-51）。

这表明，无论何种社会阶层，大多数浙江青年认为实现"个人梦"的最大困难来自国家/社会层面，而不同阶层相比，社会阶层较高的受访者更强调来自国家/社会层面的困难。

表 2 -51　实现"个人梦"的最大困难的社会阶层与职业比较

单位：%

社会阶层与职业	实现"个人梦"的最大困难			
	个人层面	家庭层面	国家/社会层面	其他层面
社会上层	33.3	10.9	69.8	4.7
行政事业单位领导	40.6	6.3	75.0	3.1
企业管理人员	36.2	8.6	70.7	1.7
私营企业主	23.1	17.9	64.1	10.3
社会中层	40.8	12.1	62.8	2.9
行政事业单位一般办事人员	45.3	11.3	61.3	2.0
专业技术人员（教师、律师等行业人员）	37.9	10.3	65.5	3.4
企业员工（非体力劳动）	42.2	13.1	61.8	3.5
个体工商户	35.8	14.7	62.1	2.1
社会下层	45.6	15.4	55.6	2.4
商业/服务业工作人员	44.4	3.7	74.1	0.0
产业工人（体力劳动）	45.8	18.6	52.5	3.4
农民	38.1	14.3	52.4	4.8
失业/半失业者	48.4	17.7	51.6	1.6
其他阶层	47.6	10.7	54.8	0.0
全日制在校学生	71.4	11.4	40.0	0.0
其他	30.6	10.2	65.3	0.0
显著性	—	—	*	—

对城乡的分层分析显示，无论城乡，大多数受访者在国家/社会层面指认实现"个人梦"的最大困难。城乡相比，农村青年更倾向于认为实现"个人梦"的最大困难来自家庭层面，其占比高出城镇青年的这一占比 6.5 个百分点，为强显著性差异；城镇青年更倾向于认为实现"个人梦"的最大困难来自国家/社会层面，其占比高出农村青年的这一占比 9.8 个百分点，为强显著性差异（见表 2 - 52）。

表 2 - 52   实现"个人梦"的最大困难的城乡比较

单位：%

实现"个人梦"的最大困难	城镇	农村	显著性
个人层面	39.1	45.4	
学历有限	9.4	12.8	
技能不足	15.9	27.1	—
不够努力	15.3	13.4	
健康状况不佳	1.9	3.0	
其他	7.4	6.1	
家庭层面	10.3	16.8	
家里人不支持	1.2	2.4	
自己不是富二代/官二代	1.8	1.8	
社会关系不够多	1.9	3.0	* * *
经济条件不好	5.2	7.9	
家庭负担很重	3.1	5.5	
其他	0.7	0.6	
国家/社会层面	65.0	55.2	
国家政策不利于自己发展	18.5	15.2	
社会偏见与歧视	13.2	11.9	
缺少平台和机遇	17.0	18.0	
房价物价太高，生活不易	29.2	25.9	
缺乏必要的社会保障	13.4	11.0	* * *
社会价值取向过于功利化	20.4	14.6	
其他	8.9	7.9	
其他层面	2.8	2.7	—

这表明，无论城乡，大多数浙江青年认为实现"个人梦"的最大困难来自国家/社会层面，而城乡相比，城镇青年更强调来自国家/社会层面的困难，如"房价物价太高，生活不易""社会价值过于功利""国家政策不利于自己发展"等；农村青年更强调来自家庭层面的困难，如"经济条件不好""家庭负担很重"等。

对户籍的分层分析显示，无论何种户籍，大多数受访者在国家/社会层面指认实现"个人梦"的最大困难。不同户籍相比，暂住/流动青年更倾向于认为实现"个人梦"的最大困难来自家庭层面，其占比分别高出非当地户籍常住青年和当地户籍青年的这一占比7.0个和10.5个百分点，为中显著性差异（见表2-53）。

表 2 - 53　实现"个人梦"的最大困难的户籍比较

单位：%

实现"个人梦"的最大困难	当地户籍	非当地户籍常住	暂住/流动	显著性
个人层面	40.9	36.4	48.5	
学历有限	9.5	11.0	17.5	
技能不足	19.1	16.9	26.2	
不够努力	16.2	8.5	10.7	—
健康状况不佳	2.2	3.4	1.9	
其他	6.9	7.6	6.8	
家庭层面	10.9	14.4	21.4	
家里人不支持	1.5	0.8	2.9	
自己不是富二代/官二代	1.7	3.4	1.0	
社会关系不够多	2.4	2.5	1.0	＊＊
经济条件不好	4.9	8.5	12.6	
家庭负担很重	3.7	2.5	6.8	
其他	0.4	1.7	1.9	
国家/社会层面	63.0	62.7	51.5	
国家政策不利于自己发展	16.9	23.7	13.6	
社会偏见与歧视	13.5	14.4	5.8	
缺少平台和机遇	18.2	13.6	14.6	
房价物价太高，生活不易	27.3	29.7	32.0	—
缺乏必要的社会保障	11.9	18.6	10.7	
社会价值取向过于功利化	20.0	18.6	6.8	
其他	9.0	9.3	4.9	
其他层面	2.8	3.4	1.9	—

这表明，无论何种户籍，大多数浙江青年认为实现"个人梦"的最大困难来自国家/社会层面，而不同户籍相比，较之当地户籍青年和非当地户籍常住青年，暂住/流动青年更强调来自家庭层面的困难，如"经济条件不好""家庭负担很重"等。

对受教育程度的分层分析显示，无论何种受教育程度，大多数受访者在国家/社会层面指认实现"个人梦"的最大困难。不同受教育程度相比，在家庭层面，小学及以下受访者的占比高出本科及以上受访者的占比 17.8 个百分点，为强显著性差异；在国家/社会层面，本科及以上受访者的占比高出小学及以下受访者的占比 23.5 个百分点，为强显著性差异（见表 2-54）。

表 2-54　实现"个人梦"的最大困难的受教育程度比较

单位：%

实现"个人梦"的最大困难	小学及以下	初中	高中/中专/中职	大专	本科及以上	显著性
个人层面	35.3	45.7	47.3	43.5	36.6	
学历有限	20.6	19.0	17.2	10.3	4.6	
技能不足	11.8	17.1	20.2	23.3	18.6	—
不够努力	5.9	11.4	15.8	17.0	14.5	
健康状况不佳	0.0	2.9	3.9	2.2	1.6	
其他	0.0	8.6	7.9	4.5	8.0	
家庭层面	26.5	19.0	15.8	11.2	8.7	
家里人不支持	2.9	1.9	1.0	3.1	0.9	
自己不是富二代/官二代	5.9	1.0	2.5	2.2	1.1	
社会关系不够多	2.9	4.8	2.5	3.1	1.1	* * *
经济条件不好	17.6	11.4	8.4	4.9	3.4	
家庭负担很重	8.8	4.8	5.9	1.8	3.4	
其他	2.9	0.0	0.5	0.9	0.7	

续表

实现"个人梦"的最大困难	小学及以下	初中	高中/中专/中职	大专	本科及以上	显著性
国家/社会层面	44.1	54.3	51.7	65.9	67.6	
国家政策不利于自己发展	11.8	16.2	12.8	22.9	17.5	
社会偏见与歧视	8.8	13.3	9.9	13.0	14.3	
缺少平台和机遇	2.9	12.4	14.3	19.7	19.8	
房价物价太高，生活不易	23.5	26.7	19.7	34.1	29.7	* * *
缺乏必要的社会保障	11.8	8.6	10.3	14.8	13.6	
社会价值取向过于功利化	5.9	11.4	9.9	17.5	25.7	
其他	8.8	7.6	8.4	6.3	10.1	
其他层面	2.9	2.9	1.0	2.7	3.7	—

这表明，大多数浙江青年认为实现"个人梦"的最大困难来自国家/社会层面，而不同受教育程度相比，受教育程度较高的青年更强调来自国家/社会层面的困难，如"房价物价太高，生活不易""社会价值取向过于功利化""缺少平台和机遇"等；受教育程度较低的青年更强调来自家庭层面的困难，如"经济条件不好""家庭负担很重"等。

对年收入的分层分析显示，以比例超过半数计，大多数有收入的受访者在国家/社会层面指认实现"个人梦"的最大困难，大多数目前无收入的受访者（主要为全日制在校学生）在个人层面指认实现"个人梦"的最大困难。不同年收入相比，在个人层面，年收入为5万元以下者的占比高出年收入为15万元以上者的占比19.0个百分点，为强显著性差异；在家庭层面，年收入为5万元以下者的占比高出年收入为15万元以上者的占比10.8个百分点，为弱显著性差异（见表2-55）。

表 2-55 实现"个人梦"的最大困难的年收入比较

单位：%

实现"个人梦"的最大困难	5万元以下	5万~10万元	10万~15万元	15万元以上	目前无收入	显著性
个人层面	45.4	42.4	32.5	26.4	62.5	
学历有限	15.2	8.8	5.0	4.8	20.3	
技能不足	21.9	23.2	10.8	7.2	31.3	***
不够努力	15.6	14.1	14.2	10.4	23.4	
健康状况不佳	2.6	1.9	0.8	1.6	7.8	
其他	5.3	8.3	8.3	7.2	6.3	
家庭层面	15.6	13.1	11.7	4.8	12.5	
家里人不支持	2.0	1.3	1.7	0.8	3.1	
自己不是富二代/官二代	1.7	1.9	2.5	1.6	1.6	
社会关系不够多	3.6	1.6	3.3	0.8	1.6	*
经济条件不好	7.0	6.4	6.7	3.2	6.3	
家庭负担很重	6.0	2.9	2.5	2.4	6.3	
其他	0.0	1.3	0.8	0.8	0.0	
国家/社会层面	60.9	61.1	65.8	68.0	46.9	
国家政策不利于自己发展	16.2	18.1	16.7	21.6	10.9	
社会偏见与歧视	14.9	12.3	13.3	9.6	12.5	
缺少平台和机遇	20.5	16.3	17.5	13.6	14.1	
房价物价太高，生活不易	32.8	29.6	25.8	17.6	23.4	—
缺乏必要的社会保障	14.6	11.5	13.3	12.0	10.9	
社会价值取向过于功利化	17.9	19.5	20.0	15.2	20.3	
其他	7.0	7.7	5.8	20.0	4.7	
其他层面	2.3	2.4	2.5	7.2	0.0	*

这表明，大多数有收入的浙江青年认为实现"个人梦"的最大困难来自国家/社会层面，大多数目前无收入青年认为实现"个人梦"

的最大困难来自个人层面，而不同年收入相比，年收入较低的青年更强调来自个人层面（如"技能不足""不够努力""学历有限"等）及家庭层面（如"经济条件不好""家庭负担很重"等）的困难；年收入较高的青年更强调来自国家/社会层面的困难，如"国家政策不利于自己发展""房价物价太高，生活不易""社会价值取向过于功利化"等。

2. 作为

调查结果显示，无论城乡，无论何种性别、年龄层、婚姻状况、社会阶层、户籍、年收入，大多数浙江青年更期望政府"提供公平竞争的环境"、认为"努力提升自我"和"做好本职工作"是青年人在实现"中国梦"中最应有的作为，但"没什么想法"者的比例为20%～40%，占比较高。即，无论何种社会身份，大多数浙江青年更强调政府在推进社会公平上有更大作为的重要性和首要性，更强调自己做好本职工作和提升自我对实现"中国梦"的首要性，但主观能动性较弱者也占较大比例。

（1）对政府的期望：无论何种社会身份，大多数浙江青年更期待政府"提供公平竞争的环境"，城镇青年、当地户籍青年、受教育程度较高的青年对政府"提供公平竞争的环境"的期望更为强烈；女青年、社会下层青年、当地户籍青年、年收入较低的青年对政府"增加就业机会"的期望更为强烈；女青年、30～34周岁青年、社会下层青年、城镇青年、受教育程度较低的青年对政府"控制房价物价"的期望更为强烈。

从对差异性的分析来看，城乡及不同性别、年龄、社会阶层、户籍、受教育程度、年收入者之间存在显著性差异，而不同婚姻状况者之间的这一差异不具有显著性。

对性别的分层分析显示，以比例超过半数计，关于青年对政府的期望，男性受访者中占多数的为"提供公平竞争的环境"，女性受访者占多数的为"提供公平竞争的环境""增加就业机会""控制房价物价"。两性相比，具有显著性差异的有"增加就业机会"、"控制房价物价"和"提供培训机会"三项，两性之间占比的差距为女性分别高出男性14.5个、12.5个和10.0个百分点，前两者为强显著性差异，后者为中显著性差异（见表2-56）。

表2-56 对政府的期望的性别比较

单位：%

对政府的期望	男	女	显著性
提供公平竞争的环境	59.9	65.3	—
增加就业机会	38.2	52.7	* * *
提供创业支持	36.0	40.8	—
控制房价物价	39.9	52.4	* * *
提供培训机会	32.2	42.2	* *
完善社会保障制度	41.1	42.5	—
增强民族自豪感和自信心	26.8	31.6	—
其他	6.2	5.1	

这表明，以性别划分，无论男女，大多数浙江青年期望政府在"提供公平竞争的环境"上有更大的作为，而两性相比，一是女青年对政府的期望较为多样，男青年的期望较为单一；二是女青年较之男青年更期望政府在"增加就业机会""控制房价物价""提供培训机会"上有更大的作为。

对年龄的分层分析显示，以比例超过半数计，无论何种年龄段，多数受访者更期望政府"提供公平竞争的环境"。不同年龄段相比，在"控制房价物价"这一选项中，30～34周岁者的占比为51.1%，分别高出18～24周岁者、25～29周岁者、35～39周岁者、40～44周岁者的这一占比12.4个、8.4个、7.5个、14.3个百分点，为弱显著性差异（见表2－57）。

表2－57 对政府期望的年龄比较

单位：%

对政府的期望	18～24周岁	25～29周岁	30～34周岁	35～39周岁	40～44周岁	显著性
提供公平竞争的环境	60.4	57.7	66.2	62.4	58.7	—
增加就业机会	50.0	47.9	39.6	38.1	41.3	—
提供创业支持	37.7	39.0	39.2	39.1	31.3	—
控制房价物价	38.7	42.7	51.1	43.6	36.8	*
提供培训机会	43.4	35.2	32.7	37.1	31.8	
完善社会保障制度	37.7	39.9	45.7	41.6	39.3	
增强民族自豪感和自信心	31.1	26.3	31.7	29.7	22.4	
其他	4.7	6.1	6.1	5.4	6.5	—

这表明，以年龄划分，无论何种年龄段，大多数浙江青年期望政府在"提供公平竞争的环境"上有更大的作为，而不同年龄段相比，30～34周岁的青年更期望政府在"控制房价物价"上有更大的作为。

对社会阶层的分层分析显示，以比例超过半数计，无论何种社会阶层，多数受访者更期望政府"提供公平竞争的环境"。不同社会阶层相比，在"增加就业机会"这一选项中，社会下层受访者的占比为46.2%，分别高出社会中层者、社会上层者的这一占比2.7个和15.2个百分点，为弱显著性差异（见表2－58）。

表 2 – 58　对政府的期望的社会阶层与职业比较

单位：%

社会阶层与职业	对政府的期望							
	提供公平竞争的环境	增加就业机会	提供创业支持	控制房价物价	提供培训机会	完善社会保障制度	增强民族自豪感和自信心	其他
社会上层	62.0	31.0	31.0	41.1	34.1	41.1	27.1	9.3
行政事业单位领导	56.3	34.4	28.1	46.9	37.5	31.3	21.9	9.4
企业管理人员	72.4	32.8	32.8	37.9	32.8	46.6	36.2	10.3
私营企业主	51.3	25.6	30.8	41.0	33.3	41.0	17.9	7.7
社会中层	62.8	43.5	38.5	45.0	35.0	43.2	29.4	6.0
行政事业单位一般办事人员	67.3	46.7	38.0	41.3	38.7	50.0	35.3	6.7
专业技术人员	69.5	46.6	39.1	47.1	33.3	44.8	29.3	5.7
企业员工（非体力劳动）	59.8	42.7	38.7	47.2	38.2	40.7	28.1	7.0
个体工商户	49.5	34.7	37.9	42.1	25.3	34.7	23.2	3.2
社会下层	57.4	46.2	37.3	43.2	34.3	36.1	24.3	4.1
商业/服务业工作人员	66.7	37.0	40.7	44.4	40.7	48.1	18.5	3.7
产业工人（体力劳动）	50.8	49.2	35.6	39.0	39.0	33.9	27.1	5.1
农民	61.9	42.9	23.8	42.9	38.1	42.9	28.6	0.0
失业/半失业者	58.1	48.4	41.9	46.8	25.8	30.6	22.6	4.8
其他阶层	59.5	45.2	39.3	38.1	39.3	40.5	28.6	3.6
全日制在校学生	57.1	54.3	40.0	40.0	51.4	40.0	37.1	0.0
其他	61.2	38.8	38.8	36.7	30.6	40.8	22.4	6.1
显著性	—	*	—	—	—	—	—	—

这表明，以社会阶层划分，无论何种社会阶层，大多数浙江青年期望政府在"提供公平竞争的环境"上有更大的作为，而不同社会阶层相比，社会下层青年更期望政府在"控制房价物价"上有更大的作为。

对城乡的分层分析显示，以比例超过半数计，无论城乡，多数受访者更期望政府"提供公平竞争的环境"。城乡相比，具有显著性差异的选项有"提供公平竞争的环境""控制房价物价""增强民族自豪感和自信心"三项，城镇青年的这三项占比分别高于农村青年的这三项占比8.9个、8.2个和7.0个百分点，前者为中显著性差异，后两者为弱显著性差异（见表2-59）。

表2-59 对政府的期望的城乡比较

单位：%

对政府的期望	城镇	乡村	显著性
提供公平竞争的环境	64.4	55.5	＊＊
增加就业机会	42.3	43.0	—
提供创业支持	38.5	35.1	—
控制房价物价	46.3	38.1	＊
提供培训机会	34.1	37.2	—
完善社会保障制度	43.3	37.8	—
增强民族自豪感和自信心	30.5	23.5	＊
其他	6.0	5.8	—

这表明，以城乡划分，无论城乡，大多数浙江青年期望政府在"提供公平竞争的环境"上有更大的作为，而城乡相比，一是城镇青年的认知分布较为分散，农村青年的认知分布较为集中；二是城镇青年较之农村青年更期望政府在"提供公平竞争的环境""控制房价物价""增强民族自豪感和自信心"上有更大的作为。

对户籍的分层分析显示，以比例超过半数计，无论何种户籍，多数受访者更期望政府"提供公平竞争的环境"。不同户籍相比，具有显著性差异的选项有"提供公平竞争的环境""增加就业机会"两项。在"提供公平竞争的环境"的选项上，当地户籍青年所占的比例分别高出非当地户籍常住青年和暂住/流动青年所占的比例 6.5 个和 17.5 个百分点，为强显著性差异；在"增加就业机会"的选项上，当地户籍青年所占的比例分别高出非当地户籍常住和暂住/流动青年所占的比例 12.5 个和 7.9 个百分点，为弱显著性差异（见表 2 - 60）。

表 2 - 60 对政府的期望的户籍比较

单位：%

对政府的期望	当地户籍	非当地户籍常住	暂住/流动	显著性
提供公平竞争的环境	64.1	57.6	46.6	＊＊＊
增加就业机会	44.8	32.3	36.9	＊
提供创业支持	35.9	42.4	42.7	—
控制房价物价	45.1	39.8	36.9	—
提供培训机会	35.7	26.3	40.8	—
完善社会保障	42.5	37.3	38.8	—
增强民族自豪感和自信心	29.3	19.5	30.1	—
其他	6.5	4.2	2.9	—

这表明，以户籍划分，无论何种户籍，大多数浙江青年期望政府在"提供公平竞争的环境"上有更大的作为，而不同户籍相比，当地户籍青年更期望政府在"提供公平竞争的环境"和"增加就业机会"上有更大的作为。

对受教育程度的分层分析显示，以比例超过半数计，受教育程度为高中/中专/中职及以上的青年中，占比最高的选项为"提供公平竞争的环境"，受教育程度为小学及以下的青年中，占比最高的选项为"控制房价物价"。不同受教育程度相比，具有显著性差异的选项有"提供公平竞争的环境"、"控制房价物价"和"完善社会保障制度"三项。在"提供公平竞争的环境"和"完善社会保障制度"两个选项中，受教育程度为本科及以上的青年的占比分别高出受教育程度为小学及以下的青年的占比30.8个和10.9个百分点,前者为强显著性差异,后者为弱显著性差异;在"控制房价物价"的选项上,受教育程度为小学及以下的青年的占比最高,其次是受教育程度为本科及以上的青年,各受教育程度青年的占比呈"U"形分布,此选项总体呈中显著性差异(见表2-61)。

表2-61 对政府的期望的受教育程度比较

单位:%

对政府的期望	小学及以下	初中	高中/中专/中职	大专	本科及以上	显著性
提供公平竞争的环境	38.2	44.8	52.2	66.8	69.0	* * *
增加就业机会	26.5	41.9	36.9	45.3	45.1	—
提供创业支持	38.2	34.3	35.5	40.8	37.2	—
控制房价物价	58.8	37.1	34.5	45.3	47.4	* *
提供培训机会	35.3	32.4	35.5	35.9	35.2	—
完善社会保障制度	35.3	31.4	38.9	40.4	46.2	*
增强民族自豪感和自信心	26.5	22.9	23.2	29.6	31.3	—
其他	2.9	2.9	4.9	6.7	6.9	—

这表明,以受教育程度划分,大多数受教育程度在高中/中专/中职及以上的浙江青年期望政府在"提供公平竞争的环境"上有更多的作为,大多数受教育程度在小学及以下的浙江青年期望政府在"控制房价物价"上有更大的作为。同时,"提供公平竞争的环境"是受教育程度为小学及以下的青年的次选。所以可以说,无论何种受教育程度,大多数浙江青年都强调政府"提供公平竞争的环境"的首要性和必要性。不同受教育程度者相比,一是受教育程度较高的青年对政府的期望较为多样,受教育程度较低的青年对政府的期望较为单一;二是受教育程度较高的青年更期望政府在"提供公平竞争的环境""完

善社会保障"上有更大的作为，受教育程度在小学及以下的青年更期望政府在"控制房价物价"上有更大的作为。

对年收入的分层分析显示，以比例超过半数计，无论何种年收入，多数受访者期望政府"提供公平竞争的环境"。不同年收入相比，年收入越低者对"增加就业机会"的需求越高，其中，目前无收入者（主要为全日制在校学生）的这一占比为53.1%，分别高出年收入5万元以下者、年收入5万~10万元者、年收入10万~15万元者、年收入15万元以上者的这一占比6.4个、9.4个、21.4个、17.9个百分点，为弱显著性差异（见表2–62）。

表 2–62 对政府的期望的年收入比较

单位：%

对政府的期望	5万元以下	5万~10万元	10万~15万元	15万元以上	目前无收入	显著性
提供公平竞争的环境	57.9	64.5	69.2	60.8	48.4	—
增加就业机会	46.7	43.7	31.7	35.2	53.1	*
提供创业支持	37.4	41.1	27.5	36.0	35.9	
控制房价物价	43.7	47.2	40.0	33.6	48.4	—
提供培训机会	33.8	38.9	29.2	28.0	43.8	
完善社会保障制度	38.4	45.1	45.8	36.0	35.9	—
增强民族自豪感和自信心	25.2	31.2	27.5	25.6	31.3	
其他	7.0	5.1	6.7	6.4	3.1	—

这表明，以年收入划分，大多数浙江青年期望政府在"提供公平竞争的环境"上有更大的作为，而不同年收入相比，目前无收入青年和年收入较低的青年更期望政府在"增加就业机会"上有更大的作为。

（2）对青年人应有作为的认知：无论何种社会身份，大多数浙江青年认为"做好本职工作"和"努力提升自我"是自己在实现"中国梦"中应有的主要作为；35~39周岁青年、社会中层青年、受教育程度较高的青年更强调做好本职工作的重要性；女青年、年龄较小的青年、城镇青年、受教育程度较高的青年、中等收入青年更强调提升自我的重要性；女青年、城镇青年更强调热心公益活动的重要性；女青年、城镇青年、受教育程度较高的青年更强调提高民族自信心的重要性。

从对差异性的分析来看，城乡及不同性别、年龄、社会阶层、受教育程度、年收入者之间存在显著性差异，而不同婚姻状况、户籍者之间的差异不具有显著性。

对性别的分层分析显示，以比例超过半数计，无论男女，大多数受访者以"努力提升自我"和"做好本职工作"为首选和次选。两性相比，在具有显著性差异的选项中，均为女性占比超过男性占比，其中两性在"努力提升自我"选项上的占比差距为14个百分点，为强显著性差异；在"创业、创新""热心公益""增强民族自豪感和自信心""没什么想法"选项上，两性的占比差距分别为7.1个、12.3个、7.8个百分点，为弱显著性差异（见表2-63）。

表2-63 对青年人应有作为的认知的性别比较

单位：%

对青年人应有作为的认知	男	女	显著性
做好本职工作	55.1	58.2	—
努力提升自我	60.1	74.1	***
创业、创新	41.2	48.3	*
热心公益	31.2	39.5	*
为政府献计献策	4.8	4.8	—
增强民族自豪感和自信心	25.8	38.1	***
没什么想法	30.6	38.4	*
其他	2.7	2.4	—

　　这表明，以性别划分，大多数浙江青年认为"努力提升自我"和"做好本职工作"是自己在实现"中国梦"中应有的两大主要作为，而两性相比，一是女青年的认知分布较为分散，男青年的认知分布较为集中；二是女青年更强调"做好本职工作""努力提升自我""创业、创新""热心公益""增强民族自豪感和自信心"是自己在实现"中国梦"中应有的作为；三是女青年中缺乏主观能动性者的占比明显超过男青年的占比。

　　对年龄的分层分析显示，以比例超过半数计，在可多选的选项中，无论何种年龄段，大多数受访者以"努力提升自我"和"做好本职工作"为首选和次选。不同年龄相比，年龄越小者越强调"努力提升自我"是自己在实现"中国梦"中应有的作为，其中，18~24周岁者的这一占比为72.6%，分别高出25~29周岁者、30~34周岁者、35~39周岁者、40~44周岁者的这一占比2.2个、8.2个、13.2个、14.9个百分点，为弱显著性差异；35~39周岁者中认为"做好本职工作"是自己在实现"中国梦"中应有作为的占比为65.3%，高出在这一选项中占比最低的40~44周岁者21.0个百分点，为强显著性差异（见表2-64）。

表2-64　对青年人应有作为的认知的年龄比较

单位：%

对青年人应有作为的认知	18~24周岁	25~29周岁	30~34周岁	35~39周岁	40~44周岁	显著性
做好本职工作	52.8	57.7	57.6	65.3	44.3	＊＊＊
努力提升自我	72.6	70.4	64.4	59.4	57.7	＊
创业、创新	45.3	43.2	42.8	48.5	37.8	—
热心公益	35.8	31.0	31.7	41.6	29.9	—

续表

对青年人应有作为的认知	18~24周岁	25~29周岁	30~34周岁	35~39周岁	40~44周岁	显著性
为政府献计献策	4.7	3.3	5.0	3.0	8.0	—
增强民族自豪感和自信心	29.2	32.4	25.5	35.1	25.9	—
没什么想法	35.8	31.0	29.1	38.6	32.8	—
其他	1.9	1.9	2.9	3.0	3.0	

这表明，以年龄划分，大多数浙江青年认为"努力提升自我"和"做好本职工作"是自己在实现"中国梦"中应有的两大主要作为，而不同年龄相比，年龄较小者更强调"努力提升自我"是自己在实现"中国梦"中应有的作为，35~39周岁者更强调"做好本职工作"是自己在实现"中国梦"中应有的作为，不同年龄段青年之间的差距显著。

对社会阶层的分层分析显示，以比例超过半数计，无论何种社会阶层，大多数受访者以"努力提升自我"和"做好本职工作"为首选和次选。相比较而言，社会中层者比社会下层者和社会上层者更倾向于"做好本职工作"，其占比的差距分别为7.4个和11.0个百分点，为弱显著性差异；"没什么想法"者的占比亦为社会中层者超过社会上层者和社会下层者，差距分别为4.8个和12.1个百分点，为弱显著性差异（见表2-65）。

这表明，以社会阶层划分，大多数浙江青年认为"努力提升自我"和"做好本职工作"是自己在实现"中国梦"中应有的两大主要作为，而不同社会阶层相比，社会中层者更强调"做好本职工作"是自己在实现"中国梦"中应有的作为，而其主观能动性也较弱。

表 2 - 65 对青年人应有作为的认知的社会阶层与职业比较

单位：%

社会阶层与职业	对青年人应有作为的认知							
	做好本职工作	努力提升自我	创业、创新	热心公益	为政府献计献策	增强民族自豪感和自信心	没什么想法	其他
社会上层	47.3	61.2	42.6	27.9	7.8	31.0	31.0	1.6
行政事业单位领导	40.6	71.9	46.9	28.1	3.1	34.4	34.4	3.1
企业管理人员	51.7	58.6	43.1	29.3	10.3	36.2	32.8	0.0
私营企业主	46.2	56.4	38.5	25.6	7.7	20.5	25.6	2.6
社会中层	58.3	64.6	45.1	34.8	4.7	30.7	35.8	2.4
行政事业单位一般办事人员	58.0	71.3	54.0	41.3	4.0	36.0	46.0	2.0
专业技术人员（教师、律师等行业人员）	60.9	68.4	41.4	38.5	4.0	30.5	34.5	0.0
企业员工（非体力劳动）	58.3	61.3	44.7	32.2	5.5	33.2	33.2	3.0
个体工商户	53.7	53.7	38.9	23.2	5.3	17.9	27.4	6.3
社会下层	50.9	63.9	38.5	32.5	2.4	24.9	23.7	4.1
商业/服务业工作人员	48.1	77.8	51.9	37.0	3.7	33.3	22.2	0.0
产业工人（体力劳动）	49.2	62.7	35.6	27.1	1.7	15.3	25.4	3.4
农民	38.1	47.6	33.3	33.3	9.5	23.8	19.0	4.8
失业/半失业者	58.1	64.5	37.1	35.5	0.0	30.6	24.2	6.5
其他阶层	63.1	66.7	40.5	35.7	6.0	26.2	33.3	2.4
全日制在校学生	57.1	91.4	45.7	37.1	2.9	34.3	42.9	2.9
其他	67.3	49.0	36.7	34.7	8.2	20.4	26.5	2.0
显著性	*	—	—	—	—	—	*	—

对城乡差异的分层分析显示，以比例超过半数计，无论城乡，大多数受访者以"努力提升自我"和"做好本职工作"为首选和次选。城乡相比，在"努力提升自我"和"热心公益"两项上，城镇青年的占比均超过农村青年的占比，差距分别为 10.3 个和 10.6 个百分点，

两者均为强显著性差异（见表2－66）。

表2－66　对青年人应有作为的认知的城乡比较

单位：%

对青年人应有作为的认知	城镇	农村	显著性
做好本职工作	57.9	52.1	—
努力提升自我	67.6	57.3	＊＊＊
创业、创新	44.5	40.9	
热心公益	37.1	26.5	＊＊＊
为政府献计献策	4.6	5.2	
增强民族自豪感和自信心	30.8	26.5	—
没什么想法	34.5	29.6	
其他	2.7	2.4	—

　　这表明，以城乡划分，大多数浙江青年认为"努力提升自我"和"做好本职工作"是自己在实现"中国梦"中应有的两大主要作为，而城乡相比，城镇青年更强调提升自我、热心公益活动是自己在实现"中国梦"中应有的作为。

　　对受教育程度的分层分析显示，以比例超过半数计，无论何种受教育程度，大多数受访者以"努力提升自我"和"做好本职工作"为首选和次选。不同受教育程度相比，在"努力提升自我""做好本职工作""增强民族自豪感和自信心"上，受访者的受教育程度越高，占比越高，其中，前两者为强显著性差异，后者为中显著性差异；"没什么想法"者的比例亦为受教育程度较高者的占比较高，为弱显著性差异（见表2－67）。

表2－67　对青年人应有作为的认知的受教育程度比较

单位：%

对青年人应有作为的认知	小学及以下	初中	高中/中专/中职	大专	本科及以上	显著性
做好本职工作	44.1	49.5	49.3	54.3	62.5	＊＊＊

对青年人应有作为的认知	小学及以下	初中	高中/中专/中职	大专	本科及以上	显著性
努力提升自我	64.7	50.5	59.6	62.8	70.3	＊＊＊
创业、创新	38.2	33.3	38.9	48.0	45.7	—
热心公益	23.5	30.5	30.5	32.3	37.2	—
为政府献计献策	11.8	2.9	3.9	6.3	4.4	—
增强民族自豪感和自信心	29.4	20.0	22.2	32.3	33.6	＊＊
没什么想法	20.6	31.4	25.1	36.8	35.9	＊
其他	5.9	4.8	4.4	1.8	1.4	

这表明，以受教育程度划分，大多数浙江青年认为"努力提升自我"和"做好本职工作"是自己在实现"中国梦"中应有的两大主要作为，而不同受教育程度相比，一是受教育程度较高的青年更强调提升自我、做好本职工作、提高民族自豪感和自信心是自己在实现"中国梦"中应有的作为；二是受教育程度较高的青年的主观能动性较弱。

对年收入的分层分析显示，以比例超过半数计，无论何种年收入，大多数受访者以"努力提升自我"和"做好本职工作"为首选和次选。不同年收入相比，目前无收入者（主要为全日制在校学生）及年收入为5万~10万元和10万~15万元的中等收入群体更倾向于"努力提升自我"。其中，目前无收入者的这一占比为82.8%，比5万元以下者的这一占比高23.2个百分点；年收入为5万~10万元者的这一占比为67.2%，比5万元以下者的这一占比高7.6个百分点，为强显著性差异（见表2-68）。

表 2 - 68　对青年人应有作为的认知的年收入比较

单位：%

对青年人应有作为的认知	5 万元以下	5 万 ~ 10 万元	10 万 ~ 15 万元	15 万元以上	目前无收入	显著性
做好本职工作	53.6	59.7	55.8	52.0	53.1	—
努力提升自我	59.6	67.2	60.8	58.4	82.8	＊ ＊ ＊
创业、创新	41.7	46.7	35.0	43.2	50.0	—
热心公益	30.8	36.8	32.5	31.2	37.5	—
为政府献计献策	4.3	4.0	6.7	8.8	1.6	—
增强民族自豪感和自信心	27.5	31.2	28.3	25.6	35.9	—
没什么想法	31.8	33.9	27.5	33.6	42.2	—
其他	3.6	1.9	1.7	1.6	4.7	—

　　这表明，以年收入划分，大多数浙江青年认为"努力提升自我"和"做好本职工作"是自己在实现"中国梦"中应有的两大主要作为，而不同年收入相比，目前无收入青年和中等收入青年更强调"努力提升自我"是自己在实现"中国梦"中应有的作为。

第三章　个案分析

一　徐文财：把梦想变成现实

他从遥远的小山村走来，怀揣着憧憬，却遭逢了城市的风霜雪雨；他从普通的打工者做起，饱尝了心酸，却不愿屈服于现实的冰刀冷剑。他每天都在想，从农民工的精神文化需求到未来的归宿，思考愈多，用情愈深；他每天都在做，从家园的日常维护到新道路的探索，点点滴滴，恳恳切切。他梦想着，有一天，城乡和谐互补，兄弟姐妹们甩掉"打工者"的帽子，以"新农民""新市民"的身份，主宰"看得见"的未来。他叫徐文财，从梦想到现实，他一直在努力——为了农民工兄弟姐妹们的幸福与未来。

（一）做很多人都想做的事

从 17 岁带着憧憬，跟随老乡来到城市，加入打工者的大军，到 31 岁毅然辞职，从零做起，创建他人眼中不可能的农民工公益组织，再到现在全身心地投入家园的优化建设，一步步向梦想靠近，徐文财从工作的道路上决绝地转身，在探寻农民工未来的道路上走得那么坚定，那么坦然。从一无所有的普通农民工到被社会肯定的公益组织的创办者，这在很多人的眼里是不可思议的，但徐文财觉得这一切很自然，认为自己不过是做了一件很平凡的事："农民工的生存问题很多人都在关注，但很多想法因为时间和精力的问题无法付诸行动，而我只是做了很多人都想做的事。"

初到杭州，徐文财进了服装厂，之后在服装行业一干就是18年。他已经记不清在那期间换过多少个单位，搬过多少次家，因为在他的记忆里，打工就是像机器般无休无止地干活，不能考虑个人的需求，也没时间去考虑。"做服装是加班最多的工作，一天有14个小时在不停地干，每天只能睡6个小时。一年到头，没有周末也没有节假日。"然而面对如此高负荷的工作，大家都不声不响地干着，习惯于被安排好的生活，即使黑暗，也没有人去多想什么。

"其实，1993年打工的人还少，老板给的待遇也还不错。"徐文财回忆说。那时加班要先付加班费，还要把窗户用黑布遮起来，怕被劳动局的人发现。但随着打工人数的增多，用工环境变得越来越差，加班便成了公开的秘密，"不加班就赚不到钱"几乎成为一种"共识"，加班费也成了"泡影"。随意延长工时、拖欠薪酬的黑心老板相继出现，打工者的生活一步步地陷入水深火热之中。没有时间去申诉，也无力抗争，为了养家糊口，大多数打工者只能含泪接受所谓"命运的安排"，忍受一切的不公平待遇。

直到2003年温家宝总理为农民工讨薪，许多打工者才明白，原来自己并不是"命该如此"。徐文财就是其中的一个，他开始关注农民工的生存现状，思索如何才能让农民工拥有正常的生活。随着想法的逐渐成熟，他行动的欲望也越来越强烈，然而真正面对现实的时候，却总是缺少那份抛下一切的勇气。而最终促使他不顾一切地开始行动，创办属于自己的农民工公益组织的，是他听到的女工何春梅过劳猝死的消息。那时他正在收听电台广播，主持人的话一下子刺痛了他的心："何春梅既不是第一个过劳而死的女工，也不是最后一个。"下一个会是谁？即使不是自己，也会是其他无辜的民工。难道要眼睁睁地看着兄弟姐妹们一个个地葬送在这些不合理中？他心潮澎湃，久久难平。经过几个无眠夜晚的思考后，徐文财觉得自己应该做些什么。

这个事件让他毅然地辞职，开始将思量已久的方案付诸行动。他首先将目光投向了当时时新的网络。尽管那时会用电脑的人并不多，他自己对电脑也是一窍不通，但他觉得，网络这个平台能把农民工的真实状况反映出去，并能吸引到一些志同道合的人。他深深地明白，要想真正改变农民工的生活，光靠一个人的想法和力量是远远不够的。于是，他从 4 月份开始学，5 月份买电脑，7 月初网站就正式上线了。三个月速成的背后是不为人知的艰辛。然而提及那些靠着攒下的钱日日夜夜学习做网站的生活，徐文财只用了"没什么"三个字来形容。或许真如他所说，"当你专注地想做一件事的时候，就不会有那么困难了"。

网站收到了远远超出预期的反响，许多人都表示徐文财做了他们一直都想做的事，各种想法从四面八方汇集而来。尽管还存在质疑的声音，徐文财却更加坚定了自己的选择。在和其他四名工友的共同努力下，属于农民工自己的公益组织在 2008 年正式成立。

（二）自助互助，自强不息

走进徐文财的公益组织家园，第一眼看到的是正墙上挂着的、用行楷书就的八个大字"自助互助，自强不息"，那铿锵有力的一笔一画，令每一个到访者都顿生敬意。简简单单的八个字道明了组织的精神渴盼，它不是一句简单的口号，而是大家的精神信条——真正了解内心需要的是自己，能够真正改变命运的是自己，只有自己先站起来，从被动的接受者转变为主动的创造者，才有可能解决存在的种种问题。

有着这样的信念，每个来到这里的人都把自己当作家园的主人。图书室里，各种书籍分类、整齐地摆放在书架上，很多书都有被多次翻阅的痕迹；定期的电脑培训、电影放映和时常举办的沙龙讲座也受到了大家的欢迎。或许，比学到了多少知识、技能更重要的，是大家主动学习的态度，是在两点一线的高负荷工作之外，为自己开辟一块精神领地并愿意为之耕耘的意识。到了晚上，家园便成了欢乐的海洋，K 歌大赛、生日派对、联欢会……大家尽情地释放工作的压力，互相倾诉、互相关爱，没有压抑与不快，有的只是家的温馨与自在。走出"家门"，大家更是紧紧地团结在一起。从"草根文化艺术节"到"寻梦之旅"，每一位成员都用昂扬的笑颜向外界展现着积极向上的精神姿态。

这正是徐文财创立公益组织的目的之一。"很多人关爱农民工，都是以一种俯视的角度施以其同情和怜悯，但这不是我们想要的。我们要的是自己关爱自己、发掘自己的价值，团结互助、互相关爱。"在他看来，这个公益组织不是一个接受社会资助的机构，而是一个互帮互助、共同提升的平台，是农民工们共同的精神家园。

正是在这样的理念下，六年来，徐文财的组织从稚嫩走向成熟，很多成员的思想和能力都得到了提高。"以前，我不在，这里就得关门。而现在，不管我在不在，家园都能很好地运转。"说到这里，徐文财开心地笑了。六年的风风雨雨记录了家园的变化，也见证了每个人的成长，而这一切，在被大家公认为"大哥"的徐文财看来，是他最大的收获。

2010 年，徐文财成立的农民工公益组织被正式纳入工会维权体系，杭州市首家工会"新杭州人志愿者服务站"在杭州市江干区九堡镇格畈社区正式成立。如今"组织"在杭州已有三个服务点、四个固定的工作人员和一支规范的志愿者队伍。尽管"组织"的运行管理还面临很多问题，但徐文财表示，这不是最重要的，"只要信念一致，做的事能被大家认可，对工人、社会和国家有好处，哪怕没身份，哪怕没钱，我们都会一直做下去"。

（三）绿色乡村，蓝色都市

从底层的打工者到公益组织的管理者，徐文财心里想的一直是农民工。作为农民工的一员，他可以从自身的角度出发，真实地得到农民工思想动态的第一手资料。了解农民工的需求即是了解自己的需求，农民工的未来也就是自己的未来，个人理想与"组织"理想的一致让他想得更深、更远。

就拿几年前出现的"民工荒"问题，真的是农民工数量减少而导致的企业用工短缺吗？徐文财不这么认为："民工荒只是表象，有些企业招不到人才是事实。"他认为，所谓的"民工荒"是由于企业不善待民工造成的。真正好的企业想进去都难，根本不愁招不到人，它们也不会频繁招工。而一些黑心的企业则是一天到晚招工，给工人的待遇却很差，导致年年都有大量的员工流失；新招的工人工作不熟练，产品质量就很难提高，企业效益就必然下降，改善待遇便更加不可能，于是，就这样进入了一个恶性循环。他曾在一个电视节目中提出过这个观点，遭到了很多企业老板的质疑甚至是唾骂。"那时谁会愿意相信一个只有初中文化水平的底层打工者的话呢，尤其是那些高高在上的大老板们。"而现在，一些企业慢慢接受了这个观点，也在渐渐改善。

如今，作为公益组织领跑者，徐文财的声音得到越来越多的关注。在建设运营组织期间，徐文财所站的位置仿佛越来越高，想的问题也越来越深入。他想的不仅仅是怎样改变农民工的现状，更多的是农民工的归宿与整个社会和谐发展的问题。

徐文财觉得，目前农民工面临的最大问题，不是不富裕，而是不和谐。"做衣服的人却穿不上好衣服，盖房子的人却住不上好房子，这是不和谐的。"究竟什么是和谐？他觉得，从小的方面看，是让农民工过上正常的生活，而正常的生活就应该有工作、有娱乐、有休息、有学习机会，并且能进行再生产，应该在保证农民工物质需求的同时，满足他们的精神文化需求；从大的方面看，这是工人、企业、政府之间的协调——工人自身积极进取、努力工作，企业能善待员工，而政府能健全社会保障制度、解决后顾之忧。前者是他正在做的，而后者则是他未来努力的方向。

有人提出"将农村城市化"，徐文财却觉得，农村应保持其原有的自然与纯净，不能因蜂拥而上的开发而遭到破坏。对于这个问题，他心里也早已有了初步构想——"绿色乡村，蓝色都市，和谐中国，和平崛起"。这一构想如果能实现，就能同时解决农民工的归宿问题。

"解决农民工所面对的问题，还得依靠农村。"徐文财觉得，现在很多人涌往城市，造成了供大于求，这样，农民工不管是维权还是和企业、政府谈判都是不太容易的，毕竟有限的资源无法满足每个人的需求。因此，应该将农村和城市对等，在搞好城市发展的同时重视农村的建设。但建设不等于盲目地开采与废弃土地。在徐文财的构想里，农村应该是自然的、绿色的，城市则应该是时尚的、快节奏的。农村的人可以到城市体验都市生活，而不是去受苦受累；城市的人累了，也可以到农村感受自然、休养生息。两者各有长处，应互相补益。

然而，目前的情况却是在将农村边缘化。"现在的城市和农村，就像儿子和女儿，人们'重男轻女'的观念一直都在。"青壮年都在为城市做贡献，农村有资源的土地被开采，没资源的土地被荒弃，而且还会受到来自城市的污染。

尽管现实与理想还存在很大的差距，但徐文财相信一切都会慢慢改善，"只是还要很长的时间"。

（四）对大家有益，就是值得

随着公益组织事务的增多，徐文财把大部分时间投入到了家园的建设与维护中，平时只能打一些零工来补贴家用，一家人挤在窄小的出租房里，过着极为简易的生活。他自己，则依旧穿着洗得发白的志愿衫，面色平静和善，保持着最原始的那份淳朴。如果不和他深入交流，人们很难想象，这六年来他是如何克服困难坚持走下来的。而在徐文财看来，"只是换了一种生活方式。在温饱问题解决之后，有人选择继续追求奢华，有人则追求精神上的富足，而正常的生活就是要有精神上的追求"，他早已将付出当成一种习惯，那份骨子里的热爱令一切浮华褪色。

徐文财对公益的定义，就是做对群体、社会和国家都有益的事。"只要觉得所做的事是对大家都有好处的，就会不计一切代价地干，觉得值就好。"这个"值"字，就是他对他这些年所做的一切给出的最好理由。

就如同当年他在辞职报告中所说："我们活在这个世界上，总是在不断地创造价值，以体现自己的人生价值。我在公司做衣服，每天能创造的价值就是几件或几十件衣服。而现在我已有一个很好的想法……我一定要努力去实施，这样，我能创造的价值就远远不止这几件或几十件衣服了。"

评点

徐文财所遭遇、所思考的"农民工"问题，很多相关学者都在思考，政府部门也设立了一些专门为农民工服务的组织机构。但是为什么徐文财和他的朋友们自发成立的农民工公益组织，能够在农民工文化、教育和维权工作中发挥着不可替代的作用呢？关键在于徐文财能够从农民工的立场出发，设身处地为农民工的生存和发展提供力所能及的帮助。而且，徐文财能够真正从自己的信念出发，全心全意地投入到为农民工服务的事业中去。也正是因为这份执着，他才能够在缺少外部资源的条件下，感召同样身处艰难的农民工伙伴义无反顾地加入公益组织的活动中。

在访谈中，我们了解到一个小故事。从2014年年初开始，徐文财几乎每个早上都带领附近的外来务工青年晨跑、锻炼。人多时有近20个人，人少时也有五六个人，只要不是遇到特别恶劣的天气，他每天都会坚持。在徐文财的微信上，几乎每天都能看到他们早上锻炼的身影。这种坚持绝不是那些将公益仅作为一个谋生手段的人能做到的。

在徐文财和他创办公益组织的故事背后，我们能够真实地感受到精神和梦想的力量。虽然我们有很多针对外来务工青年的项目或机构，但大家关注的重点都是他们在物质上有哪些困难和不足，忽略了精神和信念对他们生活、工作的重要性。每个人都在寻找生命的意义与价值，青年也不例外。针对外来务工青年的"中国梦"主题宣传教育活动，也需要把引领外来务工青年寻找生活、工作的意义与价值作为一个重要的目标，使他们也能在实现中华民族伟大复兴的"中国梦"中找到属于自己的目标定位。

二 冯博:青年公务员的"中国梦"

冯博，33岁。他个子不高，人也很随和，但其谈吐言行隐约透露着精明与自信。他大学一毕业就通过了公务员考试，至今为止，一直在市级机关工作。约他做访谈很不容易，因为他从去年开始一直在区里挂职锻炼。访谈中，他非常谦逊地说自己是一个"非典型"青年公务员，不具有代表性。但在他的故事里，我们还是能够找到许多年轻公务员共同面临的挑战及其拥有的困惑与思考。①

（一）选择公务员

我出生在杭州近郊的一个普通人家。父母早年务农。趁着改革开放的机遇，父亲和叔叔伯伯们一起从事丝绸生意，虽然没有能发展成像万事利这样大规模的企业，但也与一些乡镇小厂建立了稳定的合作关系，形成了产供销一体化的经营模式。到我上大学的时候，父亲每年有一二十万的收入，家里的经济状况还是不错的。

我从小学习成绩就不错，中考考上了市里的重点高中。相比于同龄的其他男同学，我比较能管住自己。即便没有上太多的校外辅导班，我也能抓紧时间做一些习题，在班里保持中上的排名。

2000年，我参加了高考，整体发挥比较正常。当时浙江高考是先知道考分，后报志愿。凭我的分数应该可以上复旦或交大，但家里人比较希望我上浙大，不会离家太远。虽然我希望能够去北京、上海这样的大城市闯荡历练，但最后还是向家里人妥协，选择了浙大。我的第一专业志愿是比较热门的经济学，但那年省内考生选择浙大这个专业的人很多，竞争非常激烈，我就被调剂到了一个我完全不熟悉的专业——地球科学系。

---

① 以上为笔者叙述，以下为受访者自述，此处不再进行人称转换。

　　大学期间，我和不少同学一样，一开始也经历过一段迷惘的时期，不知道应该做些什么。高中时紧张的学习压力突然减少了很多，有了更多时间做各种事情。尽管学业上也没有松懈，成绩还能保持在中游水平，甚至得过一两次奖学金，但我对专业的兴趣并不太强烈，对未来的就业方向也没有明确的打算。

　　在大三的时候，一个很偶然的机会，我参加了一个在我们学校举办的就业咨询讲座。讲座老师为我们的未来发展大致罗列了四个方向：一是继续追求学术，攻读硕士、博士研究生；二是在外资企业或大型国有企业就职，谋求高薪；三是参加公务员录用考试，成为政府公务员；四是自己创业。他还系统介绍了每种发展路径的利弊和适用人群。我此前从来没有仔细考虑过毕业后要当公务员的事情。从他的介绍中得知，当公务员不仅工作稳定，而且福利、待遇也不错，是大学生不错的就业选择。

　　在此之前父母也有几次和我提起过找工作的事情。虽然他们的生意做得还不错，但并没有让我子承父业的想法。爸爸总是说，他自己文化水平有限，做做生意赚点钱就可以了，像我这样学习这么优秀的，应该去政府或国企发挥自己的才华。另外，凭我的专业去企业工作并没有太大的专业优势。于是，我开始准备公务员考试，希望能够顺利通过。

　　此前，我在书店买过几套介绍公务员考试要点和复习指南的备考书籍，但没有参加过辅导班。那时候公务员考试培训也没有现在这般普及，大多数同学也是以自己复习备考为主。相对于国家公务员考试，我更看重省里的公务员考试，因为我希望能够留在杭州工作。我把国家公务员考试作为练手，并没有特别用心准备。即便如此，我还是通过了那一年国家公务员的笔试环节，被通知去参加面试。而省里的公务员考试时间与国家公务员的面试时间正好有些冲突，加之我的国家公务员考试的笔试排名并不是很靠前，于是，我主动放弃了面试机会。

2004 年 3 月，我参加了浙江省公务员录用考试。上午申论考试的试题使用的是关于能源问题的材料，通篇材料都是围绕着"基础性能源储备量低、人均能源占有量低、能源利用率低"的"三低"问题展开的。这正是和我所学专业相关的领域。下午的行政职业能力倾向测验对我来说也不是太难。题目的类型和难度与我此前练习的仿真试题差不多，我也充分利用了"先易后难"的考试技巧，最后还做出了几道高难度行测题。考试结束后，我和同学交流时发现我是少数在规定时间内完成所有试题的考生。考试成绩公布以后，我不出意料地进入了面试名单。虽然申论成绩并没有想象的那样好，但我的行测成绩的确超过平均水平很多。

在面试之前，我也思考过面试官会问哪些问题，是否会有一些有背景的考生和我一起竞争。想着自己在政府部门没有什么亲朋好友，不存在任何托关系、走后门的可能，于是我就带着平常心去参加面试。我报考的职位是市政府中一个实权机构的科员。关于面试的具体过程，我的记忆已经不太深刻了。由于比较紧张，我中规中矩地回答了面试领导的几个问题，并不算太出色。过了两个星期，单位人事处就打电话通知我已经通过了面试。就这样，我成为了一名市级机关的公务员。

（二）初入仕途

有人说，浙江经济发达，大多数人以赚钱为荣，年轻人大多不以当公务员为志向。然而，在老一代人眼中，子女能够在政府机关工作，谋得一官半职，还是非常体面和值得骄傲的事情。这可能与封建社会遗留下来的"官本位"思想息息相关。而在杭州，这个深受传统文化影响的省会城市，这种思想尤甚。

在得知我考上公务员，而且是在实权机关工作后，父母喜出望外。在他们看来，机关干部不仅社会地位高，而且一生都有了保障。为了庆祝我考上公务员，家里在一家挺上档次的酒店办了酒席，邀请了不少亲朋好友。我至今还记得当时亲友们投来的艳羡眼光。

不少亲戚朋友都认为公务员的工作非常清闲，应该是"一杯茶，一支烟，一张报纸看半天"的节奏。但到我真正上班时才发现，公务员的工作并不轻松。我刚参加工作所在的处室主要负责市里的一些重点项目的规划和监测。一入职，领导就给我安排了两个项目，让我跟着老同志在工作中学习方法与技巧。虽然个别的任务与我的专业有一定关联，但大多数工作内容只是常规的信息收集与整理。在绝大多数工作日里，我早晨8点多钟一进办公室就开始忙，直到中午午休。下午也是这种节奏，有时还要带着工作回家继续完成。

刚参加工作时，最不适应的工作任务就是写材料。我虽然是理工科出身，但写作能力也算不错，以前还给校报写过通讯稿。可是写材料和写作文完全不是一种套路。写材料有一套固定的话语风格，并不会给写作者留下太多的发挥空间。真正要学会写材料，必须参照着老同志们写过的材料，不断揣摩行文风格、布局架构、字词选择，在反复练习中形成固定的写作和思维习惯。即便如此，也不一定能够写出让领导满意的材料。写材料时，领导略讲想法，马上就要你写成几千字的材料，如果领导看后不满意，就得修改或重写。有时处里的领导觉得满意后，上级领导又可能会提出不同意见。一份材料推倒重来几次是很常见的情况。虽然相比于同龄男青年，我的耐心和脾气算是非常不错的。但刚开始，当我花了很大心血和精力写的材料被领导批评得千疮百孔时，心里还是会憋着一股气，甚至会想着干脆甩手不干了。

事实上，机关里也的确有过新来的年轻人因为写材料的问题与领导发生严重冲突的事件。

写材料的过程中，为领导撰写讲话稿是最累人的工作之一。为写好一篇讲话稿，可能需要熬上一两个通宵。在写讲话稿时，一些基本的信息绝对不能出现纰漏。例如，出席会议的领导及其单位名称、发言稿中的时间和数据信息，这些都必须反复核对，保证万无一失。一些重要的讲话稿，不仅需要我们处长把关，还需要提前和领导办公室的工作人员协调沟通。这些注意事项和流程都是我在工作中自己慢慢摸索出来的，没有人会耐心指导我具体每一步应该做些什么。

除了完成好各项工作任务，在某种程度上，理解并接受各种约定俗成的规矩，避免做出特殊的举动，似乎是在机关生存的规则之一。比如，必须尽快记住每个处室领导的名字，主动向他们打招呼，否则会被认为"孤傲"；在办公室午休时看一些休闲读物，而不是专业书籍、诗词歌赋，否则会被认为"不食人间烟火"；和同事私下可以关系好，但在正式场合绝不能做出过度亲密的行为，否则会被视为"拉帮结派"；中午可以和同事一起打乒乓球，但不能占着台子不下来，否则会被说成是"玩物丧志"。

随着工作年数的增长，我越发觉得，作为一份维持生存的工作来说，公务员是很好的选择，但想要实现某种远大理想的话，很难找到落脚点。在这个庞大的体系之中，你只是一个零件而已，个人的努力无法带来明显的改变。说得残酷一点，一个年轻人在机关工作，很容易看到自己二三十年后的样子，如果没有很好的机遇，估计一辈子最多能捞个正科或处级。机关里的工作环境会把你的青春、智慧和活力一点一点慢慢地全部熬尽。

（三）婚姻与家庭

太太和我是青梅竹马，从幼儿园开始，我们就是同学。进入单位工作后不到半年，我们就结婚了。我太太大学毕业后，也考上了一个待遇还不错的事业单位。但是即便如此，凭我们的收入，生活也绝对算不上衣食无忧、风光体面。尤其在妻子怀孕生子之后，家里的开销开始紧张起来。

比较幸运的是，我进单位的第二年，正好赶上了市级机关的职工住房分配，于是，我在城东买到了一套100多平方米的房子。在此之前，父母也已经给我们在市区买好了一套婚房。所以，对我们来说，住房不存在负担。然而我太太需要每天准时上下班，在我们的大儿子出生以后，她很少能抽出时间照顾孩子。而且工作内容也非常机械呆板，她自己做得也不太开心。我俩和父母商量以后，决定让我太太辞职，回家照看丝绸生意，这样也有了更多时间照顾孩子。

应该说，我太太在做生意方面还是比较有头脑的。跟着父亲学做丝绸生意不久，她就能够独立去谈生意，处理业务。通过她和父亲的共同经营，我家的丝绸生意从一家铺面发展为两家，经营的丝绸产品也更具特色。每年的收入比她在事业单位工作时高了好几倍。我和太太开玩笑说："家里的经济是你在挑大梁，儿子是靠你在养。"

在大儿子快上幼儿园时，父母希望我们能生第二胎。母亲说，如果能生一个女儿就完美了。我太太觉得大儿子自出生起便一直由双方父母帮助照顾，自己也不算太辛苦，于是决定再生一个。就这样，在2012年我们的第二个孩子出生了。不过并没有像我们期望的那样，太太又生了一个男孩。

有了两个孩子以后，家里的事情又多了很多。虽然父母和岳父母尽心竭力地帮助我们带孩子，同时还帮我们做一些家务。但毕竟他们年纪也大了，很多事情渐渐力不从心。在孩子教育方面，接送大儿子上辅导班占去太太很多休息时间。为了让小儿子也有机会进入比较好的学校，家里一直忙着寻找比较好的学区房。经济上虽然我们还能够承担，但受到住房限购政策的限制，如何使小儿子成为"一表生"①是非常头疼的事情。

（四）工作近况

2013年是我进入单位的第十年，一路走来还算比较顺利。在参加工作的第四年，我被提升为副主任科员；在2010年，我又晋升为主任科员。在公务员序列中，个人价值的实现与否很大程度上取决于能否升迁。别人或许觉得这么年轻就当上科级干部已经不错了，但我并没有把升职这件事看得那么重。身边不少同事因为得不到升迁而产生焦虑情绪。为了竞争有限的领导岗位，同事之间的关系也会变得非常微妙，甚至有时不敢在同事面前随便说话，怕被潜在的竞争对手抓住把柄。但我认为，与其让自己一直处于这么压抑的状态，不如安心做好眼前的工作。

同学和朋友们非常羡慕我现在的工作。但其实公务员的收入待遇并不像他们想象得那么好。在过去，我们的下属单位或者有合作关系的企事业单位还偶尔会在逢年过节时给我们部门送一些年货土产。但自从中央实施"八项规定"以来，这种"好事"就再也没有发生过。这一两年来，以往的各种宴请没有了；过中秋节时的月饼、过春节时的年货，单位也一概取消了；因为单位对公务用车的使用有严格的规定，现在我们部门需要到比较远的地方去办公，都是我开着自己的私家车带领导过去。我太太为这个事还开我玩笑，说以前要控制"公车私用"，我现在是"私车公用"了。

----

① "一表生"是指公办小学录取新生时第一批被录取的当年新生，要求子女户口与父母户口、父母名下的房产三者一致。

中央"八项规定"给机关单位的工作氛围和公务员的作风带来了很大的改变。从内心来说，我喜欢现在这样一个干净的环境。就单说减少宴请酒局这一点，过去一个月至少有四五天时间在外面应酬，不是接待上级领导、兄弟单位，就是接受合作单位和下属部门的宴请。我们领导不会喝酒，常常需要我替他喝。其实我酒量也很小，稍微多喝一点就会醉。现在酒局少了，回家陪家人的时间也多了，太太也不用担心我喝酒伤身体，生活变得简单了许多。

但并不是每个人都能适应这种改变的。就拿我们下属的事业单位来说，从 2012 年开始，由于经费管理更加严格，工作人员的收入有很大下降，已经有人主动辞职了。另外，据说有一个男同事，中午午休时用办公电脑玩小游戏，下午上班时没及时关掉，被纪委"效能亮剑"的督导人员抓了现行，马上就被辞退了。

在单位里，同事间也有风传，其他部门一些二三十岁的公务员已经给一些猎头公司投了简历，打算辞职"下海"。我一个好朋友的太太，她过去在区里当公务员，两个月前刚刚辞职，去了一家金融公司。她本科和研究生都是在浙大念的，个人能力很强，金融公司给她开出了 30 万的年薪。虽然我的这个朋友也在银行工作，收入也不错，不需要他太太承受太多的家庭负担，但他太太说公务员工作实在没意思，去企业工作可以真正一展抱负。

2012 年单位安排我去区里挂职锻炼。到了一个新环境以后，有了更多的工作内容与经历体验。我刚进单位时的工作热情又回来了。尽管本部门的许多工作还没法一下子放手，经常需要从区里赶回市里加班工作，可我心里觉得很充实。区里的领导对我的能力也非常欣赏，在一个不太正式的场合，他和我说，希望我能够调职到区里。对我来说，这是一个很好的机会。不过，我没给领导肯定的答复，我希望能再工作一段时间，看看哪里更适合我发展。

（五）梦想与责任

作为一名公务员，我对中央的方针政策非常关注，每天都会看看《杭州日报》第一版上的要闻。我第一次知道"中国梦"，就是从《杭州日报》上看到的。另外，从2013年上半年开始，机关党委在市政府各机关开展了力度强劲的"中国梦"宣传教育活动。在市政府大楼二楼的大厅里，还以"中国梦"为主题，办过几次图片展览。

对我来说，"中国梦"概念中提到的国家富强与人民幸福之间存在辩证关系。在我的工作中有时会遇到这样的选择，是单纯看重某些项目可能带来的经济效益，还是综合性地分析项目可能对当地产业的整体发展、当地居民的生活与就业带来的影响。在实际工作中，越来越多的项目规划开始重视综合性的影响评估，不再走GDP至上的老路。这是公务员对国家的一份责任，也是对人民的一份责任。

说到我的个人梦想，我对自己的职位晋升并没有太过重视，家人能够幸福快乐就是我最大的梦想。我不会让自己变成一个"官迷"，那样整个人都会异化掉。相对于其他同事，我是幸运的，因为家人从商的关系，我不用为经济方面的问题考虑太多。最近一年，总听同事们在自嘲公务员群体是"弱势群体"，也不断有人想辞职、转行。但我敢说，就算中央再出台一些更详尽的禁令，公务员群体也不会出现辞职潮、下海潮。国家对公务员出台的各项禁令，旨在让干部远离各类腐败堕落，让"官本位"向"民本位"转变，让公务员成为真正的人民公仆。只要心里真正装着"为人民服务"的理念，而不是仅仅把公务员当作一份养家糊口的职业，那么大家对工作的满意度自然会上升。

在工作方面，我希望公务员也能建立起像企业那样的人力资源管理机制：能者上，庸者下；多劳多得，少劳少得，不劳不得；让绩效考核真正产生效果，让职位的晋升更加能体现唯才是举。这样才能激发公务员的内在动力。我想，老百姓不仅需要一个清廉政府，更需要一个责任政府、效率政府。只有让更多公务员发挥出干劲和激情，老百姓才能在享受公共服务的同时，感受到政府的效率，进而增加对政府机关的信任。

评点

在不久以前，公务员在大多数人眼中还是一个相当神秘的群体。一方面，普通人很少有机会真正接触、了解公务员的日常工作，总是依靠各种文学影视作品或亲属朋友的口耳相传来想象公务员所谓"轻松悠闲"的工作；另一方面，公务员的各种"优厚福利待遇"和因权力而来的"灰色收入"也成为社会对公务员群体想象的重要部分。但自从党中央号召贯彻落实关于改进工作作风、密切联系群众的"八项规定"，以及反对"形式主义、官僚主义、享乐主义和奢靡之风"这"四风"以来，公务员群体的工作生活在普通大众面前变得更加透明，"公务员"这一光环也逐渐"祛魅"。

可能在某些人看来，冯博既不是"官二代"，也算不上真正的"富二代"，除了自身的才华与勤勉，在公务员群体中并没有太大的竞争优势。他选择成为公务员更多出于志向与兴趣。正如他所说，公务员的工作并不比其他人轻松。在其他行业中，同样的付出可能获得数倍的回报。如果仅从经济收益角度来衡量工作价值，公务员并不是非常有吸引力的工作。近一两年，一部分中青年公务员辞职去企业工作或自主创业，与公务员工作"性价比"的下滑也不无关系。

"学而优则仕"是中国传统文化一直推崇的理念。在当代中国，伴随着公务员考试录用制度的建立和完善，能够进入公务员群体的青年人大多是同龄人中的佼佼者。如何让青年公务员发挥自身潜能，提升工作业绩，也是机关单位效能提升的重要动力来源。从冯博的个案来看，青年公务员必须处理好物质收入与公务员工作性质这对关系，才能真正安心在岗位上做出成绩，为助推"中国梦"做出贡献。

当前某些浮躁的社会思潮仅仅用收入的多少来衡量工作和职业的优劣，而忽视了工作和职业中所包含的社会价值和个人理想。就如同每一个人的生命都是立体而丰满的，每一个职业也包含着自身独有的职业伦理、价值倾向。公务员在工作中固然掌握一定的"公"权力，但这些"公"权力是为更大范围的公共利益服务的。公务员如果不能认同工作与职业的价值，单纯与其他职业从业者比吃比穿比享受，就容易产生欲望与现实之间的深刻冲突，甚至走入贪污受贿的深渊。

近年来，随着各级机关单位对公务员理想信念教育的不断深入，以及绩效考评管理的民主化和科学化，像冯博这样的青年公务员事实上有着更多发挥才干，培养晋升的机会。也正因为公务员群体中不断涌现出业务突出、作风过硬的青年骨干，打造责任政府和服务型政府才能获得不竭的动力。

三 忻皓：让梦想照亮"绿色浙江"

忻皓，男，1981 年出生。2003 年获浙江大学环境科学系学士学位；2010 年获美国克拉克大学环境科学与政策硕士学位；2011 年获该校地理信息系统第二硕士学位。他是浙江首家民间环保组织"绿色浙江"的发起人，他和同学骑自行车 2000 多公里宣传环保；他开发钱塘江水地图、征集钱塘江之歌，问政《问水面对面》，和代表委员们共议五水共治建议提案……为环保梦想坚持 14 年，忻皓一直坚守，一直努力，甚至放弃了在国际大公司可口可乐公司工作的机会。

　　到底是怎样的梦想，让他如此执着？带着这样的疑问，笔者约了忻皓进行访谈。炎炎夏日，由于他一直奔走在各个绿色项目之间，无暇回办公室接受访谈，所以与忻皓的见面，是在工人文化宫举行的杭州市职工演讲比赛之后。比赛中，他代表下城区演讲，题目为"让梦想照亮现实"。比赛中，他激扬的语言、鲜活的事例、梦想的执着和饱满的热情，深深感染了现场的每一名听众。每当他讲到动情之处，台下都会爆发出热烈的掌声。动心动情的故事让听者深受鼓舞，最后他以接近满分的成绩夺得第一。

　　演讲完后，笔者接过忻皓递来的名片，看到上面印有三个头衔：浙江省绿色科技文化促进会副会长、杭州市生态文化协会秘书长、党支部书记。他是一名专职的社会组织负责人。事实上，他的头衔远不止此，他还担任着水资源管理联盟（AWS）国际标准制定委员会委员、联合国环境规划署生态和平领导项目成员、浙江省节水大使、浙江省环保厅政风行风监督员，基本都与环保相关，曾获福特国际奖学金、"中国青年群英会代表"称号、第三届全国"母亲河"奖、中国青年志愿服务金奖、中国大学生创业计划竞赛金奖等。

　　访谈中，笔者还注意到一个细节，忻皓穿着笔挺的西装，却背了一个沉甸甸的双肩包。这是一个典型的非政府组织（NGO）工作者的装备，他说演讲结束后要马上赶赴余杭的市民农场进行项目调研，公文包不适合拖着"家当"四处奔走的环保人士。低调、实干、激情、卓越——这是我对忻皓的第一印象。

　　（一）千里骑行　梦想起航

　　忻皓从小就敢于尝试，勇于挑战。高中毕业那年，他就骑自行车环行过家乡宁波鄞县。2000年暑假，当时在浙江大学环境科学系读大二的忻皓在与校友黄金海的一次聊天中，偶然发现两人都曾经骑车环行过故乡。"要不结伴环行浙江？"想法一出，两人一拍即合，并结合自身专业将骑行主题定为"千年环保世纪行"，准备去调研浙江各地的环境状况，并宣传环保。两个小伙子骑着一辆双人自行车上了路，历经36天风雨，骑行了2000余公里，途经浙江43个县（市）、区，在各地举行环保活动40多次，全省共有2000余名志愿者直接参与此次活动。这一路，他们既看到了秀美的山川风光、领略了不同的风土人情、体验了骑行的各种刺激与惊险，也看到了不少地方垃圾乱扔、污水直排等不堪入目的污染现象，更看到了浙江各地百姓对环保工作的支持与帮助，这给他带来了莫大的感动。从此，环保便深深烙印在他的生命中，绿色也成为他不悔的青春选择，绿色梦想自此萌芽。

骑行之旅结束回校后，忻皓和老师阮俊华说起了这次经历，希望利用所学特长，成立一个民间环保组织，整合各地的环保力量，开展长期调查，获取第一手翔实资料，帮助村民进行环保维权。在阮老师的鼓励下，他和老师共同发起建立了浙江首家民间环保组织——"绿色浙江"。在他的感召下，许多同学加入了公益的阵营，与环保结下了不解之缘。从此，组织志愿者活动、宣传环保知识、动员更多的人参与到环境保护等，占据了他的闲暇时间。2001年，"绿色浙江"利用25000枚银锌电池制作完成"绿色浙江"地图板、举行浙江省历史上首次民间环保义演"米奇迹·生命万物"——浙江青少年大型环保义演；2002年，"绿色浙江"发起并坚持十年全国"保护母亲河行动"优秀项目——"浙江省青少年绿色营"，组织营员走访浙江八大水系，采集、汇总母亲河水，举行一年一度的"母亲河典礼"；与浙江电台"旅游之声"合作播出"绿色家园"节目，宣传环保知识；开展救助黑颈鹤项目；2003年，利用收集到的26斤废报纸和28斤废横幅做成长宽超过8米的巨型垃圾鸽"秀秀"，并在广场放飞；与杭州视博公交电视合作，于每个与环境有关的节日在公交车上播放环保影视片，等等。他和志同道合的伙伴们组织开展的这一系列活动，积极推动了公民参与生态建设。忻皓的绿色梦想也从"绿色浙江"扬帆起航。

(二) 首份工作 心系梦想

毕业后，忻皓的第一份工作很体面，在共青团浙江省委宣传部任职。和许多年轻人花钱、花时间享乐不同，忻皓将自己的业余时间和金钱花在更加有意义的地方——他将"绿色浙江"带出了校园。"做环保本身是一件很有意义的事情，我喜欢做这个。而且'绿色浙江'组织一直以来由我负责，这么多会员和志愿者，也不能说散就散，让他们无处可去，我得担起这个责任。"忻皓如是说。

身在团省委宣传部，心却牵挂着绿色梦想。也正因为如此，他每个月的日子都过得紧巴巴的——出了校园的"绿色浙江"，活动场地等处处需要钱，协会的活动开展也占据了他很多时间。在工作了一年之后，忻皓决定辞职，原因之一是他认为体制内的大院生活不是他想要的，但更为重要的原因是"绿色浙江"需要他付出更多的精力和时间。这一年，忻皓开始思考"绿色浙江"的转型，并实现了"绿色浙江"从公益活动组织到提供策划服务组织的华丽转身。这一转型源自一家宁波 BP 石油有限公司公关部的信任。该公司公关部的一些环保活动，几乎都交给"绿色浙江"策划实施，这让忻皓和他的团队，第一次有了从企业的角度考虑策划活动的机会。

2003 年，杭州中萃食品有限公司①对外事务部的钱申乔通过朋友，

---

① 杭州中萃食品有限公司成立于 1987 年 11 月 4 日，由太古中萃发展有限公司、杭州合众工业集团投资有限公司及中粮饮料（杭州）有限公司共同投资组建。香港太古集团作为可口可乐精选的策略性业务伙伴之一，是公司最大的股东。

找到了"绿色浙江"，希望由"绿色浙江"帮助策划一个在西博会期间的环保活动。与之前所有的协会主办的活动不同的是，可口可乐方面对活动安排要求非常细致，每个细节都压得忻皓喘不过气来，而忻皓更觉得他们的要求很过分——太商业化了。忻皓和钱申乔几乎每天都要通过电话争吵，一直持续到活动成功举行。活动效果出奇的好。两年之后，因为可口可乐的环保活动安排，钱申乔再次联系忻皓，有了第一次合作的经验，第二次的合作尽管还有拌嘴，却已经改善很多。这一次的"可口可乐"杯迎绿色奥运浙江省大学生环保创意大赛收到作品 200 多件。"绿色浙江"还采用了"分包"模式，拨付十个小额经费给一些高校社团，取得了相当好的效果。此后五年，可口可乐四次牵手"绿色浙江"，成为"绿色浙江"收到赞助最多的企业，同时也为"绿色浙江"提供了资金之外的其他支持。更重要的是，在可口可乐的强压之下，以忻皓为首的"绿色浙江"执行团队羽翼渐丰。他们熟悉专业策划流程，了解新闻报道特点，并且广结公众明星人物，成为了相当专业的公关和策划人才，为此后与其他企业的合作谈判，争取企业的广告活动费用用于环保项目打下了优质的基础。更重要的是，他们紧紧抓住环保社团比起一般广告策划公司具有的天然优势，比如有更加丰富的政府关系和公众人物关系、有遍布全省的庞大的会员和志愿者团队。同时，因为有着专业的活动策划水平，不仅仅企业，不少地方政府将以前委托广告公司承办的环保活动开始转给"绿色浙江"，赞助的资金额度也逐渐增大。

同时，忻皓也收获许多，在磨砺中不断成长。2005 年，忻皓先后荣膺中国环保界最高荣誉全国"母亲河"奖和中国青年志愿服务金奖；2006 年，作为大陆七位人士中最年轻的一位，他首次代表中国大陆环保组织赴台湾正式访问交流；2007 年，他作为新中国成立以来不同历史时期 226 位各界青年英模代表中最年轻之一,参加了"中国青年群英会",并代表全体英模代表在北京奥林匹克公园植树活动中发言;2008 年,忻皓又作为浙江改革开放 30 年来不同历史时期,30 位创造不同领域第一的杰出青年英模代表,出席"浙江青年群英会"。

(三)出国深造 助推梦想

对绿色环保事业的投入,也给忻皓带来了很多"回报"。2008 年,忻皓还收到了一份来自海外的"环保大礼"——受"福特基金会国际奖学金项目"资助赴美国克拉克大学攻读环境科学与政策方向的硕士研究生学位。去,就意味着放弃国内优越的环境和舒适的生活条件。"说实话,当时也犹豫了一段时间。后来想通了,自己还年轻,不应该安于现状,应该去奋斗,让自己的事业走向更高峰。"于是,忻皓背上行囊,只身赴美攻读环境科学与政策方向的研究生,并选择了不少和地理信息有关的课程。两年后,他选择在克拉克多留一年,继续攻读地理信息科学方向的硕士研究生学位。

在美国,忻皓看到了与国内非政府组织(NGO)全然不同的一种运作和发展模式。在这里,不需要志愿者们自掏腰包,NGO 可以通过做项目或与企业合作健康地运营下去。志愿者也不再只是一份工作之外的兼职,可以成为一份全职性质的工作,从事这个行业的人被称为"专职志愿者"。后来,在忻皓的推动下,"绿色浙江"开辟了新的发展模式,并拥有了专职志愿者。

三年留学生活中,忻皓常常思考钱塘江流域水体污染情况。他想,如果出现一种能让全民即时和政府进行良性互动的载体,各界发力,污染源才会无处可藏。2010 年 1 月 12 日,加勒比岛国海地发生里氏 7.3 级大地震,一款由肯尼亚律师发明的 Ushahidi 系统平台发挥了巨大功效,在震中为救援者提供受灾地点、受灾人数等信息,使很多生命及时获救。忻皓看到这个消息时眼睛一亮：Ushahidi 系统平台拥有强大的兼容交互性，并且成本低廉、操作简便，若开发出和该平台类似的电子地图用于河流保护，不是最恰当的选择吗？在同学们支持下，忻皓深入研究 Ushahidi 系统平台，自行编写源代码，最终于 2011 年 6 月正式推出"钱塘江水地图"公众互动信息平台。网民和手机用户只要打开钱塘江水环境互助信息平台（www. qiantangriver. org），便能全面、直观地看到钱塘江流域二维和三维地理全貌，以及与水环境相关的政府机构、民间组织、工矿企业、畜禽农场、水生生物种群、饮用水源保护区等各类地理信息及监测点水质情况。"钱塘江水地图"作为忻皓的毕业论题，获得了导师的高度赞誉。随后，它又接连获得浙江省钱塘江管理局组织的"同一条钱塘江"公益创新大赛最佳创意奖、"芯世界"社会创新技术应用奖。

不久后，忻皓研究生毕业，他再次面临抉择。当时，忻皓已经接到了可口可乐公司的面试通知，面对着更高的薪水、更体面的生活和让人羡慕的职业，他没有犹豫，决定放弃留美机会，回国做一名专职的环保志愿者。作为环境科学与政策方向和地理信息系统方向的双料硕士，回国完全可以找一份收入颇丰的工作，可他却毅然决然地选择当一名"专职环保志愿者"。

2011 年 7 月，忻皓结束留学生活，重新回到"绿色浙江"从事专职志愿者工作。"环保是我喜欢的工作，无论多累我都不会觉得烦，它所带来的成就是其他工作无可比拟的。"忻皓说。

（四）十年修炼 终成正果

华丽转身并非没有代价。没有品牌性的项目，没有稳定的投入，"绿色浙江"似乎总在疲于奔命。忻皓也在一直在纠结："光靠活动资金来做活动，这到底是不是一条好的出路？如果哪一天，没有人找我们，难道我们就不做项目了？协会就解散了？"同时，越来越多的专职人员的加入，也给忻皓带来了不小的压力。这种未雨绸缪的顾虑和为员工着想的想法，让忻皓等协会负责人意识到，与其走别人走过的老路，不如自己大胆地闯出一条新路，为协会开展一些具有品牌效应的长期项目。

2009 年，"绿色浙江"重新整合和界定了其所从事的七大项目小组——绿色公民教育项目小组、环境信息公开项目小组、垃圾再利用项目小组、气候变化与节能减排项目小组、自然保育与有机生活项目小组、生态体验与绿地图项目小组、生态文化与科技研究项目小组，并明确了今后所有的工作及与企业、政府的合作项目都要整合到这七大领域中。这项重要调整，对于已有九年历史的"绿色浙江"，特别是对忻皓来说，可以说是破茧重生。他在项目运作过程中开始逼自己"自我造血"。浙江省青少年绿色营，是生态体验与绿地图项目小组的长期活动，这也是"绿色浙江"成立后的第一个重要项目，曾荣获"全国'保护母亲河'行动优秀活动项目"称号。十年来，浙江省青少年绿色营已经逐步形成了一种"自我造血"模式：当地政府部门承担营员的部分食宿费用，营员缴纳部分活动费，这些费用主要用于交通、资料、服装、保险和后勤保障等。"绿色浙江"还依据这种模式，成功地在 2007 年组织"首届浙江青年海外绿色行"活动，组织浙江23 家环保组织（含高校环保组织）的 36 位志愿者赴香港交流。2011年，"绿色浙江"还与台湾环境资讯协会互动，以交换青少年入住家庭开展生态义工服务的方式，组织首届海峡两岸生态义工营，青少年向双方协会支付相关活动费用。通过丰富浙江省青少年绿色营的各项内容安排，吸引更多青少年参加绿色营，这样的活动安排，使得协会较快实现了"自我造血"。

同时，在美国三年的经历，也让忻皓在"自我造血"上有了新的认识。他认为，与其花大量时间撰写各种申请方案，不如多花精力组织好会员活动。"绿色浙江"现在正在执行一项庞大的"万人会员"计划，整个计划的核心就是通过一系列的会员活动，吸引市民成为"绿色浙江"会员。忻皓算了一笔账：如果现在有 1 万名会员，并且开展足够的会员活动，对一个浙江人来说，每年 50～100 元的会费完全可以承受，这就意味着协会每年有 50 万～100 万元的会费。更重要的是，与其他的收入不同，会费的利润率要高得多，按经验，至少有 60% 的会费可以用于协会管理工作。有了这笔钱，协会的生存问题就完全解决了。"浙江有 90 个县级行政区，平均到每个县级行政区就是 100 名会员，这个目标并非不可企及。"忻皓说。于是，一个名为"绿六有为"的会员活动品牌在 2012 年 7 月正式实施。在浙江大部分方言中，"绿"和"六"同音都为"lu"，"绿六有为"就是每周六都安排会员参加七个项目小组分别安排的各项活动。说起这个名字的特别含义，忻皓解释道："'绿六有为'读起来就是'碌碌有为'。我们这些社会上的普通人，只要参与环保活动，就是有所作为。"

任何 NGO 都会面临身份问题和财务问题。"绿色浙江"虽然不断成长壮大，却迟迟无法正式注册，因此，注册问题一直是组织内部的头等大事。2003 年，"绿色浙江"终于得到了共青团浙江省委主管省青年志愿者工作的团干部们的支持和认可，以突破原有的"地区性"，创造性地建立"专业性"青年志愿者团体的名义，在浙江省民政厅注册成为浙江省青年志愿者协会绿色环保志愿者分会，简称"绿色浙江"。但由于只是二级协会，而非法人团体，2003 年起，"绿色浙江"的财权就逐渐由省青年志愿者协会统一管理，这就使得财务流程十分麻烦。再加上 2008 年团省委青农部建立了官办协会——浙江省青年绿色环保协会，而忻皓又正好赴美留学，最终导致了"绿色浙江"在组织形式上从团省委独立出来，经历了近两年无合法身份的真空期。尽管如此，"绿色浙江"并未停止重新注册的行动。2010年1月，在杭州市民政局和环保局的大力支持下，在时任浙江大学管理学院党委副书记阮俊华和忻皓等组织成员的努力下，几经波折，"绿色浙江"终于正式注册，成为具有独立法人资格的协会——杭州市生态文化协会，忻皓任秘书长。2011年3月，协会收到了浙江省科学技术协会发来的《关于同意筹建浙江省绿色科技文化促进会的批复》，并正式获得了浙江省民政厅准予筹备社会团体的决定书，浙江省绿色科技文化促进会成立，忻皓任副会长。历经13年的"修炼之路"，"绿色浙江"终于"修成正果"，协会发展也自此驶入"快车道"。

在忻皓的主导和带领下，近年来，"绿色浙江"创造性、多元化地推出了具有广泛社会影响力的几大品牌项目：

1. "五水共治"。从2013年4月起，"绿色浙江"联合浙江卫视共同策划推出了大型新闻行动"寻找可游泳的河"，此次行动共计报道136期，引起了广泛关注和强烈反响。其间，浙江省委书记、省人大常委会主任夏宝龙亲自给各市县委书记写信，要求各地高度重视曝光的和群众反映强烈的环境保护问题，如有发现，必须立即整改，务求实效。夏宝龙书记在6月赴浦江调研时又强调，要"以治水为突破口坚定不移推进转型升级，加快走出'绿水青山就是金山银山'的发展新路"，直接推动省委省政府头号工程"五水共治"的出台。作为此次新闻行动的"高潮"，8月3日，"绿色浙江"还联合浙江卫视共同组织"横渡钱塘江，畅游母亲河"活动，并组成"钱塘江护水者队"，以此呼吁水环境保护。12月，作为"寻找可游泳的河"年度收尾活动，"绿色浙江"联合浙江省人大、浙江卫视共同推出电视问政节目"治水面对面"，同浙江五地领导面对面进行治水问政。

2. "同一条钱塘江"。"绿色浙江"与浙江省钱塘江管理局于2010年7月共同发起，先后联合浙江省和杭州市的环保、文化、教育、广电等部门，组织了以"同一条钱塘江"为品牌的公众参与保护母亲河系列活动。"同一条钱塘江·百里彩塘"项目，已经绘制完成了自钱塘江北岸杭州钱江三桥往西7.5公里的、以"保护钱塘江"为主题的海塘，它是世界上最长的彩绘海塘。"绿色浙江"还牵头联合浙江省文化厅、浙江省钱塘江管理局、浙江省音乐家协会和浙江省文化馆共同发起"同一条钱塘江·乐起钱潮"钱塘江之歌征集活动，历史上首次面向社会各界征集钱塘江之歌。

3. "市民农场"。"绿色浙江"在余杭区黄湖镇赐璧村规划25亩农地建立了"绿色浙江"市民农场。通过补偿农民的方式，"绿色浙江"获得农地上所有树和竹林的所有权，力图将农场打造成一个环境教育实践基地，将垃圾循环、生物多样性、气候变化、水体净化等环境教育的内容融入到农场的建设和后期活动中。

（五）不忘初心　方得始终

在忻皓的努力下，如今的"绿色浙江"已从原来学校的"小社团"发展成为浙江省规模最大的非政府组织，志愿者总数已达10万余名。忻皓带领的专职团队也已经成为一支在钱江岸的社会大熔炉里被锻造出来的精英团队，在建设生态文明社会的浙江成为一支越来越不可忽视的力量。

收获了荣誉的忻皓，并不安于现状。他给自己定了新的目标：坚持自己的梦想，感恩自己的选择，不忘初心，坚持协会使命，引导政府、企业和公民对环境议题从不关注到关注、从不正确到正确、从被动到主动、从想法到行动，将"绿色浙江"带向全国，带向世界。

说起"个人梦"，忻皓认为个人梦想是不断地在升级、前行和变化着的。他目前的梦想是让"绿色浙江"有更大的影响力和号召力，让每一个普通人都加入到环保事业中来。在实现个人梦想方面，他认为要敢于特立独行，忠于自己的梦想和兴趣；要拒绝功利，学会放弃；要真诚坦率，学会感恩；要耐得住寂寞，有计划性并且时刻准备着，绝不放弃。简单而言，就是"责任·务实·感恩·坚持"这八个字。"年轻，不要选择安逸和享乐；梦想，值得付出更多。现在的奋斗是为了将来能收获更鲜美的果实。""因为我想，所以我行动！"忻皓用他自己的人生格言同时也是"绿色浙江"的精神标语，传递着这么一个信念：人生的选择应该建立在梦想之上，知道自己想成为什么样的人，才能做出属于自己的选择。

说起"中国梦"，他认为，"每个人心中都怀揣着自己的梦想，有些人希望自己有稳定的工作、更好的生活，有些人希望自己能给孩子带来更好的教育、给父母更多的生活保障。而有山皆绿、有水皆清、四时花香、万籁鸟鸣应该是我们每个中国人共有的梦想"。"中国梦"是什么，他认为这个命题对他来说有点大，自己只要做好眼前的事情就够了。虽然忻皓无法表达"中国梦"到底是什么，但他却是"中国梦"实实在在的践行者。他是理想、激情、责任、抱负、敏锐力、创新力以及永不言弃精神的集中体现。"这个社会需要的不单单是理想与学历，而是虽然知道这个国家和社会并不完美，仍然能够不言乏力、不言放弃的人，能够贡献积极力量的人，能够发挥自己的智慧和才智、不计利害地为这个国家、这个社会、这个民族的灵魂去拼命的人！"

忻皓勉励大家行动起来，为梦坚持！

说起政府和社会对青年人实现梦想的帮助，忻皓表示："在'绿色浙江'14 年的发展历程中，给予我们帮助的人太多太多，政府官员、企业家、普通志愿者……我们感受得到你们在用自己的方式尽力为我们提供机会，帮助我们成长。我们在这里向你们致敬！'绿色浙江'人将脚踏实地、胸怀天下，挺起腰、不低头、不言弃，用我们的行动给你们一个证明，证明我们做的，不只为我们，也是为你们、为大家、为我们共有的美丽'中国梦'！"

评点

习近平主席在 APEC 欢迎宴会的致辞中强调："让孩子们都生活在良好的生态环境之中，这也是中国梦中很重要的内容。"[①] 浙江作为经济大省，面临着因发展经济导致环境污染的严峻形势。早在习近平同志主政浙江时，就创造性地提出"绿水青山"与"金山银山"这"两座山"之间的辩证关系。[②] 此后历届省委领导均狠抓环境保护不放松，从创建生态省、打造"绿色浙江"到建设生态浙江、美丽浙江，走出了一条可持续发展之路。

作为土生土长的浙江人，忻皓在大二时的骑行之旅，让他切身感受到了浙江在经济快速增长中遭受的"环境剧痛"，以及人民群众对环境保护的迫切要求。这让他萌发了积极推动公民参与生态建设的绿色梦想。带着这份梦想，忻皓将"绿色浙江"从浙江大学一个小小的学生社团发展为浙江省规模最大的非政府组织。而为了积累能让这份

---

① 豫理宣：《实现经济发展与生态建设"双赢"》，《经济日报》2014 年 11 月 18 日，第 14 版。

② 鲍洪俊：《习近平：绿水青山就是金山银山》，《人民日报》2006 年 4 月 24 日，第 10 版。

绿色公益事业不断壮大的知识与资源，忻皓和他的伙伴们也在马不停蹄地学习与尝试。向书本学、向企业学、向国外经验学，忻皓的团队通过不断地自我提升，逐渐积累让他们的绿色梦想飞得更高、走得更远的强大实力。

正因为真切感受到了"环境剧痛"，浙江在全国较早地开始探索生态文明的科学发展之路，科学处理有限的资源环境承载力、日益壮大的经济实力与人民群众对环境的新期待之间的辩证关系。而像"绿色浙江"这样的民间组织能够成为建设生态文化的重要主体，着实难能可贵。

在忻皓和"绿色浙江"的故事中，我们见证了一个满怀梦想的青年人通过自己的不懈追求，为他人和社会带来了巨大的改变。但更重要的是，我们能够从中切实感受到将绿水青山留在梦想家园中的希望。一个绿色的"中国梦"正在政府、民间组织、企业，乃至普通民众的共同努力下，慢慢在美丽的浙江升起。

四 晓岚：女大学生的志愿者梦

晓岚，20 岁，正在杭州上大学二年级。在一群爱玩爱笑的女大学生中，她并不是非常出挑，简单清秀的发型、不施粉黛的面庞、小女生般利落的服饰显得略微朴素了一些。但和她接触几次以后，才知道这个看似普通的女大学生却有不普通的梦想——一个公益志愿者之梦。[①]

（一）高中时期的志愿服务经历

我出生在浙江省建德市的一个普通家庭。家里还有一个弟弟，收入在当地属于中等水平。我的学习成绩不算太好也不算太差，中考以

---

① 以上为笔者叙述，以下为受访者自述，此处不再进行人称转换。

后，进入当地一所普通高中上学。

高一暑假，学校要求我们每个人自主进行暑期社会实践。一些同学把这作为一个走走形式的活动，到家里所在社区敲个章就完事了，但我想利用这个机会做一些有意义的事情。与好朋友商量后，我们决定在家乡大慈岩镇做关于农村空巢老人的调查。

记得那天，我和两名朋友是骑车去大慈岩镇镇政府的。感受着风拂过脸庞，我的心里充满着兴奋与激动。

到了镇政府，我们先向门卫说明了来意，并了解了行政楼的大致情况，然后直奔镇长办公室。向他说明我们的来意。镇长叫我们去找徐部长，说他负责处理这方面的事务。听到这个，我心里生起一点点疑惑：难道果真像电视里面所播的那样，官员们都喜欢推卸责任？带着这样的疑虑，我们找到了徐部长。一开始，他对我们的到来不是很热情，但是听了我们打算做的调查后，立即变得神采奕奕，对此很有兴趣。他说，省里为了响应党中央的号召，正有计划组织志愿者为农村留守儿童和空巢老人服务。今年暑假会有杭州师范大学的学生来为镇上的留守儿童做义务辅导等公益活动，而我们的活动可以专门针对农村空巢老人展开，在搜集信息的同时给他们带去温暖。

根据镇政府给我们提供的信息，我们找到了几位空巢老人的家。当我们走进第一家，看到空荡荡的老屋中坐着一位孤独的老奶奶时，内心十分震撼。因为老人所说的方言我不太能听懂，所以由我的一位同学跟她交流。在交流的过程中，我们了解到老奶奶的家人对她的物质生活照顾得很周到，但因为生病，她现在终日只能坐在家中发呆，感到很孤单。我们的到来着实给她带来了惊喜。

在我们探访的老人中，有一位已经99岁的老奶奶。99岁，多么令人震撼的数字！相比于十六七岁的我们，她饱经了岁月的风霜。如今，她这么大的年纪，儿女却不在身边，生活还要自理，真让我们内心不是滋味……

在去一位老爷爷家探访时，我们真的很震惊——无法想象在经济发达的杭州竟然还会有这样的房子———一间小平房，大概只有我们学校的厕所那么大，昏暗的灯光下一眼看过去是破旧不堪的老式板床、堆积到天花板的柴火、积着厚厚灰尘的灶台……别人可能都觉得老爷爷是不幸的，生活在这样的环境中，想来心情也不会好到哪里去，可其实他每天都活得很开心。每次我们到来，他都会拿政府为他办的各种证件给我们看，有低保证、医疗证、残疾人证等。他家屋角堆着的大米、食用油，床上铺着的崭新的军大衣、被单，都是乡镇干部送来的慰问品。他很喜欢指着墙上的日历本说，每个月 27 号都可以领到低保金，每到这个时候就特别高兴。听说乡镇干部已经好几次邀请老爷爷去镇上的敬老院，可是老爷爷离不开这片他熟悉的土地和平日里对他颇为照顾的乡邻。在他身上，我真实地感受到，精神的愉悦是可以战胜物质的匮乏的。

高一暑假的社会实践让我感触颇多。在我出生前，爷爷奶奶已经不在了。我从来没有对"爷爷""奶奶"这两个词好好领悟过，可是当我用这两个词叫那些老人的时候，我真实地感受到那份来自亲情的爱。在高中后来的日子里，尽管学业负担很重，我还是不定期地去探望这些爷爷奶奶。这也让我对志愿者的责任有了初步的认识。

（二）初入大学

我高考的成绩不是非常优秀，刚刚上了二本分数线，填报的第一志愿是省外的高校，而我现在就读的大学是我的第二志愿。在选专业时，因为我高中学的是理科，所以填报的是生物、制药工程之类的专业，而社会工作是我的第四专业志愿。当时觉得社会工作专业大概与公共事务管理有关，就随便填上去了，没想到，我最终读的就是这个专业。

像很多本专业同学一样，在进入大学以前，我对社会工作专业完全没有概念。我们这届同学进校时有近 100 人，自己第一志愿填报这个专业的不到 5 人。对我而言，尽管我高中学的不是文科，但因为有参加公益活动的经历，所以很快就对社会工作专业产生了兴趣，并能够全身心地投入到专业知识的学习之中。到了第一学年结束，我的综合成绩在系里名列前茅。为了丰富自己的大学生活，我还参加了学生会和社团组织的很多活动。

大一暑假，我问老爸，他希望我以后的路怎么走。因为之前每次的家族会议上，长辈们总是三番两次地劝我转专业，不管我怎么解释还是改变不了长辈们对社会工作专业"毕业＝失业"的看法。老爸想了想，说："第一条路考公务员，第二条路考研吧。"而我那时候的意向是当村官。我特别想成为一名像焦裕禄那样的基层好干部，把一个村建设得像华西村那样富裕和谐。

（三）担任防骗志愿者

大一第二学期的时候，附近的派出所来我们学校招募防骗志愿者。志愿者活动的内容很简单，就是守在银行自动取款机前面，宣传防范电信诈骗的知识，劝阻市民用自动取款机向陌生的银行账号汇款。我报名参加了这项志愿者活动。在之后一个多月的时间里，我每周三下午会到学校附近的一家建设银行去当防骗志愿者。培训我们的老师说，如果在值守自动取款机时，能够成功劝阻市民向电信诈骗的账号汇款，就可以获得 200 元的奖金，可我从来没遇到过这种情况。尽管每次的宣传只是发发传单，但在此期间遇到的工作人员，以及经历的事情，也让我获益很多。我不仅学到了很多经验，也交到了很多朋友。

在银行做保安的大叔是我在建行认识的第一个朋友。他很幽默，也很健谈，大叔慷慨地和我分享了他的青春，教我怎么算储蓄的税率，跟我说如果在自动取款机前遇到劫犯可以按取款机右上角的报警器、往外省汇款要被扣除 50 元的手续费……

也许在别人看来，大叔只是一个很普通的银行保安，但正是这样的普通人给我上了一堂堂特殊的辅导课。

除了保安大叔，我和保洁阿姨也有几次接触。阿姨很勤劳，总是忙忙碌碌的，所以每次和她都聊不上几句。阿姨经常夸赞我，说我这么小年级就出来做好事，真不容易。虽然跟阿姨聊得不多，但每次她打扫到自动取款机时都会叫我坐下来歇歇、喝口水，她身上的那种实在、朴素给我在寒意犹存的春天里带来了一股暖流。

银行的大堂经理是一个一眼看去很像个公务员的小伙子，戴着眼镜，斯斯文文的。刚开始，他问了我很多问题：“你是哪个学校的？”“学什么专业的？”“你们这个专业干吗的？”“你们的学费很贵吧？”“你们这个志愿者活动是谁倡导的？”经理的某些问题其实有一定的攻击性，但当我向他耐心讲解之后，他对社会工作专业有了清楚的认识，也对我们的活动表示支持。对此我还是有一点点成就感的。

这次志愿者活动给我的最大收获是认识了晴姐，她教会了我很多东西。晴姐是某化妆品直销企业的员工，我们是在她来建行咨询问题的时候认识的。在听说我是在这里做志愿服务时，她笑着说：“我觉得你在给顾客介绍防骗信息的时候还有一些可以改进的地方。按照我们公司的服务宗旨，我们对女性的打造是从内到外、全新塑造的，最重要的是培养内在的气质。比如我现在坐在你面前跟你沟通，我的心是朝着你这个方向的。其实沟通就是心与心的交流，还有肢体语言，比如轻轻拍着你的肩，这些在沟通过程中都很重要。此外还有倾听的技巧……"和晴姐的交谈，让我感觉自己上了一堂个案工作课，晴姐的老师在课上刚教过的交流技巧、倾听技巧、记录技巧，她都在现场给我示范了。我跟晴姐聊了很久，之后也通过电话交流过很多次，她让我学到了很多在学校学不到的知识和经验。

这次当志愿者的经历给了我机会去接触这些平凡的普通人，使我清晰地感受到他们身上散发的非凡魅力，同时，其间看到的一些社会现象，也给了我深深的触动。

记得有一天下午我看到两个年轻人被按倒在银行门口的大街上。听保安大叔说，这两个外地小伙在银行门口抢劫一个女士的挎包，被经过的便衣警察抓获了。从实施犯罪到被抓获，前后时间不超过一分钟。在现场看到这种犯罪行为让我感到很痛心。

无论从我所学专业，还是从担当志愿者的意愿出发，这个世界上有很多我想帮助的人。我也知道我的能力非常有限，帮不了太多人，但我还是想尽自己最大的能力去帮助他们。我们必须让自己变得更强大，让自己可以去帮助更多的人。

（四）淳安暑期支教

大一暑假，我参加了我们学校学生教学管理委员会组织的大学生暑期支教活动。我们一行十几个大学生，在淳安县汾口镇祝家村为当地儿童提供暑期辅导并组织了各类活动。之前，这项支教活动已经持续了三年。

我们为村里孩子们组织活动的场地是村里的老年活动室。在半个多月的时间里，我们这些养尊处优的大学生经历了过去所不曾经历的生活：吃饭，吃的是"大锅饭"；喝水，没有热水，只能去买矿泉水；

睡觉，男生睡在一楼的桌子上，女生在二楼打地铺；上厕所大家共用一个；洗衣服，去河边跟村民们一起洗。可以说，我们真正地过上了乡村生活，甚至比乡村生活还要艰苦。

我们真正与村里的孩子深入接触后，真实地感受到在孩子们天真稚嫩的行为举止下，有着许多不为人知的故事。汾口镇虽然山清水秀，环境优美，但相比于周边平原地区，经济并不发达。祝家村的青壮年劳动力大多外出务工，大部分的家庭都只剩下老人和孩子。家里的老人照顾孩子的日常生活已实属不易，对孩子营养健康、心理健康等方面的需求，老人是心有余而力不足。到了假期，村里的留守儿童大多处于"半放养"状态，每天在家里吃完饭，或是睡醒，就会往外跑，到处玩耍。村里有条溪，孩子们常扎堆儿往溪里跑。大人们很担心他们的安全。

由于父母长年在外打工，村里的孩子们一年只能见到父母几面。提起爸爸妈妈，他们最多的记忆就是，爸妈在外面如何辛苦地赚钱。村里有个上小学三年级的女孩，她的爸爸在她还很小的时候就去世了。为了撑起这个家，她妈妈长年在外地打工，只有过年的时候才会回来。她和外公外婆一起生活。为了不伤害孩子，妈妈和村里的人都瞒着小女孩，说她的爸爸在很远很远的地方赚钱，为了能多赚点钱，所以不能回家。这便成了村里的一个公开的秘密，只有小女孩一个人被蒙在鼓里。但她好像也察觉到了什么，在外人面前的她是一个调皮捣蛋的小孩，经常做些无伤大雅的调皮事，很容易被人归类为叛逆的小孩。但是，我们通过与小女孩的接触后发现，她其实是一个很懂事的孩子。可能在成长过程中缺乏安全感，小女孩便故意在外人面前伪装自己，把自己塑造成一个无人敢欺负的形象。而回到家里，她会很主动地做家务，而且很能理解大人们的苦衷。也许在小女孩的心中仍存有一丝希望，希望爸爸回到家来，给她带好吃的，抱抱她，让她依偎在他的怀里甜甜地喊声"爸爸"。

我们每天上午给孩子们上3节课。负责教课的老师会提前把课备好，没课的老师则坐在孩子旁边，和他们一起上课，对有需要的孩子及时加以指导，使一些年纪较小的孩子能跟得上进度。课间，我们会跟孩子们一起聊天、玩游戏，或是打球、画画和捏橡皮泥。孩子从来不缺少精力，每天能从村北玩到村南，哪怕外面烈日炎炎，他们也玩得不亦乐乎。一下课，孩子们就过来拉着我们一起出去玩。为了保障他们的安全，我们跟孩子们商量好，不到小河旁边或是山林里玩。我给小女孩儿扎马尾辫，其他的老师带着孩子们玩智趣小游戏、教他们画画等。

由于专业相关，我负责给孩子们上心理健康课。我先是给他们看那时候正在热播的电视剧《爱情公寓》，让孩子们在观看的同时，思考电视剧中胡一菲、曾小贤、关谷神奇等6个主角的性格特征。孩子们结合观察能很容易地描述相关人物的表面性格。比如他们对曾小贤的评价是"自恋、爱幻想、老好人"，给胡一菲的性格描述是"神经大条、女汉子、仗义"。但当我要孩子们对这些人物的性格进行深度剖析的时候，他们就都不知道该怎样回答了。我便在表面性格的基础上，结合具体情节，带领着孩子们将人物的深度性格剖析出来。以曾小贤为例，表面老好人的他，其实是在掩饰内心的真实情感。他在朋友面前永远是很乐观的形象，而实际上很需要朋友来了解他心里的诉求与挣扎；而他与胡一菲之间若即若离的相处模式更是暴露了他的性格。对于我对这几个人物性格的深度解剖，孩子们听得似懂非懂。于是，我给他们做了一个简单的心理测试，依据选项测试自己是属于哪种性格的人物。然后，我针对孩子们每个人对应的人物性格，做了一个简单的讲解。为了帮助之前提到过的小女孩，我还以阐发引导的方式为她分析了她的性格，希望其他孩子在以后与她的相处中，给予她更多的理解和关爱。

根据观察，我发现祝家村的孩子在体形上整体偏瘦，尤其是女孩子，大部分属于"豆芽"体形。他们的身体健康状况引起了我的注意，于是我和另外几个同学商量，在支教活动中增加了一项特殊的调研任务——关于留守儿童营养与健康状况的调查。我们先是设计了《淳安县汾口镇留守儿童营养与健康状况调查问卷》，并将问卷发布在问卷网上。问卷主要涉及留守儿童的膳食结构、留守儿童的饮食习惯、学校对留守儿童健康的影响程度三个方面。课间的时候，我们给孩子们每人发了一份问卷，让他们实名填写，并且把每个填写问卷的孩子的身高、体重记在问卷上，供之后的统计分析使用。除了让孩子们填写问卷，我们还设计了一套试卷，通过一些简单的问题了解他们对饮食健康的认识程度。

为了实地了解当地食物的供给情况，我们还到菜市场、水果摊等地方调研，向商户们咨询相关情况。据了解，当地的水果、蔬菜大部分是从衢州运过来的，样式丰富，但由于运输成本高，所以果蔬的价格偏高。当地居民有制作腌制食品的偏好，冬季经常大量购买花椒、冷冻肉等。由此可见，当地的食品供给在营养上是丰富充足的。

之后，我们又去了几个孩子家做了家访，向他们的家人了解他们平时的饮食情况。通过与家长的交谈得知，大多数家庭一日三餐都会有蔬菜、肉、蛋等食物，基本能够满足孩子成长的营养需求。而且，为了让孩子们吸收更多的营养，家长也会主动了解关于营养方面的知识。但一些孩子有挑食的情况，普遍爱吃肉，不愿意吃蔬菜，家长对此很伤脑筋。但也存在个别家庭，尤其是和老年人共同生活的孩子，普遍在营养摄入方面有所不足。老年人的知识水平、活动能力相对低于青壮年，导致了和他们一起生活的小朋友在营养方面会比同龄孩子要差一点。

我们一行人在支教活动快结束时，与村里的孩子们一起举办了一场以"'中国梦'：我们的环保梦"为主题的晚会。我们利用课余时间，根据孩子们的实际情况，组织他们排演了武术、手语、集体舞、合唱等节目。此外，我们还去纺织厂收集了废旧的布匹，利用旧报纸、饮料瓶盖、旧壁纸等废弃材料，为孩子们量身定做了10套环保成衣。在晚会现场，当我们把这半个月的成果展示在村民们面前的时候，观众席里传来了阵阵喝彩声。我们的晚会也获得了当地政府与村民的高度肯定，还有电台来对我们举办的晚会进行拍摄报道。

可以说，在淳安县的支教经历，是我体验过的最纯粹的志愿服务。此前，我们学校的团委和学生会也会组织一些志愿服务活动，但这些志愿服务往往过于形式化，作为志愿者无法获得知识和经验的提升，也难以感受到自己是在做有意义的事。而在淳安县的支教活动，虽然很辛苦，也没有任何经济回报，但我们能够从孩子的笑容和依依不舍的离愁中感受到用生命去关爱生命的价值，这才是参与志愿服务给我的最大报偿。

（五）"中国梦"与志愿梦

我通过公交站台的广告第一次知道了"中国梦"。不久之后，在上"毛泽东思想概论"课时，授课老师向我们详细讲述了"中国梦"的具体内容，还介绍了党的十八大以"两个一百年"作为实现"中国梦"的奋斗目标。但从自己来看，我觉得实现"中国梦"面临着许多的困难。

　　我对政治理论不太了解，对一些国家政治生活中的大事也不是非常关注。但有些老师在上课时，也提到过普通人在政治领域中的发展空间非常有限。习近平就任党的总书记后，严肃处理了党内许多腐败分子，净化了党的作风，这当然是让广大人民群众拍手称快的好事。但如何让党在长期执政过程中真正贯彻"全心全意为人民服务"的宗旨，带领全国人民走上和谐富足之路，仍面临着各方面的严峻挑战。

　　另外，"中国梦"本质上是要实现公共利益。但在很多情况下，公共利益与个人利益之间存在着冲突。仅从我身边的同学、朋友来看，真正有公益意识的人很少。绝大多数人都是以拥有的金钱等物质财富的多少去衡量一个人是否成功。即便是我所在的大学，也经常采取一些急功近利的方法来管理学生。例如，为了避免某些讲座、沙龙活动参与的学生太少，学校就把听讲座与学生的综合测评挂钩；学生从事一些志愿服务，也可以获得综合素质测评的加分。这就导致一些同学做志愿者纯粹是为了获得证书或课外学分，许多非常形式化的志愿服务也会有很多同学趋之若鹜。

　　我现在的个人梦想，从远期来说是在一些成熟的非政府组织学习、工作几年，最终建立自己的非政府组织，专门从事养老服务工作；从近期来说是考研，考进更好的大学，成为一名社会学方向的硕士，如果有出国留学的机会，我也会试着争取。

　　当然，相对于刚上大一时的激情澎湃，我现在对公益的认识变得更加理性。在大二的各门专业课上，很多老师都在分析和讲述在中国发展公益组织面临的各类障碍与困难；公益事业面对着各种严苛现实的挑战。即便如此，我对担当志愿者从事公益事业的决心却没有动摇。一位中国女孩在一年时间，走进 5 个国家，体验了超过 8 个志愿者项目，从马来西亚有机农场到尼泊尔儿童之家，从泰国自闭症儿童中心到印度临终关怀医院……我也非常渴望能够成为像她那样的国际志愿者，在旅行中承担社会责任，体会公益的细节，跳出成长的困惑与烦恼。

评点

在 20 世纪 90 年代之后，中国青年，尤其是大学生群体一直被广泛地认为属于对政治行动比较"冷漠"的一群人。[①] 然而，与政治冷漠相对应的，这个群体却成为自 21 世纪初以来的志愿者活动的主要参与者和创办人。如果将关注公共事务的志愿者活动，也看作特殊的政治参与形式，那么大学生群体并非如某些学者所认为的那样，必然被个体主义文化和消费主义文化所俘虏，而是一个有着更加复杂内在文化结构的群体。

晓岚这样一个"非典型"女大学生与我们分享了她从高中时代以来的志愿者经历，以及这些日常生活中非常平凡的故事与人物。在她的体验和感悟中，我们能感受到一个青年对孤寡老人、留守儿童等弱势群体发自内心的关爱，以及对身边平凡人与平凡事的人文关怀。事实上，很多与当代大学生群体有深入接触的人都能发现大多数大学生对倾向社会的利他主义行为还是有很高的认同度的。即便受制于有限的物质基础与社会经验，大学生还是各种人群中最愿意做出奉献，甚至自我牺牲的群体之一。

正如晓岚数次提到的，大学生之所以对一些传统的公益活动兴趣寥寥，并非是缺乏利他主义精神以及对他人的关爱，而是对一些形式

---

① 程福财：《从广场到身体：当代中国青年政治参与状况的嬗变》，《中国青年研究》2011年第 9 期。

化的公益活动有着深刻的质疑和反感。换言之，大学生群体更愿意用自己的认知去设计更符合时代特征，也更具有真实精神内涵的公益活动。这说明青少年并不是被传统的主流文化，或是完全的商业性文化所控制，而是希望能够从中创造出新的文化，用于自身的物品、符号和行为方式。①

这一趋势对各级团组织主导的志愿者活动提出了更高的要求。传统上各种"官办"的志愿者活动如果仅仅是为了形式化地完成某些活动，采取一些功利性很强的组织动员手段，而忽略了志愿精神价值内含的感召力，那么这类志愿者活动将很难真正得到大学生的认同。如何将"中国梦"的宣传教育活动，与志愿者活动有效结合起来，寻找两者在形式上和精神内核上的共通点，是青年工作必须深入发掘的现实问题。

五　毛庆龙：让"互联网＋"助推"中国梦"

青春就应该是放飞梦想、激扬奋斗的。在畲乡·景宁，就有这样一位年轻人，他叫毛庆龙，1984 年出生。文质彬彬的长相，瘦削的身材，却有着极强的韧性、毅力和恒心，他怀抱着青春和梦想，在畲乡这块土地上挥洒汗水，希望通过自己的努力，打造出一个全国最先进、最专业、最诚信的农产品网上购物平台，将我国丰富的农产品通过网络购物平台推广到世界各地。现在，他创立的山山商城——一个诞生于深山的农产品网购平台，在成立不满两年的时间里，吸引了北京天使投资、北大创投、南京大学创投纷纷伸出橄榄枝；位于丽水市区的山山大厦，破土动工……毛庆龙带领着一群怀揣创业梦想、放弃大城市工作机会的"80 后""90 后"，朝着梦想一步一个脚印地前进。

---

① 陆玉林：《当代中国青年文化研究》，人民出版社，2009。

（一） 云南开矿　第一桶金

1999 年 3 月，以马云为首的 18 人团队凑了 50 万元，组建起一家小公司，名叫阿里巴巴。这一年，被称为电商元年。在这一年里，中国电子商务真正脱离了高姿态的学院派应用阶段，正式步入实质性的商业阶段。也是这一年，15 岁的毛庆龙对电子商务产生了巨大的兴趣，并痴迷于此。于是，他开始利用课余时间自学计算机编程，在同龄人忙着打游戏的日子里，他已完成了多个企业建站，电子商务梦想在青春岁月里生根、发芽。

2003 年，毛庆龙考上了浙江大学经济学系，但他并没有放弃电子商务梦想。大学期间，他系统学习了计算机语言、数据结构等多项专业技能，并对应用软件与电子商务平台系统的开发有了深度认识。他第一次尝试了电子商务这一新兴的商业行为，分别在拍拍网、淘宝网开起了店铺，将母亲开办的食用菌企业里的 30 多种产品，通过互联网渠道销售至全国各地，甚至美国、日本、韩国等其他 10 多个国家。

2007 年，毛庆龙从浙江大学经济学专业毕业后，因家族企业业务发展需要来到云南，出任煤矿负责人，开发经营煤矿。在煤矿四年的艰苦岁月中，毛庆龙取得了不小的成就，并得到了人生的第一桶金。然而，毛庆龙却并不满足，煤炭行业并不是他希望从始至终从事的，他一直在思考回浙江发展，实现自己的梦想："我应该去发展什么样的项目呢？我给自己定了几点准则：（1）符合当代社会的经济发展趋势和国家的政策导向；（2）对家乡的建设、人才引进、增加就业选择、经济发展等方面有帮助；（3）是我自己喜欢的并且有能力做的项目。"

在煤矿工作期间，毛庆龙从不曾忘记自己的电子商务梦想，他时刻关注着中国电子商务的发展状况。然而，此时的电子商务发展已呈现白热化的状态，各种类型的电子商务网站的深度和广度不断扩展，抢滩各类传统行业。"我能做什么呢？"梦想照进现实之前，毛庆龙深深苦闷于找不到具体方向。但在煤矿的艰苦岁月磨炼了他的意志，他苦苦思索，坚持找寻着实现梦想的机会和路径。

转机出现在2010年年底。那一年，毛庆龙陪母亲参加了浙江省农业产业博览会，之后，一切都在悄然改变。2011年，在征得家人同意之后，他卖掉了在云南经营良好的煤矿，带着妻子何易回到家乡景宁，开始了他电子商务梦想的征途。

（二）梦想团队　扎根畲乡

2010年11月26日，毛庆龙跟随做食用菌生意的母亲参加浙江农博会。举办农博会的会展中心人山人海，大伯大妈们快把整个会展中心挤爆了，原来他们要一次性把全年要吃的黑木耳、香菇都买好。"为什么他们平时不能轻松、舒服地买到心仪又实惠的农产品呢？"于是，毛庆龙从展馆的一楼到三楼，收集每一家参展企业的宣传单，跟企业人员聊天调研情况。当发现几乎所有参展企业都采用传统销售渠道后，毛庆龙窃喜，机会来了！这种先知先觉和与生俱来的商业敏感，让毛庆龙捕捉到了一线商机。

丽水丰富的特色农产品让毛庆龙萌生了打造农产品网购平台的想法。"比方说景宁的惠明茶，早在1915年，惠明茶就远渡重洋，与汾酒、茅台酒等荣获巴拿马万国博览会金奖，品质非常好。但是由于传统供销渠道的限制，上海或是江苏的消费者并不知道这个茶叶，产品与消费者之间存在着信息的不对称。"数百弯的山路，将景宁千年的畲族风情养在深山，也锁住了这个生态环境质量位于全国前列的少数民族自治县的土特产，但是通过互联网渠道，这些土特产就可以销售至世界各国。之前毛庆龙帮母亲的食用菌企业打造的网络平台中，单笔超过 100 万美元的订单就有好多。这也是他将农产品网商梦想扎根畲乡·景宁的原因之一。

2011 年，毛庆龙用 1280 万元的注册资金成立了浙江财源网络科技有限公司，并着手开发农产品网购平台——山山商城。"山山"，寓意大山里的绿色健康食品。山山商城将是 365 天不"关门"的农产品商铺，让顾客足不出户就能购买到绿色、安全、优质、营养、健康的农产品。

毛庆龙开发和运营山山商城的初衷，是打响家乡的农产品品牌，拓宽销路，实现农产品企业的电子商务经营："丽水有着丰富、优质的农产品资源，通过打造这个农产品网购平台——山山商城，吸引这些参加农博会的企业参与进来，借助电子商务营销的方式对传统农业进行现代化改造，实现农产品的品牌化、标准化、信息化、订单化生产，把他们的产品从在当地'消化'转为销售到全国各地，让广大消费者足不出户就可以购买到丽水市品高质优的特色农产品。"毛庆龙梦想以山山商城服务于丽水生态农业：通过一对一培育、挖掘、帮扶优质农产品企业、合作社，实现电子商务运营，突破传统销售受地点、时令限制的制约，将丽水的绿色生态有机农产品汇集起来，以山山商城为农产品对外营销和宣传的窗口，最大限度地放大市场交易量，增加市场交易主体，进一步凸显丽水市的特色农产品优势。

成立之初，公司里只有一名员工——毛庆龙自己。说到这里，毛庆龙微微一笑："我就是个光杆司令，那个时候真的是求贤若渴了。"为了组建一支集编程、设计、招商、营销、推广等为一体的专业团队，毛庆龙开始在全国各地奔波。找同学、找朋友，上网找、去大城市找，创业的头三个月，他精心挑选着团队成员，无数张机票、千万公里路程，来来返返。"那时候，心里就一个目标——组一支专业队伍，会聚人才，把山山商城做起来！"

功夫不负有心人，几经辗转后，毛庆龙终于组建了一支专业的青年团队。这其中包括山山商城现在的副总经理、联合创始人何易，她也是毛庆龙的妻子，是一个漂亮、能干的杭州女孩，为爱情和梦想来到山区；副总经理、联合创始人刘思威，丽水人，毕业于浙江大学管理学院，曾是嘉兴一服装企业驻美国洛杉矶代表和麦包包网站高级策划经理，为家乡及与毛庆龙的兄弟情谊而回归；副总经理、联合创始人王明峰，毕业于浙江工商大学，曾是杭州一广告公司的联合创始人。

一群年轻人，为了一个共同的梦想扎根畲乡·景宁，立志打造全国最先进、最专业、最诚信的农产品网上购物平台。他们的梦想，在这里起飞！

（三）激扬奋斗　山山上线

有了团队，就要向着目标奋进了，他们开始搭建山山商城技术平台、着手研发网站。而网站设计、宣传口号、前期招商、用户体验反馈等都要没日没夜地摸索，在接下去的两个多月里，毛庆龙和他的团队每天都"厮守"在一起，经过无数场"头脑风暴"，攻克了无数个技术难关。"开发山山商城1.0版的时候，每天都要凌晨一两点才能睡觉，第二天早晨八点又起来工作，大家都瘦了十几斤，特别是毛总，以前他的脸是圆的，现在都变成尖的了！"何易回忆说。

山山商城要上线的时候出现了新的问题。摆在毛庆龙眼前的是一个"毛坯房"——光有网站不行，还得有商家入驻啊！于是，他又开始在丽水九县市来回跑，走访丽水优质农产品企业，为山山商城的网店招商。毛庆龙一家一家地拜访、一家一家地洽谈，吃在车上、睡在车上，第一次谈不成谈第二次，第二次谈不成谈第三次……"我们丽水本地的一些企业，一般都没有什么网络营销的意识，我就给他们分析，给他们说明网销的优势，给他们做功课，一次不行就再去一次。"然而，任何伟大的构想都无法摆脱起步的艰难。一次次地上门拜访，一次次地被拒之门外，毛庆龙辛苦奔波了一个多月，拜访了三四十家企业，却没有一家愿意尝试。"这些企业的实体销售已经做得很好了，而淘宝、网购这些概念，企业主都不懂，更别说让他们在线上开店了。"无奈之下，他想了一个方法——先将商家的产品收购过来，由团队包装经营，让商家看看成果。就这样，他用50万元采购了200多个品种的货，然后自己在商城上开店展卖这些产品。

2012年3月，山山商城1.0版上线了。上线测试的那一个晚上，大家都没有睡，静静地守在电脑前，不断测试，生怕有纰漏。毛庆龙在喜悦的同时，不断告诉自己必须冷静，接下来的路还很长。

"创业的路很艰辛，但值得庆幸的是在创业的路上有一个强有力的团队伴随着我风雨前行。那时候，整个团队都热情高涨，虽然身在小县城，但是大家总是不断地告诫自己——我们要做的事情，一定要做得比那些在北上广深的高楼大厦里的人做得更优秀。我和毛总也算是老交情了，他的脾气我很清楚，他是那种很执着的人，对朋友更是义气到没有话说，所以当初我选择到山山商城来。我知道和庆龙一起闯是对的，我相信他，也相信我自己！"刘思威回忆道。

"夜已深，山山团队的部分同仁仍在奋战；多少个这样的夜晚，我们共同度过；我们没有五彩斑斓的夜生活，但我们将拥有一个无比闪耀的前程。为了我们共同的理想——山山商城，我们在拼搏！"何易在QQ空间里这样感慨道。

（四）升级再造　放眼全球

因为1.0系统不够完善，体验方面并不尽如人意，于是毛庆龙又开始带领团队着手开发功能更强大的2.0版。经过几个月的艰苦奋战，

2012 年 8 月 23 日，山山商城 2.0 版研发成功，正式上线。

这回，毛庆龙更加不敢掉以轻心，他红着眼睛坐在电脑前注视着数据图，1 个、2 个、3 个、4 个……点击量在一个一个增加。毛庆龙很紧张也很激动，此时的他并没有闲着——不断与网友聊天，告知他们山山商城正式上线了。

"我永远都记得 2012 年 8 月 24 日，我们商城完成了第一笔订单，金额是 203 元。那时候的心情真的是很激动。"203，一个普通得不能再普通的数字，但在毛庆龙内心中的分量却不亚于吉祥数字，因为这是山山商城完成的第一份订单金额。至今，只要一提及，毛庆龙都掩饰不了他内心的兴奋、激动和喜悦。

山山商城的 2.0 系统比较完善。从上线运营到现在，推广、招商、平台运营状况良好，用户数量呈不断上升的趋势。不到一年的时间，商城正式入驻来自景宁、丽水、浙江乃至全国的企业共 300 家（另有 500 家企业正在"孵化"中），交易额近 2000 万元，注册用户 20 多万，他们的团队也吸引了全国各地众多电子商务领域的精英。为了吸引和留住人才，毛庆龙不断对山山商城进行改革：与技术团队组建技术公司，用于设计与研发；成立品牌管理公司，做品牌策划与运营；以景宁为总部，在丽水开设分公司，发展招商、推广团队，在杭州设立办事处，发展推广、营销团队。此外，毛庆龙还拟定了在 2014 年年底前实现 3000 家达标企业入驻商城的目标。

针对丽水农产品企业品牌影响力较弱的情况，山山商城组建了品牌服务团队，建立了专业的商业摄影棚，为许多农产品企业提供品牌构建服务；推出了区域精品馆，为客户提供"农业体验"服务和原生态农产品供货服务。为了提高商城和丽水农产品企业的知名度，毛庆龙还向畲乡三月三组委会争取到了"山山民族特产美食一条街"活动的承办工作。此外，山山商城还在线上线下的推广上投入了巨资，包括在百度、猫扑、美食杰、酷我音乐等网站和浙江卫视等电视媒体，以及杭州、丽水公交车上投放广告，推广山山商城和农产品品牌。

2013 年 6 月上线的山山商城 2.4 版，设置了山山搜索规则；推出了以销定产、基地供应、现场体验等网络销售模式的预售功能，形成了订单农业的雏形；组建了区域精品馆，"原汁原味"供货；开展了"金奖惠明茶"等系列主题网络展销活动。

除了自建平台、寻找电商出路之外，毛庆龙还成立了景宁网商协会和山山商学院，举办了多起电子商务培训班，以山山商城为电商人才的练兵场，让当地学员通过山山商城销售自家的农产品，帮助他们设计网页和举办活动。"有学习，习方成，成未来！"这是山山商学院的口号和目标。毛庆龙希望山山商城能成为当地农产品的唯一外销通道，但是他知道自己的平台尚处于发育期，因此，他也在推动当地企业在熟练运用山山商城之后，借助其他大型网商平台一起为景宁农产品的销售出力。

现在，山山商城已经慢慢地步入了运营正轨——整合本地优质农产品，形成了"以销定产，基地供应"的网络销售模式，农产品销量节节攀升。毛庆龙笑着说："我的目标很简单，就是让居住在都市里的人们足不出户就可以通过我们的商城购买到绿色、安全、优质、营养、健康的农产品。同时，希望可以通过山山商城这个专业的农产品网购平台，将我们景宁、丽水、浙江，乃至全国的特色农产品，推向全国，走向世界。"

（五）追梦路上　继续前行

"我相信自由自在，我相信希望，我相信伸手就能碰到天……"每天清晨，山山商城的全体员工都会在听完这首铿锵有力、动感十足的《我相信》之后，开始一天的工作。如今，这个致力于"做中国最专业的农产品网购平台"的公司，会聚了100多位"80后""90后"追梦人。这些自称"山民"的年轻人，80%以上拥有本科学历，其中不乏名牌大学的天之骄子。他们大多来自城市，却甘愿到大山深处辛勤耕耘。

从开发到运营，从想法到实践，毛庆龙带领着他的团队一直在不断地努力。"我目前的梦想是汇集全国乃至全世界的优质食品，搭建一座连接山区和城市的网络桥梁。让农民再无难卖的产品，把更多绿色优质农产品送进千家万户，打造中国乃至全世界最专业的农产品网购商城。实现梦想，唯有坚持；想要坚持，必需梦想。我梦想着我们公司可以有一天走进纳斯达克，让全世界都知道中国有一个山山商城，在山山商城可以买到世界各地的优质农产品。"毛庆龙自信满满："要实现'中国梦'，政府应该给企业创造实现梦想的大环境，扶持本土有梦想、不懈奋斗的企业；青年人则不应抱怨周边的环境，而应该是去适应，不断提升自己实现梦想的能力。"

"起初父母都不支持我从大城市来小乡村，但看到我现在的状态，就不再反对了。看着山山商城从无到有，从小到大，从少到多，就这么一日日地变，就算再忙碌，我也觉得欣慰。我还可以，我还可以继续。因为昨天的梦想，可以是今天的希望，并可能成为明天的现实。"何易憧憬道，"要实现'中国梦'，政府应该在宏观上给中国创造一个良好的实现梦想的政治经济环境，让社会公平，让个体有施展才华的机会；要正确引导各产业的发展，做好政府职能中的公共服务工作。而个人梦的实现取决于个体的努力与德智。如果梦想只是停留在嘴巴讲讲的层面上而不去努力，那么就不可能实现；小赢凭智，大赢靠德，我始终坚信品德的力量远大于个人的聪明才智，所以要实现梦想，不仅要有聪明才智，更应该要有良好的品德。"

"当地政府对于我们山山商城的发展提供了很多的政策支持和精神鼓励，山山商城的发展也离不开广大商家的支持。而我的父母也很支持我的事业，只要我认定的事情，他们都是全力支持的，所以很感谢爸爸妈妈给我提供这么宽松的一个成长环境，让我明白要为自己的人生负责。当然，最应该感谢的是我们毛总，如果不是他的邀请，我想我还是在上海的某栋写字楼里上班。因为他，让我有了跟他一起创业的想法；因为他，我才有机会和这个可爱的团队一起奋斗。我认为，对于青年人而言，'中国梦'就是自己的'个人梦'，'中国梦'的实现是以'个人梦'的实现为前提的。所以，我想送给青年人一句话——既然认定了前方，那就风雨兼程，勇敢前行吧！"刘思威语气坚定地说。

评点

在 2015 年全国两会上，国务院总理李克强在政府工作报告中首次提出"互联网＋"行动计划。"互联网＋"本质上是利用互联网的平台，利用信息通信技术，把互联网和包括传统行业在内的各行各业有效地融合起来，在新的领域创造一种新的发展形态。毛庆龙和他的创业团队所开发的山山商城，正是一家典型的将互联网引入传统农业的"互联网＋"企业。

阿里巴巴集团的副总裁梁春晓认为，"互联网＋"具有推动整个商业和经济活动、基础设施全面变革的巨大潜力。[①] 仅仅是工具化或是渠道化地看待互联网，是对互联网价值的一种极大漠视。虽然毛庆

---

① 安传香：《"互联网＋"如何助力中国梦》，2015 年 4 月 16 日，http：//news. xinhua-net. com/2015－04/16/c_ 1114984524. htm，最后访问日期：2015 年 5 月 2 日。

龙最开始是在农博会这个场合感知到渠道对农产品销售的重要价值，然而山山商城并不仅仅是让过去畲乡·景宁"藏在山中无人识"的优质农产品有渠道让更多消费者知晓和购买，更重要的是，它通过互联网平台培育、挖掘、帮扶了一批优质农产品企业、合作社，并实现了向以销定产、基地供应、现场体验等为特征的订单农业的转型。

在毛庆龙的创业故事中，我们至少能在个体和宏观两个层面上发现"互联网＋"对助推"中国梦"的价值。在个体层面上，"互联网＋"能够鼓励普通社会成员，尤其是青年人创业。"互联网＋"不仅让传统企业在"触网"后诞生新的模式与活动，还让一大批草根创业者找到更多发挥创意、追逐成功的平台。毛庆龙通过他自身的才智和感召力，集合了一批与他有着共同梦想的创业者，而山山商城的成功与远大的发展前景，也让这些创业者已经能够清晰地看见梦想实现的美好明天。

在宏观层面上，"互联网＋"能够将模式革新的红利带给产业链条上的每一个参与者。以移动智能技术的发展为例，"指尖上的中国"迅速融入中国的消费、金融、教育、医疗等领域，新技术、新概念、新应用不断涌现。随着许多省市建设"智慧城市"方案的推行，智慧医疗、智慧交通、智慧养老这些名词正从政府的案头走入百姓的生活。① 如果能按照设想的方向继续发展下去，毛庆龙的山山商城将在很大程度上改变景宁过去"小、散、弱"的农业格局，实现向"大、聚、强"的现代农业模式的转变，使景宁地方农业的从业者和相关组织得到跨越式的发展，同时让优质健康的农产品走上更多百姓的餐桌。

---

① 王若宇：《互联网是中国梦的重要载体》，2015 年 1 月 28 日，http：//opinion. peo-
　ple. com. cn/n/2015/0128/c1003－26464832. html，最后访问日期：2015 年 5 月 2 日。

六　吴泽：淘宝助力梦想

在形象气质上，吴泽是一个非常低调的人。格子衬衫配上牛仔裤，他的穿着打扮和软件公司里的"码农"①非常相像。对此，他自己却是满不在乎："反正我们都是靠网络混饭吃的。"对吴泽的访谈是在他的公司里进行的，他的公司位于杭州城西某电子商务产业园内，周边倒果真聚集着不少"码农"。和吴泽交谈是一件非常令人愉快的事，他的声音非常有磁性，说话也不急不躁的。②

（一）乖孩子的转变

我的父母在我上初中的时候下海，他们在电影院旁边开了一家小商店，主要为去看电影的观众提供饮料、小吃什么的。因为要营业到很晚，我经常在父母回家以前就上床睡觉了。在大人们眼里，我从小就是乖孩子，不调皮捣蛋，也不需要大人操心，而且我的学习成绩也一直不错，不需要父母的监督。

中考时，我的发挥比较稳定，没有什么悬念地进入了杭州最好的一所重点中学。在高中时代，尽管我有时也会和同学一起偷偷去网吧玩游戏，但在老师和家长看来，我还是属于非常听话的孩子，做事不会太离谱。当时，我对各种电子设备都玩得比较"转"，高中时还在学校电视台担任过摄像，也很早就会自己修电脑、安装软硬件。

可能是因为做学习以外的事情比较多的关系，我的高考成绩不算特别理想，虽然也上了一本线，但这个分数肯定没法进浙江大学比较

---

① "码农"是网络用语，一般指从事没有发展前景的软件开发职位。这种职位只能强化职业者在单方面的技术领域技能，学不到新技术，同时也是部分从事软件开发工作人员的一个自嘲的称号。

② 以上为笔者叙述，以下为受访者自述，此处不再进行人称转换。下同。

好的专业。于是我就和父母商量去外地上大学。父母同意了我的想法，只是希望我不要离家太远。在填报志愿的时候，我发现大连有一所重点大学的历年录取分数和我的分数比较接近，而且我对大连一直有种莫名的好感，于是我就填报了这所学校。我的第一志愿专业是当时比较火的国际贸易，第二志愿专业是数学。没想到，因为报考这所大学国际贸易专业的浙江考生太多，我被调剂到了应用物理学专业。

2000 年父母送我去大连上大学的时候，对大连这座城市，以及我的大学的印象都是非常好的。他们觉得，既然以前我上中学的时候他们没有怎么管我我也能管好自己，现在上大学了，我自我管理的能力应该更强了。但事与愿违，因为我对应用物理学这个专业没有什么兴趣，加之高等数学、普通物理、理论物理这些专业课程的内容非常艰深，学习难度很大，所以到了大一第二个学期，我就基本放弃这个专业了。

2000 年是各类网站、论坛方兴未艾，吸引各类人参与其中的黄金时期。受这股浪潮的影响，我也经常在寝室用电脑上一些交友类网站、论坛、聊天室，认识各类的网友。受这类网站的启发，我开始想创建自己的网站。一开始我还想在学校附近的书店找有关网站建设的书，但发现根本没法找到特别有用的。因此，我就在网络论坛上找相关的帖子，跟着帖子学习建设网站的技术。

2001 年，我创办了属于我自己的网站，主要是在杭州区域内从事交友、聊天服务。记得那时候，每年申请域名只需要 100 元、租用服务器大概需要 1000 多元。最开始，我用自己的生活费来维持网站的必要支出。到了第二年，我的网站已经有了 20000 多个注册用户，每天在网站上登录的用户也超过 1000 个，我开始承接一些推广业务，在网站上打广告。虽然每条广告的收费在 100 ~ 300 元不等，但我那时在大连每月的生活费也只有 500~600 元，靠这些广告的收入，以及一部分赞助，我就可以不向家里要生活费了。到大三的时候，为了可以一天24 小时上网，不受学校熄灯限电的影响，我搬出宿舍到学校外面租房子住。而租房子的钱，也都是通过办网站赚来的。

虽然我的网站办得很红火，但我的专业学习却一团糟，有很多专业课都挂科了，补考也没通过。我们系主任是一个非常温和的老爷子，他找我谈过几次，我非常坦白地跟他说，我对这个专业实在是没有什么兴趣，我只想做自己喜欢做的事。为了我学习的事，我父母也专门从杭州赶来大连，他们向学校老师了解情况后督促我好好学习，但也没什么效果。

我想可能是因为上初中、高中的时候，我的生活就是学校和家的"两点一线"。长期的压抑，使我到大学这个更加自由、少有约束的环境后，就完全放任了自己，想干什么就干什么。在父母眼里，我这个曾经的乖孩子已经变为一个任性、不听话的叛逆青年了。

（二）留在大连工作

尽管系主任和辅导员都为我想了很多办法，可到了大四，我还是有很多门课程没有通过，大学英语四级也没有过。这是我在上大学以前完全没有想到的。在同班同学都在穿着学士服、拿着文凭拍毕业照的时候，我只能拿着肄业证书灰溜溜地离开了大学校园。

离开学校后，通过一位朋友的介绍，我在一家主营钢材、锁具的私营企业找到了工作。在那里我做老板的助理，他是我朋友的朋友。这家公司并不大，总部办公室只有 10 来个人，工厂大概有 50 个人。我每天一般 10 点或 11 点才上班，下午 5 点就下班。虽然这份工作的收入并不高，每个月只有 1500 元左右，但好在比较轻松和自由。老板对我管得不是很严，如果有事的话，请假也比较容易。2007 年，股票市场非常火爆，我帮老板炒股赚了几百万元，为此，他分了几万块钱给我作为年终奖励。到 2009 年我离开这家公司的时候，差不多每年能有七八万元的收入。

在上班的同时，我还在继续经营着自己的交友网站。网站的人气一直在提高，到了最高峰的时候，注册用户数已近 10 万，同时在线的用户也有 400～500 人。为了对网站实施日常管理，我每天大概会花 8 个小时在网站上，这几乎把我所有的业余时间都搭上了。但因为这是我喜欢做的事情，所以我是乐此不疲。

2007～2008 年的时候，我开始考虑回杭州。我主要是觉得，一方面我父母的年纪大了，需要我在身边照顾他们；另一方面在大连的工作也没有太大的发展前途，而杭州这边的发展速度非常快，有很多机会。

（三）回到杭州做淘宝

2009 年 6 月，我现在的合伙人在淘宝正式建立了自己的商店，主要经营面向成年人的各种益智和魔术类玩具。他向我发出邀请，希望我回杭州和他一起经营这个淘宝店。2010 年的春天，我向生活了十年的大连告别，带着自己所有的行李回到了杭州，正式投身到开淘宝店的事业中。

其实我们涉足成人益智玩具市场已经比较晚了，据说现在最大的一家从事成人益智玩具销售的网店，每年已经有上亿元的营业额。我们刚开始开网店的时候，只有合伙人、我和另一个男孩子三个人，我们在古荡湾新村那边的农居点租了一间十几平方米的房间。

刚开始经营的时候，我们并没有什么优势。因为这类产品属于小众产品，打广告也没有办法引起太多顾客的回应。除了我通过自己创办的网站登一些广告外，我们基本上没有做过其他的广告宣传。

为了能够吸引顾客，我们在客户服务方面苦下功夫——在售前仔细地向顾客介绍各类玩具的功能、玩法、游戏规则等信息，在售后也会对顾客提出的问题予以耐心的解答。杭州那时候有几个新开张的桌游俱乐部，我们就专程跑去这些俱乐部做宣传，还向俱乐部经营者推荐一些新游戏、新玩具。为了教会来俱乐部这边的顾客如何玩这些游戏，我们还必须现场介绍游戏规则并陪着他们玩，让他们感受到游戏的乐趣。

在开网店的前期，财务方面的困难是我们面临的一个重大挑战。我们最初采用的经营策略是对一些热销的产品采取进货的形式，增加利润空间；对其他产品采取代销的形式，由上一级供应商直接发货给顾客。但渐渐地，我们发现，随着进的货越来越多，开店的资金不够了，经常需要我们自己先行垫付资金来进货。

除此之外，我们还面临如何进货的问题。在我们店销售规模还比较小的时候，我们主要从一些批发商那里进货，因为批发商那里一般没有进货数量的限制。当我们需要大量进货的时候，直接向生产厂家进货就成为更加有利可图的方式，毕竟厂家的价格要比批发商那里的低很多，只是向厂家直接进货的前提是要有一定的进货数量。

我们对每一位顾客的评价都非常重视。如果遇到对商品不满意的顾客，我们都会耐心地解释、劝说，为其提供调换货服务，或者给其办理退货，或者打折。绝大多数顾客最终都能配合我们给予好评，但每年也总有一两次会遇到恶意差评师，你不给他钱，他就给你打差评。一般来说，差评师都会开价 500～600 元，我们会给个 100～200 元。

经过三年的摸索与努力，我们的淘宝网店慢慢走上了正轨，不仅有了一批忠实的顾客群体，而且在货源上，也逐渐从向小代理进货，发展为向大代理，甚至向工厂直接进货。

（四）把网店做大做强

2011～2012 年，通过对销售产品的优化——包括对新产品的介绍、对重点产品的推广，以及增加具有独特个性的产品——我们的网店迎来了快速增长期。我们的工作人员增加到了 5 人，原有的办公地点和仓库已经越来越无法满足业务量的需要。

2013 年 3 月，我们正式搬进了现在位于电子商务产业园的办公地点。我们的办公区域和仓库有了近 200 平方米的空间，而工作人员也进一步增加到了 10 人。其中，有 4 个工作人员主要负责在电脑前为顾客提供各种客户服务，有 5 名工作人员负责仓库的管理与货物的进出，1 名阿姨负责打扫卫生和做饭。

为了获得更多行业内信息，我们还参加了近几年在上海和广州举办的相关年会，在及时了解新产品信息的同时，更多地与一些大代理商和工厂建立合作关系。为了能让我们的网店进入京东、1 号店这样的 B2C① 销售平台，我们在 2013 年还进行了工商注册，成立了注册公司。目前我们公司的财务工作主要通过外聘的方式外包出去，这样也避免了像我这样的小公司需要雇佣专职财务的尴尬局面。

现在我们的网店里已经有超过 100 种商品，我们的生意已经不限于长三角地区，全国各地的顾客都会到我们的网店里买他们喜欢的商品。但从总体上来说，现在我们的网店正在经历除了前三年平台期的第二个平台期。尽管办公地点、工作人员、仓库备货数量都有较大的改善和提高，销售额的增长却有所放缓。如何制定新一轮的发展战略，使我们的网店做大做强，是我和合伙人正在思考的问题。

---

① "B2C" 是英文 Business - to - Customer（商家对顾客）的缩写，是企业直接面向消费者的电子商务模式。这种形式的电子商务一般以网络零售业为主，主要借助于互联网开展在线销售活动。

但无论如何，我们对自己做出的搬迁至电子商务产业园的决定没有丝毫懊悔。产业园建设有专门的代发货平台，在物流方面为我们提供了方便。而且，产业园还安排了一系列有关网店经营的组织战略规划、财务管理、营销等方面的讲座，给我们这些经营者带来了迫切需要的知识。合伙人和我都有信心在这里把我们的网店做得更大，实现销售额从百万到千万的跨越。

（五）"中国梦"，让每个人都乐在其中

我是在看电视时第一次听说"中国梦"的。但是我真正了解"中国梦"，还是在我上网看了一些新闻时评之后。

我对"中国梦"的理解是，在实现国家富强的同时，让人民个个富裕起来，实现安居乐业。从我们每个个体来讲，如果大家都能做到积极、努力、乐观向上，做自己乐在其中的工作，那么国家富强之梦就很有可能实现。当然，我并不同意"'个人梦'实现了，'中国梦'就实现了"这种说法，因为国家有它特殊的梦想与利益。从政府的角度来说，积极改善民生，让更多的人找到适合自己创业创新的渠道、发挥个人的价值，是实现"中国梦"的必要保障。

我目前的梦想就是把我们的网店做得更大，把玩具的乐趣带给更多的成年人。希望政府能减少发展电子商务的各类体制机制限制，让我们能通过互联网的平台，把生意做到世界每一个角落；能借助"中国智造"的互联网销售平台，把"中国制造"的产品更加快捷地送到世界各地顾客的手中。现在我们的网店有时会接到来自马来西亚、新加坡等国家的顾客的订单，但是目前我们还无法通过快递把商品送到那里。如果能够通过无缝对接，减少物流上的阻碍，那么我们的生意将会拥有更大的发展机遇，我们的顾客也将更直接地感受到购物所带来的乐趣。

评点

以淘宝、阿里巴巴为代表的电子商务行业的发展，是我们在短短数年内共同见证的奇迹。即便在今天，回首这十余年间电子商务在中国的发展，我们还是会惊讶于以互联网为代表的信息技术对我们的生活方式带来的巨大改变。青年人作为最具有创造力的群体，在电子商务行业的发展中无疑是中流砥柱，同时也是从这一巨大的业态改变中获利最多的群体。

在吴泽的成长经历中可以看到，机遇常常在毫无预料中悄然出现，它总是更青睐做好了准备的人。吴泽由于自己对互联网和电脑技术的爱好没能获得大学文凭，而且他最初在大连的工作也并不出色，或许当时他的父母、师长，乃至于他自己都不会对他未来的发展有太好的期待。可正是他在电脑技术上的兴趣爱好和管理制作网站的经验，成为他后来开设网店的重要财富。他所选择的成人益智玩具业务在旁人看来很可能是不务正业的行当，但借助淘宝这一平台，他和他的创业伙伴们把这个不起眼的生意做到了大江南北，甚至海外。

每个青年人身上都蕴藏着不可思议的潜能。在比尔·盖茨和乔布斯成功以前，别人也常把他们的行为看作青年人的胡闹，但他们后来所取得的成就，不仅让自己品尝了成功的甘露，也带动了社会经济的巨大进步，为无数人带来了喜悦与幸福。在加快转变经济发展方式进程中走在全国前列的浙江，产业的转型升级和对自主创新的重视，使青年人在这里能够拥有更多的机会和更为广阔的成长、成才空间，而青年人创业、创新的成功也能为浙江经济社会的健康发展带来无穷动力。

"中国梦"的实现会为每一位华夏儿女带来国家的强大、民族的振兴、人民的幸福。正如淘宝为万千青年带去创业和成功的机会一样，随着改革的进一步深化，在不久的将来必然会有更多的机会在等待着青年人，能够让青年人在实现个人梦想、收获成功的同时，将欢乐带给更多的人。同时，我们的国家也能在一代代青年人创业、创新的传承中走向富强文明。

七 徐智辉：回到希望的田野上

第一次遇到徐智辉是在一个非常特殊的场合——杭州西溪的端午龙舟大会。他穿着与同伴们相同的红色 T 恤，在一条龙舟上担任桨手。这条龙舟上既有 40 多岁经验老到的舵手，也有 20 岁刚出头的毛头小伙子，而 32 岁的他正处于"承上启下"的年纪。尽管他看起来并不强壮，可几圈划下来就可以发现他是船上最投入的成员之一，只要鼓声一响，他就随着节奏奋力划桨，一桨也没有落下。在龙舟调头或是暂时休息时，他则是鼓动士气的核心人物。他在龙舟赛上的表现和他平日里给人的印象是高度吻合的，有干劲、敢闯敢拼。也许正是因为这种性格，让他做出了别人难以理解的决定——放弃城里的高薪岗位，到农村包地种植蓝莓。

（一）童年记忆中的水乡

我出生在杭州城西靠近西溪湿地的一个村子。那时候我的家乡还属于当时的余杭县，直到 1995 年才被划归入杭州。时至今日，我们本地居民的方言还是更靠近余杭话一些。

在我童年的记忆里，我的家乡也是如同周庄、同里一般的水乡村落。村子依河而建，河道两岸分设茶铺、酒馆、南货店、药店，汇聚村庄的人气。村里的老一辈大多以耕田、种菜、养鱼、养蚕、种笋、挖藕、摘柿子等农活为生。由于周边道路建设不太发达，到 20 世纪

80 年代船只仍是主要的交通工具。

小时候我最开心的事情之一就是坐着爷爷划的小船在村子周边的河里游玩。水乡河网交错、鱼塘相连、芦苇丛生、鱼虾众多。小船在芦苇丛中穿行，犹如进入迷宫。到深秋的时候，芦花飞舞，皑如白雪，让人赞叹不已。

生活在这样美丽的水乡，对孩子来说当然是非常快乐的，但水乡并不能为村民带来太多的财富。我的父母在我七八岁的时候就到蒋村乡开了一家理发店，靠给人理发赚钱。村里和我父母同辈的人也大多外出谋生，或是做建筑工人，或是做一些小买卖。

到该上学的年纪，我本应到村里的小学上学，但我爸爸觉得村办小学的教育质量非常有限，就托人让我进了户县蒋村镇中心学校——一所公办小学。我在上小学的时候虽然很调皮，但成绩还算不错，小学毕业后我就升入了户县蒋村初级中学。上小学的时候都是在学校里听听课就好，回家也没有太多的作业。上初中后，面临着中考，学业上的压力陡然增大。我们的学校属于农村中学，教学水平与城里的学校自然没得比。城里的孩子很早就开始上辅导班、请家教，但这对我们农村孩子来说都是奢望。虽然初三那一年我非常努力地学习，但中考的成绩仍不是很理想，只考上了一所普通高中。我的父母非常希望我以后能够考上好的大学，而这所高中历年毕业生的高考成绩都不是很理想，所以他们花了一笔不小的钱，帮我转到了一所教学质量较好的民办高中。

（二）从水乡到城中村

1993～2000 年，我们村的土地一块块地被开发，兴建商业和住宅建筑，原来密布的河流、水道也大多被填平，只留下了几条较大的河流。这种变化用"改天换地"来形容也毫不为过，村里的住房、商店、寺庙、戏台等几乎所有的建筑都被推倒，让人很难再找到过去水乡的风貌。随着一幢幢高楼拔地而起，越来越多的"城里人"和"新杭州人"搬到这里来居住。而这里的"原住民"则被集中到两三个农居点，住在三四层的小楼里。这些农居点就成为与周边环境格格不入的城中村。

对村里的老一辈来说，征地改造是一个让人沮丧的过程。原来劳作的土地变成钢筋水泥的森林，原来捕鱼采菱的河塘成了平整宽阔的马路，就连原来闲聊聚会的茶馆也消失了踪影。而对青壮年来说，征地改造提供了一些新的致富机会。那时候，我爸爸跟着村里的几个朋友合伙做倒土和建筑生意，我妈妈用以前做生意的钱和分到的征地补偿款在市中心体育场路开了一家水果店，家里的经济条件得到了很大改善。1999 年我们家在农居点的房子建好。2001 年我父母在三墩买了一套一百多平方米的商品房，供我未来结婚用。

虽然我们村农居点的房子是经过统一规划的，宅基地的位置也有严格规定，上下三层的联体式房屋还带有那么一点排屋的样式。但在城西开发的过程中，农居点的很多配套设施都没有跟上——农居点的排污管道没有与主管道对接，各种供电线和电话线用电线杆在农居点内拉得蛛网密布，没有绿化不说，就连一些稍宽阔的通道也经常被一楼开餐馆、大排档的商家占用。

随着周边地块开发的推进，越来越多的人到这边工作和生活，我们村农居点几乎所有的家庭都开始将房屋租赁给外来人口居住。由于村里很多村民在被征地以后没有找到稳定的工作，出租房屋就成为很多家庭最主要的收入来源。每家三四百平方米的房屋，除了自己居住的空间以外，被隔成了一个个十多平方米的单间。从最开始每月一两百元，到现在每月一千元左右，不断上涨的房租也从侧面见证了城市快速发展的过程。

但是靠出租房屋作为主要谋生手段也带来了一些负面的影响。一方面，相对周边而言的廉价房租让三教九流都汇集在农居点，每天闹到半夜的大排档、放高利贷的涉黑团伙、提供色情服务的按摩店和洗脚屋都在这里生根发芽，恶化了这里的社会风气；另一方面，靠出租房屋谋生让很多村民丧失了外出创业和自我提升的动力；更可怕的是，村里有一批十几二十岁的年轻人不上学也不工作，整天待在家里无所事事，他们之中很多人都抱着这样的想法："反正家里每年靠房租就有 20 万元上下的收入了，在外面辛苦工作一年也就四五万块钱。"

自从成立股份经济合作社以后，村里有了很多积极的变化。在村里几个较有能力的人的带领下，每年村民的股份分红不断提高，村集体资产也得到了更好的利用——多被用在敬老和提供公共服务方面——新的股份合作社大楼建成以后，村里专门辟出两层楼，一层供村里老年人聚会、观看演出，一层供村里居民锻炼健身。与此同时，村里的公共事务也得到了更好的管理。从 2011 年起，合作社投资数百万元，对农居点内的道路和排水管等基础设施进行了大规模改造，违章占道经营的铺子得到了整治，棋牌室、按摩房等"治安高危场所"被"请"出了城中村，村里的生活环境和治安水平有了很大改善。

在我看来，土地征用不仅改变了我们生活的环境，还让我们改变了原来的生活方式和价值信念。农转非不只是在户籍上的转变，更重要的是让我们能够在工作和生活方式完成从农民到市民的转变。但城中村却让我们陷入了一种既不是农民，也不是村民的尴尬状态。村里的一些老人，甚至包括一些年轻人已经有了一种"小富即安"的心态，没有通过奋斗来改变现状的欲望。这是我们这个共同体在未来发展中必须改变的观念。

（三）成功的打工经历

上了高中以后我的成绩仍处于中游水平，再加上比较贪玩，平时把太多的精力放在了打篮球上，我高考的成绩不太理想，只考上了绍兴的一所大专。我在上大专的三年时间里，除了学习专业知识，还积极参加学校学生会的各种活动、担任学生干部，在为同学服务的同时锻炼、提升自己的能力，得到了学校老师和同学的一致好评。

毕业后我回到杭州找工作。通过亲戚介绍，我到了一家知名房地产企业下属的物业管理公司工作。在那里工作了差不多一年的时间，我觉得工作内容比较简单、重复，缺乏创造性，也看不到职业发展和提升的空间，于是就去人才市场寻找其他工作机会。通过递交简历、参加面试，我进入了省内最大的一家从事手机销售的通信公司。

我在这家通信公司工作了五年，从普通业务员一直升到中层管理岗位，我的年薪也从原来的五六万元涨到二十多万元。作为一个没有太多背景，学历也并不突出的年轻人，能在这么短的时间里进入公司管理层，除了把握机遇的因素，个人努力是取得成功的关键原因。

公司在浙江省内一直占据着手机销售领头羊的位置，这是因为其对内部管理有相当严格的要求。公司每个月都会对员工提出明确的业绩指标，各级管理人员还要当众立下军令状，如果不能完成指标，无论哪一层级的员工都可能面临调岗的处分，甚至可能会被辞退。我从最开始在一线销售手机的时候起，业绩一直远超过指标的要求，之后，我所带领的团队也能出色地完成业务成绩，成为公司的明星团队。

在出色成绩的背后，是我辛苦努力的付出。在走上管理岗位以后，我主要负责苹果手机的销售任务。刚开始主要在省内与各地的分销商商讨销售业务，后来要到全国多个省区出差跑业务，我热情诚恳的为人和认真负责的工作态度，让我在各地都有了一批可靠的业务伙伴。

在我的主动开拓下，公司业务不断扩展，所占的市场份额也得到了稳定提高。

2006 年的时候，通过朋友介绍，我认识了我的太太。在交往了大半年后我们就结婚了，第二年我们的儿子就出生了。孩子一周岁以后，我太太就重返职场，在一家生产汽车配件的公司担任商务经理。目前，她与别人合伙开了一家物流公司，承接周边地区的物流业务。

（四）去千岛湖创业

虽然事业顺利、家庭稳定，但我并不满足于在销售岗位上一直干下去，我希望能找到一个合适的领域自己创业。我在家看电视的时候会看公共农村频道，里面有不少介绍种植、养殖新技术的节目。在我看来，节目中介绍的知识与技术比电视剧要有意思多了。尽管小时候家里也属于农村地区，我却没有真正下地干活的经验，可就是这些农业节目对我有着极大的吸引力。2011 年，我和朋友去千岛湖玩，看到大片靠山的土地都没有被开发，结合我之前看过的农业节目，一个想法在我脑中蹦出：为什么不利用千岛湖得天独厚的自然环境，在靠山地块发展蓝莓种植业呢？我把这个想法与朋友们一说，大家都觉得是个不错的主意。现在的人们越来越关注食品安全问题，大家都希望蔬菜和水果是安全的、有机的。如果能种植出让消费者放心的高品质蓝莓，建立自己的品牌形象，应该能受到消费者的欢迎。

回到杭州以后，承包山坡地种植蓝莓的想法始终在我脑中萦绕着。我和几个朋友开始了前期的市场调查，设计产品战略。为了进一步了解蓝莓种植技术，我们还赶赴江西的蓝莓种植基地考察学习，比较不同种植模式的优劣。蓝莓从种苗种植到最终果实收获大概需要三年的时间，包括承包土地、土质改良、管线铺设等前期投入就需要二三百万元，我和几个朋友虽然都比较看好蓝莓种植的前景，但对投资农业的风险还是非常地担忧。经过两个月的反复调查和讨论，我们5个人决定合伙投资蓝莓种植，大家平均出资，共担风险。

在最初考虑去千岛湖创业的时候，父母和妻子对我的想法都不太支持。父母觉得他们已经为家里赚了不少的钱，而且我的工作也比较稳定，收入也不错，没有必要跑去千岛湖冒险。同时，我太太觉得，我之前虽然经常出差，但也能时常回家照顾家人和孩子，但如果去千岛湖创业，可能就需要长时间待在那边不能回家。另外，家人觉得种植蓝梅的前几年都是只有投入没有产出，即便蓝莓产果以后，经济效益也不一定比现在的工作收入好太多。

我明白家人对我的担忧，但我还是觉得应该趁着自己年轻，尝试做自己觉得有意义的事。在看准了这个市场机会以后，我相信只要我们借助科学的种植技术和完善的市场营销，应该能打开一片属于我们的新天地。

2011年的初夏，我们与千岛湖当地签署了土地经营承包协议，开始兴建蓝莓种植基地。最初，我们承包了300亩山坡地，后来进一步扩大到了500亩。为了充分利用当地特殊的自然环境生产出高品质的蓝莓，我们还请了浙江省农业科学院的专家来指导我们的种植工作。为了让蓝莓种植摆脱暴雨、大雪等恶劣气候的影响，我们投资近80万元建造了全套的钢架大棚，结合滴灌技术，让我们的蓝莓种植真正做到"旱涝保收"。在蓝莓种植过程中，我们坚持安全、有机的宗旨，基地内一律使用有机肥料，除草也完全靠人工进行，不使用除草剂。

到现在为止，我们已经在蓝莓种植基地投资了近400万元，而直到去年，我们才小批量地收获了第一批蓝莓。但投入市场后，蓝梅的销售态势很好，获得了大概三四十万元的收入。蓝莓种植基地高水准的建设和维护也让我们在当地获得了较高的知名度，我们的蓝莓基地被评为县十佳龙头企业，我本人也当选为杭州市十佳创业青年。在2013 年 11 月的浙江省农业博览会上，我们作为杭州市农村青年兴业代表还受到了副省长的接见。良好的市场反响和政府的大力支持让我们对投资农业有了更大的信心。我相信在这片希望的田野上，一定能培植出我们美好的未来。

（五）梦想与乡愁

我最早是在用手机上网看新闻的时候了解到"中国梦"这个概念的。总的来说，我觉得"中国梦"的概念很亲民。我特别看重"中国梦"里关于民族振兴和人民幸福的内容：我们应该进一步增强民族自信心和自豪感，在不断追赶世界先进国家和民族的同时，创造出我们独有的精神财富；人民幸福不仅意味着让更多百姓在生活水平上有实际的提高，也意味着让更多社会成员能发挥自己的能力与特长，实现个人的梦想。

我自己的梦想除了有对事业有成和家庭幸福的美好期许外，还有对家乡未来发展的憧憬。儿时同村的伙伴里，有些人的事业已经小有所成，也有不少人还是在混日子。我们这一辈已经过了而立之年，大多已经结婚生子，有结婚早些的，孩子都已经上小学了。但老实说，大部分年轻人还没有真正属于自己的事业，全家老小靠房租过日子的也不少。我们上学的时候，村里的教育条件并不好，有一些同龄人上完初中就不上了，上大学的人也不多。等进入社会以后，在现在如此激烈的竞争中，比学历比不过城里人，比努力勤奋比不过外地人，村里很多年轻人找不到好工作，遭受几次挫折以后，又缩回了自己的家里。这十几年下来，年轻一辈里因为吸毒、赌博，或是借高利贷而妻离子散的败家子也出过几个。眼看着村里老一辈的年纪越来越大，我们这一辈需要挑起更重的担子，单凭大家的志气和干劲却难以负担。现在，村集体几个带头人已经注意到了这个问题，他们也在想方设法为村里的年轻人提供发展机会，包括为年轻人创业提供资金支持，为年轻人提供工作实习岗位。更重要的是，通过一些活动把大家的"魂"找回来，让大家能像过去不太富裕时那样敢于拼搏。从2008年以来，村里每年端午节都会举办规模盛大的龙舟大会，也是希望通过这种传统形式将奋进精神传承下去。

尽管这里的城中村改造还没有完全展开，可总有一天，农居点会被高楼大厦取代，我童年的故乡终究会淹没在钢筋水泥的森林里。但是我相信，只要我们将过去家乡的美好深埋在心里，让它成为我们不断前行的动力，故乡就能在我们每一个人身上播种、生长。

评点

随着市场化改革的不断深入，一些浮躁的社会心态也在青年人中传播——将财富作为衡量成功的主要标准，甚至是唯一的标准。但每一个人的生命都是丰富而多面的，健康、家庭，乃至自己所钟爱的事业，都是个人成功的重要来源。同样，增加财富也不应被作为人生的唯一梦想。

徐智辉就是这样一位不以财富为人生唯一梦想的青年。他主动放弃了在城市很有前景的销售经理岗位，转而去农村经营未来市场风险还很大的蓝莓种植业。这种选择对于从未做过一天农民的他来说，着实让人诧异。同样让人惊讶的是，在褒扬个体成功、强调个人价值的大环境下，他仍然对故乡怀抱着深沉的眷恋和忧思。但只要能理解浙江人开拓创新、敢为人先的精神气质，徐智辉所做出的选择就不会让人如此惊奇。

选择承包山地种植蓝莓，徐智辉和他的创业伙伴们是经过详细周密的调查后，认为有很大的市场潜力才做出决策的。当然，在一个新领域中创业可能面临着各种无法预料的困难与挑战。正如徐智辉讲述的那样，他们的父辈在创业之初一无所有，完全靠自己的敢闯敢拼积累了一定的财富。但如果他们这一辈人因为已经有一个相对安逸的生活工作环境，就放弃了父辈们的创业精神，那么这种"安逸"也持续不了多久。

父辈们都曾经是风华正茂的青年，而今天的青年也终将会老去。如果浙江的青年人在享受父辈们积累的物质条件的同时，不忘父辈们当初拼搏创业的精神，那么作为"中国梦""接力赛"的关键一棒，当代浙江青年必定能够承担重任，让我们共同梦想的彼岸变得更加清晰可见。

八 陈静：单身妈妈的育儿梦

陈静是一位时尚漂亮的女性，纤细的身材和白净的皮肤很难让人想到她已经是一个五岁女孩的妈妈。她的很多朋友都说她长得像广末凉子①。但在柔美的外表下，她却有着同龄女性少有的坚韧。这不仅是因为她是一名单身母亲，还因为她在工作谋生的同时，倾注了比大多数家长更多的时间和精力在对孩子的培养上。

（一）多梦的少女时代

我出生在一个非常有爱的家庭。虽然祖父、外祖父都曾是省里的高级干部，但我的父母都选择了非常普通的职业：爸爸是一名杂志编辑，妈妈是小学老师。在改革开放的头十几年，这两个职业都很受人

---

① 广末凉子，日本歌手、演员。

尊重，却没有太多实际利益。我的父母非常相爱，家里的生活也很有情调。儿时记忆中，尽管没有非常丰富的物质享受，但父母的包容和爱护让我可以尽情地做自己喜欢的事，发展多种兴趣。这让我养成了男孩子般的爽朗性格，没有怯懦和拘谨。

妈妈任教的小学是杭州数一数二的名牌小学，而我因为是教职工子女，所以也在这所小学上学。这是我童年时期为数不多的因父母而获得的特殊待遇。虽然在同一所学校里，但妈妈好像刻意避开了我所在的班级，我在小学六年的时间里，她从没担任过我的任课老师。而且她也从不向我的老师打招呼，要求给我特殊待遇。

我记得很清楚，在小学我从没担任过小队长以上的班干部，学习成绩也始终是中游水平。我的语文成绩还不错，但数学成绩一般。那时候，参加数学奥林匹克竞赛对报考外国语学校很有好处，而父母只让我学过一个学期的奥数，发现我没那个天赋以后就放弃了。总的来说，父母对我的要求并不严格，更多的是让我培养兴趣。

在艺术学习方面，从小父母就为我创造了很多其他孩子没有的条件。这固然有他们都是艺术爱好者的因素存在，同时，也因为他们认为学艺术对于培养女孩子的气质很有帮助。在我上小学之前，妈妈就带我去少年宫学过一段时间芭蕾舞，后来我又陆续学过绘画和钢琴。只是这些学习都没有持续太长时间，而父母并没有苛求我在某个方面出类拔萃，关键看我自己的兴趣。

在上小学三年级的时候，我开始学习小提琴。刚开始是每周上一次课，后来因为我感兴趣，每周增加到两次课。父母看我对学习小提琴挺热心的，就给我买了小提琴。这在当时是一笔不小的支出。其实我一直都很喜欢音乐，之前学习钢琴，因为年纪小不懂事，不肯下苦功夫练习，加上家里也没有钢琴，就没坚持下来。而在学习小提琴的过程中，我逐渐体会到不同于其他学习的成就感。从只能拉出几个音，到能拉出简单的练习曲，再到能娴熟地演奏各种名曲，我的小提琴演奏水平就在日积月累的练习中不断提高。

小学毕业后，我就直接升入了学区对应的普通初中。那时候小升初对学籍的管理还不是非常严格，班上不少同学的家长都托关系，让孩子去了重点中学。凭借父母在教育系统的人脉，我进入重点中学也并非不可能。但父母觉得我的学习成绩处于中游水平，即便勉强进入重点中学，也不一定能跟得上。

我初中时的学习成绩也不是很优秀，以我的平时成绩至多能考上普通高中，未来考上好大学的希望不大。中考之前，在和父母反复商量以后，我决定报考艺校。考试前，我在精心练习小提琴技巧的同时，又特别准备了几首钢琴曲子。最终，由于我的艺术成绩和文化课成绩都非常突出，我没有太大意外地被艺校录取了。

在艺校的三年时间里，我还是爱玩爱闹，但专业和文化课程都没落下。父母非常希望我上大学，对我未来的发展也进行了认真规划。我的音乐表演技艺虽然在同学中处于中上水平，但与那些真正具有天赋、能够成为大家的人相比还是有很大差距。所以在很早的时候，我就把目标定为综合性大学里的音乐专业，而不是专门的音乐学院。艺校毕业后，我顺利地考上了本地的师范大学，专业是音乐表演。

（二）甜蜜的爱情与婚姻

大学二年级的时候，在一次与外校同学的联谊中，我认识了我的男朋友。他在另一所大学里学设计，也算是半个搞艺术的。他是温州人，是个非常阳光帅气的男生。一开始我们只是普通朋友，一两周聚会一次。后来接触多了，我逐渐被他的体贴和聪慧所吸引，于是在圣诞节前，我接受了他的表白，我们就在一起了。

之后，我们的关系一直非常稳定。那时候，我利用课余时间在咖啡厅和高档酒店里表演小提琴和钢琴，而男朋友为他的亲戚打工，做一些设计工作。我们都是非常喜欢玩的人，把打工赚来的这些钱都花在约会和旅游上了。人们常说，一起旅游最能真实地发现旅伴身上的优缺点，而在男朋友和我一起旅游和游戏时，总是能非常细心地关注我的感受，对我的照顾无微不至。记得有一次，我们去游乐园玩，一起乘坐的游艺机突然发生了故障，差点把我们甩出去，好在最后有惊无险。当时，男朋友紧紧拽住我，安慰我说，就算我们掉下去，他也会给我当肉垫，不让我受伤。这件事让我非常感动，我认定这个男人是可以托付一生的人。

我们在大学毕业前都见过了彼此的父母，相互得到了对方家长的认可。大学毕业后，我进了一所民办小学当音乐老师，男朋友则在他亲戚的公司里上班。男朋友家里本来希望他大学毕业后回温州，但他为了我坚持留在了杭州。

男朋友很有头脑，干活也很勤快，但刚工作时，一个月收入也只有 3000 多元。这点收入并不足以让我们在杭州安定下来，但他还是非常努力。在积累了一些经验和人脉以后，他承担了一些大的设计项目，收入也有了很大的提高。2006 年，我们在杭州结了婚。当时的婚房是租来的，结婚三年后我们才在杭州买了期房。婚后生活不免有一些磕磕绊绊，但我们一直相互支持，日子也过得红红火火。

2009 年春天，我们的女儿出生了。丈夫在女儿出生后开心得不得了，一回家就逗孩子，抱起她来怎么也不肯放下。他说女儿集中了我们五官上的优点，所以特别漂亮，有当童星的潜质。

有了孩子以后，家里的事陡然增多，非常需要人手。但我妈妈年纪比较大，身体也不太好，丈夫的父母又都在温州，帮不上忙。所以，从我女儿出生到她两岁半上托班，我们一直是雇请保姆照看孩子、料理家务。丈夫在工作上的努力，让我们的生活变得更加宽裕，基本上每年能有三四十万元的收入，因此我们不需要为家庭琐事而费心。随着孩子慢慢长大，家里的生活也蒸蒸日上。

（三）突如其来的打击

女儿上幼儿园以后，我们就不再雇请全职保姆，而是雇佣钟点工来打扫房间、准备晚餐。我总算在照顾女儿之余有了一些时间，可以做一些自己想做的事。之前因为朋友的推荐，我带女儿上过一年多的婴幼儿早教课程，我觉得早教市场在杭州有很大的发展空间。我的一位大学同学，毕业后开办了一个幼儿培训机构。几年发展下来，她的培训机构每年能有近百万元的收入。受她影响，我也开始认真考虑，筹划进入早教行业。

我当时比较看好上海的一个早教培训项目，他们有非常成熟的培训课程和管理开发团队。我在三个月时间里去了上海十几趟，向这家公司详细了解了加盟的各项事宜，也把上海的几家加盟店都跑了一遍。我丈夫非常支持我的想法，也愿意在资金上全力支持我创业。为了寻找开加盟店的地方，我在杭州城东联系了几家房地产中介，但一直没有找到地段好、房型比较合适的地点。另外，我对加盟这个项目所需的前期投入及后续资金进行了全面核算，一年下来大约需要三四百万元，而以我们家当时的经济条件，需要借贷一大笔钱。而且这个早教项目之前在杭州已经开了两家加盟店，运营情况不是非常理想，总部也无意在杭州继续开新店。考虑到这么多的因素，我最终没有做这个项目。

正在我继续寻找可能的创业机会的时候，一场意想不到的事故，把我们这个小家庭的生活彻底搅乱了。我丈夫在一次出差中突遭意外，生命的时钟永远停在了 30 岁。突如其来的打击让我在很长的一段时间里，都无法接受丈夫已然身故的事实。在处理丈夫的后事时，我感觉自己的灵魂就像被抽空了一样，别人和我说话我要很长时间才能反应过来。更令我更接受不了的是，丈夫的父母在事故发生以后并没有安慰我和女儿，反而早早地提出了分配遗产。我虽然知道他们一直对丈夫留在杭州工作不满，但没想到他们对我和女儿竟然如此绝情。与他们谈判之后，我和女儿获得了之前购买的期房的所有权，而他们拿走了大部分的事故赔偿金，作为他们的养老所需。事实上，丈夫的父母并不是没有积蓄，我感觉他们是想彻底割断与我这个儿媳妇，以及他们的孙女之间的联系。

丈夫的身故，不仅在情感上给了我巨大的打击，也让我重新思考了自己的人生。丈夫在世时，我觉得自己有依靠，能够自由选择想做的事。丈夫身故后，我明白，我只能靠自己的努力，让自己和女儿过得更好。

为了赚钱，我辞去了在民办小学的工作，与几家音乐培训机构签约，做专职的小提琴培训老师。我不仅在这些培训学校里教课，还为一些孩子提供上门教学。看到我在外辛苦奔波，我的父母非常心疼，他们搬来和我们一起住，帮我照看女儿。看到满头白发、身体多病的他们如此辛苦地付出，我在感激的同时，从不在他们面前表现出疲惫和伤感——我要用积极乐观的态度去感染他们和女儿。

（四）选择童星之路

丈夫过世之前，我们对女儿的规划就是让她尽情地享受童年，做她自己喜欢的事。我丈夫常说，他会努力赚钱，让女儿当上"富二代"，不为生活发愁。但丈夫过世以后，女儿失去了父亲这个依靠，我希望她能学会更多的才艺和本领，更早懂事自立，以后靠自己闯出一片天地。

女儿4岁的时候，我带她参加了少儿模特培训班。她的五官和身材在同龄孩子里算是比较出色的，培训老师在对她身体各部位的比例，以及动作协调性进行评估以后，认为她是一个好苗子。在外人看来，少儿模特就是一群小孩子在T型台上走走笑笑，摆出各种动作。我之前也是这么认为的，但是，在女儿接受系统的模特培训后了解到，少儿模特其实需要很多的基础训练。孩子在身高长到120公分以前就需要开始培训，并且每天要练习站姿，使身材更为挺拔。

培训一段时间后，培训班的老师建议我带女儿参加一些少儿模特的比赛。于是，我先给女儿报名参加了一个杭州市的比赛。因为此前没有参赛的经验，我们准备得也不是很充分，女儿在台上表现得有些拘谨，没有获得太好的成绩。但比赛后，女儿对于参加比赛还是非常高兴的，也希望能继续参加类似的比赛。从此，我便开始关注各类比赛的消息，并打听比赛的细节信息，帮助女儿做更充分的准备。

2013年年底，女儿参加了华东地区的一个少儿才艺比赛。浙江片区的初赛在杭州举行，女儿从幼儿组上百名参赛选手中脱颖而出，取得了"十佳"的好成绩，并获得了参加决赛的资格。半个月后，女儿在上海参加了决赛。虽然最后没能获奖，但参加大型比赛的经历让女儿见识了更多优秀的专业选手、增加了自信心。2014年2月，女儿参加了一项全国性的少儿模特比赛，在杭州赛区进了前三名。在北京的决赛中，女儿凭借其沉着的台风和优异的表现，获得了舞台风采银奖，并进入全国童模"三十强"。

随着参加的比赛和表演活动越来越多，我慢慢摸出了一些门道。一般来说，由培训机构或者地方媒体举办的少儿才艺比赛，往往会有内定的优胜选手，主办方是希望借助比赛，进一步提升这些选手的知名度。而全国性的大赛相对来说更加公平，评价标准也更为专业。另外，也有一些由幼儿服装或婴幼儿用品品牌赞助的活动，虽然不够专业，但有机会被这些品牌录用为专职模特，参加一系列的宣传活动。

在几次少儿模特比赛中取得了不错的名次后，女儿在本地的幼儿才艺表演界也有了一定的知名度。2014 年 3 月份以来，她参加了近十个品牌的商业走秀活动，还在电视台的少儿频道里多次出镜。拍摄广告和参加走秀表演虽然会有一定的报酬，但我更看重的是，女儿在一次次的表演活动中磨炼了自己，变得更加自信了。

丈夫过世后不久，我就坦白地告诉女儿爸爸已经死了，不会再回来了。那时候女儿还不太能理解死亡的含义，只是对见不到爸爸感到非常难过。丈夫去世近两年了，女儿对此已经比较坦然，"每个人都会死，以后外婆也会死，妈妈也会死，没有人会例外"，在我们死后，她自己一个人也会坚强地活下去。她在一次次的比赛和活动中变得更加成熟了。在偶尔谈起爸爸的时候，女儿虽然会有点难过，但不会特别伤心。我想，我们家在丈夫过世以后，已经真正挺过来了。

（五）梦想与生活仍会继续

我平时不太看电视，开车的时候也总是听音乐，不太听广播，所以对时事新闻了解得很少。我最早是在我任教的音乐培训学校的自制海报上看到"中国梦"的。海报以"中国梦·我们的梦"为题，贴了许多孩子的照片，并把他们的梦想一一记录了下来。这些孩子中有几个是我的学生，看着他们一个个畅谈自己的梦想，我仿佛看见了自己小时候的影子。

对我来说，直接感受到"国家富强，人民幸福"是在我和家人去韩国和日本旅游时。我们到商场购物的时候都会有能说普通话的营业员来接待，显然中国游客更受当地人的重视。很多同行的中国游客也的确出手阔绰，购买了不少价值不菲的商品。暂且不说这样做是否有"暴发户"的嫌疑，至少中国人的钱包在不断鼓起来也是事实。在我的小提琴学生中，有不少都有去国外上大学的计划，甚至有的孩子小学或者初中毕业就出国留学了。这都是我们这代人以前无法想象的。

在丈夫过世后，我有一段时间非常消沉，觉得过去的各种梦想都无法实现了，每天只是在机械地重复同样的事情。但自从女儿开始参加模特培训，我的生活在忙碌的同时多了一些期盼和惊喜。看着女儿一天天长大，在外面的表现越发精彩，在家里也越发懂事，我渐渐明白，生活仍将继续，梦想也是如此。

我并不像有的家长那样，强行把自己的想法灌输给子女。女儿有充满各种可能性的未来，我能给予她的只是她在实现自己梦想过程中可能需要的帮助。在养育女儿之外，我也有属于自己的生活和梦想。我经常与朋友一起喝茶聊天，一起去旅游，也渴望自己能再次遇到一个阳光体贴的爱人，让生命变得更丰富。我会尽自己所能，帮助女儿在未来的成长中实现自己的梦想，不让她失望，就像我的父母从未让我失望过一样。

评点

人生的道路不会总是一帆风顺，青年人在成长过程中难免遇到坎坷，遭受挫折。但像陈静这样，在自己还很年轻、女儿还很小的时候就遭遇了丈夫的突然离世，如此巨大的打击在青年人中是非常少有的。对一个人来说，父母的离世代表失去了过去，孩子的离世代表失去了未来，而伴侣的离世代表失去了现在。在陈静过去的成长历程中，无论是家庭环境还是学习工作，她都是在一条平滑顺利的轨道上慢慢前进。如果丈夫没有发生意外，她或许已经开始自己的创业之旅。然而，突如其来的打击，让她不得不跳出这条轨道，为了孩子，也为了自己，她需要去闯出一番新天地。

随着社会的进步以及各种竞争的日趋激烈，当代青年家长会比父辈们更加用心地注重孩子的培养。这不仅需要花费大量的金钱，还需要投入大量的时间。对于失去丈夫的陈静来说，能够用于培养孩子的金钱和时间必然比普通家庭更为有限，而她为自己的女儿所规划设计的童星之路，显然比一般的培养方式要付出更多。而她之所以能做出这样的选择，除了自身内心坚韧，更重要的是，这为她的家庭带来了梦想与希望。

梦想就像无尽黑夜中的启明星，让人看到光明和希望。也许在旁人看来，陈静的父母身体状况不太好，不能给予她太多帮助；陈静作为一位单身母亲，收入也难有很大提升，想再寻找一个合适的伴侣也有一定困难；女儿虽然已经在儿童模特领域有一定知名度，但想在童星之路上继续走下去，也还有很多未知数。但对陈静的家庭来说，女儿参加一次次少儿表演比赛所取得的成绩，是这个家庭能够继续支撑下去的最重要的寄托——陈静的育儿梦就是这个家庭最大的梦想。

在凝聚青年力量实现"中国梦"的道路上，肯定会有青年遇到各种各样的挫折，但"中国梦"也能给这些正在经历坎坷的青年人带来克服困难的精神动力，以及寻找美好未来的乐观情绪。在青年工作中，除了要及时发现遭遇各种困难的青年人，给予他们必要的物质帮助，更重要的是引导青年人形成战胜困难的信心，保持对未来的美好向往，让所有青年人都能在追逐梦想的过程中，激发青春的正能量。

九　瑞恩：追逐音乐梦想的青年

第一次遇见瑞恩的人，不太会相信这个阳光直率的大男孩已经快到而立之年。在他身上完全看不到同龄人常有的踌躇与拘束，扑面而来的是发自内心的毫不做作的亲和力。但了解瑞恩的人能够感受到，其实这个爱玩爱闹、喜欢扮帅、喜欢赛车的年轻人身上有着超越常人的韧性与坚持。他热爱音乐，始终没有放弃自己音乐梦想。作为一名在本地小有名气的"80后"歌手，瑞恩还有一个更大的梦想，就是把带有自己风格特色的音乐带给更多的听众。

（一）家庭熏陶

我出生在浙北小城的一个普通家庭里。由于父亲很早就下海经商，我们是周边第一批盖起三层小楼的小康之家。我从小和父母与祖父母住在一起，而姑姑大伯也经常过来做客，家里总是热热闹闹的。妈妈告诉我，她在怀着我的时候，就经常听音乐。肚子里的我就像是能听懂一样，一到这个时候就不踢不闹了。我小时候是个"调皮大王"，奶奶常常说我是个"小活狲"①，没有三分钟可以安静的，但只要坐在家里"体积庞大"的双卡录音机面前，我就能安静下来，认真地听着播放的歌曲。从五六岁开始，我就会自己放磁带了，但我听的不是儿歌，而是流行歌曲。印象中，那时候好像很少有儿童歌曲的磁带，更容易得到的是各种港台流行歌曲的磁带。在睡觉前，一定要妈妈放一段流行歌曲我才肯睡。直至今日我还记得，费翔的《冬天里的一把火》和童安格的《耶利亚女郎》是我儿时经常模仿跟唱的流行歌曲。

我的家人都是音乐爱好者，在唱歌方面也各有两把刷子。奶奶的越剧唱得非常有腔调，她经常和周围的一群老阿姨们唱越剧《红楼梦》《梁祝》的一些经典选段。在"天上掉下个林妹妹"的咿咿呀呀中，我慢慢感受到本土传统音乐的深厚底蕴，这也成为我后来许多作

---

① 当地方言，指小孩调皮得像猴子一样。

品的灵感来源。妈妈有着天生的"金嗓子"，无论是唱《唱支山歌给党听》《北京的金山上》这样的红色经典歌曲，还是唱邓丽君的一些经典情歌，她总是能够将歌曲中打动人心的元素表现出来。相比之下，爸爸虽然嗓音不怎么样，但有高超的唱功，那时候他能把蒋大为的《在那桃花盛开的地方》模仿得惟妙惟肖。后来有一次，我跟着父母还有姑姑大伯一起去唱卡拉 OK 时被深深折服，原来他们个个都是唱歌高手。在这种家庭环境的影响下，音乐的种子很早就在我的内心深处生根发芽。

（二）初露锋芒

虽然在很小的时候，音乐就已经成为我特别的爱好，但在那个时代，大人们总是说，"学好数理化，走遍天下都不怕"，要我把课业摆在第一位。在当时父母和爷爷奶奶的期望中，我应该像大多数同龄人一样，好好学习，将来考个好大学。他们从来没有想过要把我培养成一名专业歌手。

中考过后，我升入了本地一所以英语教育为特色的高中。在这里，我遇到了一位改变我人生走向的老师，她就是教我英语的徐老师。虽然我的英语成绩一般，但徐老师生动活泼的教学方法让我非常喜欢她的课。不久后，我和她就成为无话不谈的好朋友。在她那里我听到了很多当时特别流行的英文歌曲。她告诉我学唱英文歌曲是培养英文语感的一个有效途径，于是我开始学着模仿一些节奏比较劲爆的英文歌曲，让英文这一原本并不熟悉的语言在我嘴巴里变成旋律唱出来。徐老师听了我唱英文歌以后，特别惊讶于我不俗的唱功和天生的好嗓子，她积极鼓励我在唱歌方面更多地发挥自己的天赋。在她的教导和帮助下，我不仅英语成绩有了很大提高，唱英文歌的水平也日渐提升。

高一的元旦文艺会演上，我在全校师生面前演唱了 NEXT 的《Too

Close》，新奇的歌曲风格加上我自己编排的几个街舞动作，使我的节目在同学中获得了热烈反响，我一下子成了我们学校里的"明星"。从那以后，学校里无论大小演出都会安排我登台表演，我还和学校里几个志同道合的同学成立了一个组合，经常在一起排练、演出节目。每当演出的时候，我们的街舞表演，加上我唱的英文歌，经常能让台下的观众，尤其是一些小女生发出尖叫。表演结束后，会有很多低年级的同学跑来向我要签名。我在学校里的名气越来越大，在校园里经常会有不太认识的同学向我打招呼，甚至直接找我要签名。

可以说，从那时起，我就已经真正开始了我的歌唱生涯。我不断地参加比赛，也曾取得很不错的成绩。先是获得了全市"十大校园歌手"的称号，后来又在市电视台组织的歌手大赛中获得了二等奖。这段经历让我对我的目标越来越清晰，我想要在唱歌方面寻找自己的未来。

（三）少年成名

虽然高中时代为我从事歌唱事业打开了一扇窗，但就像其他同学一样，我也必须面对严峻的高考。高三那一年里，我很少有时间参加各种表演，只能老老实实地看书复习。我也有过考音乐学院的想法，但一方面，家里人并不支持，另一方面，我也觉得唱流行歌曲并不一定要是科班出身，许多歌手都是其他专业出身。

2003 年，我考上了杭州的一所大学，学的是工科。在刚进入大学的一段时间里，我不知道应该如何继续我的音乐梦想。脑海里经常会浮现一些让我很迷惘的问题——在这里我能找到属于自己的舞台吗？老师和同学会喜欢我唱的歌吗？

在经过了一个学期的适应后，我真切地感受到，大学给我提供了更多的机会和更大的舞台。在大一下学期的时候，我通过竞选成为所在学院的文艺骨干，并当选了院学生会的文艺部部长。在院文艺部这个平台上，我不仅接触到了更多爱好文艺的同龄人，也找到了通往音乐梦想的入口。大一的期末，全校要搞文艺晚会，在校团委对预选节目的审核中，我的节目脱颖而出。在这次审核中，我认识了我的伯乐，校团委的蔡老师。蔡老师非常喜欢我的歌唱风格和舞台表演，也对我阳光直率的个人气质非常欣赏。在看完我的节目后，他就和其他老师商量把我的节目安排在整场演出的压轴位置，这对一名大一的学生来说，是非常少见的。在此之后，蔡老师还经常帮我介绍各类表演机会。如果没有蔡老师给予我机会，我可能现在还在到处碰壁，是蔡老师让我的歌唱梦想得以继续，也让我获得了更多的自信。要知道，对于向往唱歌的青年人来说，除了实力，最重要的就是机遇。有了机遇，你将会拥有更大的舞台，从而更快地获得成功。每次站在学校大礼堂的舞台上，面对上千名的老师和同学，我心里的喜悦无以言说，只能用自己的歌声来回报大家对我的帮助和支持。每当此时，我深深地感到，那些歌手在表演和获奖之后对评委和观众的那些感谢之辞，并非只是做作和客套。

在大学里，我面临着如何平衡学业和唱歌的问题。尤其在大一的那段时间里，我必须学好高等数学、应用物理等基础课程，而这些课程都需要投入大量时间和精力。好在专业课老师给予了我很多的支持和宽容，我也适当地投入时间进行学习，基本上顺利通过了这些课程。而本系的同学，尤其是我同寝室的同学对我的理解和关心更是让我感到亲人一般的温暖，也使我能在音乐之路上更好地走下去。

因为我的英语成绩很突出，而原本学的工科专业和我的兴趣相去甚远，所以我在大二的时候向学校申请转专业，进入英语系学习。在新的专业学习中，我感到更加适应，也有了更多的时间投入演唱训练。在英语系，我遇到了我的口语外教，瑞克。瑞克的年龄不比我大几岁，而且也非常喜欢唱歌，还很擅长写歌，我们两个在一起能够很好地进行双人合唱，他使我在唱英文歌时的发音更加地道，也能更娴熟地掌握运气和重读的技巧。同瑞克的相遇真是一种缘分，我从他那里学到的不仅仅是口语，同时，也让我更加自信地去演唱英文歌曲，而不是一味地模仿。

在后来的一年多时间中，我先后参加了杭州、上海的多项音乐赛事，甚至是全国性的比赛，都获得了不俗的成绩。我的朋友们说我已经不单是校园歌手，而且是比赛型歌手，无论什么赛事，总能让评委相中。我觉得这说明我的歌唱实力得到越来越多人的肯定，也让我有更多的自信坚持走追求音乐梦想的道路。在这些比赛和演出中，我不仅有了与周杰伦这样的超级巨星同台表演的机会，学到了许多音乐方面的专业知识，也领悟到很多的做人道理。

真正让我的歌唱事业走出校园、走出浙江的，是我参加的中央电视台举办的歌手选秀比赛。比赛的初赛是在一个球场里进行的，当时人山人海，有六七千名选手报名，凭着对英文歌曲的娴熟演唱，我通过了初赛。最初，我的目标只是进入 40 强，没想到最终却晋级总决赛，成为男十强选手之一。在北京进行全封闭训练的那段时间里，我已经达到了忘我的状态，对最终能获得什么名次已经不太在意，而是更珍惜这样一个能在全国观众面前充分展示自我的表演机会。这次的参赛经历不仅让我的歌唱事业迈上了新的台阶，也使我被北京的一家知名娱乐公司相中，成为签约歌手。

（四）走出选秀

从北京比赛完回到学校以后，我并没有太多变化，大多时候还是穿着一件 T 恤衫、牛仔裤，骑着赛车在校园里穿行。虽然平时要忙着出专辑和参加演出，还要练琴、学舞蹈、写歌曲，但在学业方面我也没有落下，并顺利毕业。现在尽管已经毕业几年了，回想起大学时光，我还是由衷地感谢老师和同学们对我的理解和支持。

从选秀歌手转变为专业歌手是一个艰苦的过程。我所参加的央视选秀节目对选手的宣传非常有限，很少有选手合作宣传的活动。相比之下，同一时期的"东方卫视"对自己旗下的"好男儿""我型我秀"等选秀节目进行了"狂轰滥炸"般的广告宣传，更不用说"湖南卫视"对"超女"和"快男"的宣传投入了。我非常希望可以与总决赛时的选手们一起进行一些宣传活动，毕竟选手是从全国近十万人的海选中选出来的，实力应该比地方台的选手更强。而且对选秀歌手进行趁热打铁似的品牌宣传、新歌推广至关重要，歌手即便是很有实力，但缺乏人气也会在一定程度上阻碍其发展。因此，我必须一边努力做音乐，一边兼顾宣传。

比赛结束后，我一直没有放松对音乐的追求。在经纪人的指导下，专心创作音乐。公司也对我的培养和发展倾尽全力，不仅安排专业的作词作曲老师为我量身定做歌曲，还邀请香港的知名艺人和专业制作团队与我合作。这使我的几首新歌延续了我原有的风格的同时，加入了很多新鲜的流行元素。

随着年龄的增长、个人经历的丰富，我更加能理解和把握歌曲中蕴含的情感元素。过去我非常喜欢周杰伦的歌，随着自己的成熟，逐渐能够敏感地体会周杰伦的歌中伤感的部分，甚至有时会在不知不觉中热泪盈眶。我总觉得人首先要感动自己才能感动别人，而这些对情感体会的加深能让我对自己的情歌处理得更好。

为了提高自己的媒体曝光率，在接下来的几年中我又参加了几次选秀类的演唱比赛。有些比赛我获得了不错的成绩，有些比赛的结果却不尽如人意。英文歌曲、Hip Hop 风格是我的强项，我的音域很广，高音低音都不在话下。很多专业评委都称赞我的声音很纯粹，有穿透力，但是想成为一个专业艺人就必须拓宽个人的风格领域。另外，虽然在各个高校的演出场场出现火爆场面，我也有很多中学生和大学生的粉丝，可如何让我的歌曲能够在更广泛的听众群体中引起反响，是我长久以来希望实现的个人突破。我希望能通过进一步发挥我的创作才能，写出一些既有我个人风格，又能受到大家喜爱的歌曲，让自己真正实现从一个选秀歌手向创作型歌手的转变。

最近这几年，我时常会在各个地方电视台的文艺演出中表演节目，也参加了不少商业演出。由于我在本地已经小有名气，一些歌唱比赛和选秀类节目开始邀请我去担任评委。站在过来人的角度，看着节目里更加年轻的面孔，我觉得当年的自己是非常幸运的——经常是报名参加比赛后，就一路过关斩将，糊里糊涂地就进入决赛。对年轻人来说，能尽早成名是一件幸运的事，但如何在小有成就后继续坚持自己对音乐的梦想，不断提升自己的水平是更加需要警醒的事情。

（五）音乐追梦人

我是在开车听收音机的时候第一次听说"中国梦"的。当时我特别有感触："中国梦"不正是在我们一代代青年人追求个人梦想的过程中实现的吗？回想自己这十几年来的经历，我觉得自己一直在努力追求着音乐梦想，不论是在万千观众喝彩的舞台上，还是自己一个人默默练歌、写歌、练舞、弹琴的时候，我都能真切地感受到自己在实现梦想的道路上不断前进。即便在追求梦想的道路上遇到一些坎坷和挫折，我也绝对不会放弃，这既是对自己过去不断努力的回应，也是对一路上坚定支持我的朋友、粉丝和家人的回报。

记得几年前有次参加歌唱比赛，我因为忙于排练，没有时间吃饭，匆匆忙忙地吞下了一个面包，也没注意面包的保质期，不久就肚子难受、浑身发抖、没有一点力气。即便是这样，我在医院匆匆挂了盐水之后还是回到了排练场地，准备演出。尽管最终没能取得理想的名次，但我对当时的决定没有丝毫悔意。因为持续的排练和超量的运动，最近这几年我的腰部肌肉一直有点问题，除了在 2011 年休养了两个月以外，我一直没有停下手头的工作，在各地的演出和比赛活动中奔波。我的粉丝和观众们更多看到的是我在舞台上洒脱的演出，实际上我为了能追求更完美的效果，一直在努力。

在过去十年里，各类选秀节目无疑是速度最快、门槛最低的"明星制造工厂"。每年都会有一批新的选秀歌手登上各类排行榜，也有一些人能够在娱乐圈崭露头角。但在如过江之鲫的选秀大军中，真正能像张靓颖、李宇春那样，能被观众记住、持续活跃在大众视野中的成功者凤毛麟角。很多一赛成名的歌手，在当时也许万众瞩目，但过不了多长时间就会被大家所遗忘，很多人面临无新歌可唱，无唱片可发的尴尬局面。在我认识的选秀歌手中，有不少人已经黯然离开了自己曾经无限向往的演艺圈，从事其他行当，而选择留下的人也走得非常辛苦。现在，越来越多的"90后"也加入到选秀比赛中来，希望能通过比赛一夜成名。但各种选秀生产出来的歌手艺人太多，市场根本无法消化，因此，大多数奔波于各种选秀比赛的青年人的生存状况非常差。在选秀的过程中，消耗的只有青年人的青春和梦想。

虽然我也是从选秀节目中走出的歌手，但这几年的经历已经让我在对音乐梦想的追求上变得更加踏实。我不再对通过参加比赛而突然成名有过高的期望，我只想好好地通过做自己喜欢的音乐，让更多的观众能够认同接受我特有的风格，看到我不断的努力——这就是我纯粹、本真的音乐梦想。我想，无论是从事哪个行业的年轻人，都应该在努力做好自己本职工作的基础上，尽可能地发挥自己的才能和潜力，这样我们的"中国梦"才能真正得以实现。

评点

与同龄人相比，瑞恩在音乐道路上取得的成绩非常突出，而在这些优秀成绩的背后是他对音乐的执着和不懈的努力。虽然像瑞恩这样在少年时就展现出艺术方面的天赋并取得一定的成绩者不乏其人，但能够在成年后仍然保持对艺术的热爱，并以此为业者着实凤毛麟角。大多数同龄人往往在遇到一些挫折和困难之后，就放弃了梦想。瑞恩却选择一直坚持下来，即便随着年龄的增长，他更加清晰地了解当前国内音乐界的竞争是何等激烈、成名是何等困难，他还是不断地打磨、提升自己的实力，执着地等待机会的到来。

对瑞恩来说，"中国梦"最能引起他共鸣的地方就是对个人奋斗的肯定。在某种程度上看，这体现出青年人能够将"实现中华民族伟大复兴"的宏大目标与追求个人梦想的成功的信念相互比照，获得克服困难、不断奋进的勇气。而这些青年人身上洋溢的锐气与朝气，也会使我们每一个人获得鼓舞与感召。

作为一个曾经的"选秀歌手"，瑞恩对十余年来娱乐圈各类选秀节目的感想，也让我们看到了曾经红遍大江南北的这类活动的另一面。在近乎于全民动员的海选和短信投票等运作模式下，每年都会有数位青年歌手在数万，甚至数十万的参赛者中脱颖而出。为了达到更好的宣传效果，提升比赛的价值，选秀节目也往往会用青年人追求梦想的励志故事作为卖点，为无数青年人编织"一夜成名"的美好梦想。但数年过后，在选秀中成名的歌手还能被人们记住的寥寥无几。在今天，选秀节目已经很难再达到当年万人空巷的效果。部分原因是，观众们很难再被千篇一律的"励志故事"感动，很多青年人也不愿意成为娱乐圈的"廉价消耗品"。

对青年人而言，通往成功的道路是多样的。一个好的社会能够让青年人无论拥有何种梦想，都能得到正确的指引和适合其发展的机会。而在商业利益推动下，过度娱乐化的选秀节目无疑轻视了可能在青少年中引发的社会影响，对主流价值观造成了冲击。在"中国梦"的宣传教育活动中，需要将"中国梦"的美好未来与达致美好未来所必须付出的艰辛努力放在同等重要的位置。唯有这样，青年人才能在脚踏实地的努力奋斗中品尝成功的喜悦，而不是在幻想"一夜成名"中轻视和逃避追求梦想所必须付出的辛勤和努力。

十　郑晟：梦想也有浮沉

与有些已经开始大腹便便的同龄人相比，郑晟的身材非常清瘦，脸色也有些灰白。笔者曾经在路上遇到过郑晟一次，那时候，他正骑着他那辆半旧的折叠自行车从公园健身回来。郑晟是城市中尼特族①的一员。自辞去上一份工作起，他已经在家待了整整三年。即便如此，郑晟对周边正在发生的事仍保持着敏锐的观察力，也对各类社会现象有自己独特的思考。

（一）少年时的科技梦

我出生在杭州的一个既普通，又不普通的家庭中。说普通，是因为父母并非大富大贵；说不普通，是因为我出生的时候，我的父亲已经45岁了，而那时，我的母亲才25岁。对于过去的事情，父亲没有提过太多，他是个非常严谨的人，不太爱闲聊，这可能与他的工作性质有关。父亲一直在他们单位的图书馆工作，在他52岁那年成为这家

---

① 尼特族的称谓来源于英文 NEET，全称 Not in Employment, Education or Training，是指一些不升学、不就业、不进修或不参加就业辅导，终日无所事事的青年族群。

只有 3 名工作人员的图书馆馆长，之后一直干到退休。

我小时候对科技发明和手工制作特别感兴趣，经常在父亲的图书馆里找相关的杂志看。记得上小学的时候，有个小杂志叫《少年科学》，这个杂志每一期的中缝都会有一张可以做飞机模型的硬卡纸。有一次我偷偷地把父亲图书馆里这本杂志里的中缝撕走，做了一个飞机模型，父亲发现以后，非常严厉地批评了我。之前，父亲从没有对我发过这么大的脾气，但当知道我是因为喜欢这本杂志里的飞机模型后，他用自己的工资为我订了全年的《少年科学》杂志。

小学的时候，我的成绩属于中等水平，语文、数学的成绩都一般。但我对自然课特别有兴趣，从小学四年级开设自然课以后，我一直在班里当自然课课代表。我想那时老师应该也认为我是一个"偏"才，有什么科技活动都会让我去参加。

进入初中以后，我的成绩仍然不上不下，虽然我的物理成绩在班里也算是比较优秀的，但相比于那些参加物理奥林匹克竞赛的同学还是差一些。记得那时的周末，一些成绩比较好的同学都会去上各个学科的竞赛辅导班，而我则把更多时间花在了看电视和玩上面。因为我爸爸的工资不高，妈妈的工作又不稳定，所以家里的经济算是比较拮据的。我每个星期只有几块钱的零花钱，还没有有的同学一天的零花钱多。即便如此，我还是把钱攒起来买一些拼装模型来玩，玩模型成为我和学校同学聊得最多的话题。

我家原来在市中心的二层老宅里，那里在我小学五年级的时候拆迁了。因为是原拆原回，所以我们全家在外面条件简陋的过渡房里住了三年。等到我初二的时候总算搬回了在原来住的地方新建的多层住宅。我家分到了一套 50 多平方米的房子，为了让家更舒适一些，爸爸把多年的积蓄都拿出来装修。即便这样，家里的装修也只能算是普通水准。

初三要准备中考的时候，班里几个成绩比较差的同学很早就被劝说放弃中考，直接上中专或技校了。以我的成绩是既有可能考上普通高中，也有可能考上职业高中，所以老师也来向我征求过意见，但我还是想上普通高中，因为这样才有机会上大学。

（二）迷惘的青春期

在中考填志愿的时候，我选择了一所普通高中作为第一志愿。而我的中考成绩与之前的模拟考没有太大的变化，所以毫无意外地上了这所中学。

在高中期间，我的成绩在班级里基本保持在中游，有些时候也会有所波动。我觉得那时的我还是太贪玩了，班里的学习氛围也不是很好，同学们对未来也都没有明确的目标。而且，我们这所高中以前的升学率也不太理想，大概只有三四成的毕业生能够考上本科或大专。

那时候，我的物理成绩比较好，英语成绩一般，数学和化学的成绩比较差。到了高三的时候，学校对我们的管理变得很严格，我却因为觉得压力大，反而有种想逃避的心态，对学业也不是特别用心。

高三的时候，我父亲得了癌症，需要立即进行手术。这对我的学习和生活产生了很大影响。差不多一年的时间里，父亲都在住院，母亲整天在医院照顾父亲，基本不回家。我必须自己照顾自己，一个人买菜、做饭、打扫家里卫生。周一到周五，因为学校有晚自修，所以我可以在学校吃中饭和晚饭，但晚上回到家里还需要自己洗衣服。因为家里没有家长约束，我睡得比较晚，所以第二天早上经常睡过头，上课迟到。

高三下学期前，我一直是学校篮球队的成员。本来我是可以去参加高考篮球专项加分测试的，如果能通过，高考就可以加 15 分。但是当时信息流通不畅，加上为了准备这个测试需要进行专门的练习，我时间并不充足，所以最终还是错过了这个机会。

回想起来，我整个高三都不太顺，遭遇过好几次挫折。记得高三下学期的一天，我一个人在家做完了饭忘记关煤气，而且那时候天气还比较冷，我晚上是关着窗户睡觉的。第二天早上，我感觉头疼脑涨、天旋地转，几乎无法从床上起来。这次煤气中毒事件对我的学习造成了非常不利的影响。不仅对一些需要记忆的知识很难再记进去，而且大脑的反应也慢了很多。

在参加高考之前，我对自己没有多少信心。一方面是自己的目标感不强，并没有想一定要考上哪所大学；另一方面是自己对家里的事还是非常焦虑，担心父亲的身体状况。我参加高考的时候父亲还在住院，没有人来送我上考场。从考场出来后，自己感觉发挥略差。

我的高考成绩没有达到本科线，只过了大专分数线。当时家里有两种不同意见，妈妈认为家里条件比较差，希望我能直接找工作，减轻家里的负担，而爸爸还是希望我能继续上学，而我自己还是想上学。

在选择大专学校和专业时，很多亲戚都来我家里帮我出主意。有亲戚建议我读园林专业，这样未来的就业和待遇会比较有保障。我自己对专业的看法是：热门冷门并不是绝对的，一些现在很热门的专业过几年之后可能也会不太好就业。我想去外地上大学，但妈妈希望我能留在本地，能够离家近一些，方便照顾家里。最后我遵从了妈妈的意见，在杭州本地的一所大专学机电一体化专业。

上大专时，每个周末我都会坐公共汽车回家。家里每星期只给我二十几块钱的生活费。因为学校的食堂可以打半份菜，我又没有抽烟之类的坏习惯，这笔钱大致够我生活。因为经济的制约，一些需要花钱的班级旅游、聚餐活动我往往不参加，但我和大多数同学的关系还不错，尤其和同寝室的另外 3 个同学关系很好。尽管我因为周末回家，会错过一些寝室集体活动，但他们也能理解我。周末在家的时候，除了看电视，我会抽出一点时间复习功课，有时候也会和朋友外出爬山、打球。

因为我们专业课程安排得非常紧凑，要学习的知识也非常多，学习压力比较大。我的成绩在班里处于中等偏上，但有时候也会觉得体力上跟不上这么紧张的学习节奏。在所学的课程中，我对机械制图、强压原理、电子原理这些偏应用型的课程比较感兴趣，学得也更认真。

大二的暑假，为了完成学校布置的暑期社会实践任务，我通过朋友介绍去省图书馆当了一个月的志愿者。大三的时候，通过两位朋友介绍，我去电脑城给一家店铺打临工，主要负责给顾客组装电脑。那时候每组装一台机器，大概能获得几十块钱的收入。由于学习比较紧张，我主要是抽周末和课余时间去打工。

大三毕业前的几个月，学校安排我们到一家生产电子产品的企业进行毕业实习。我在实习期间主要负责操作高温反应炉，干了一个月，得到了几百块钱的补贴。

我的毕业论文是做一款软件的分析评估报告。我花了几个月时间做毕业论文，直至今天还记得当时的一些细节。我觉得做这种需要自己动手研究的事最符合我的兴趣。

（三）并不愉快的工作经历

我的第一份工作就是我做毕业实习的那家企业，但是那里的劳动环境有问题。因为在生产过程中需要添加一些化学物质，对员工的身体危害很大，我还亲眼看到过两个同事在工作现场流鼻血。我的父母也劝我不要在这家企业工作。所以实习一个月以后，我就离开了那家企业。

之后，我自己去人才市场投简历，找工作。我一般会选择与自己专业相关的岗位，当然有时候一些用人单位会希望应聘者有本科及以上的学历。参加过几次面试后，我在下沙的一家生产汽车零部件的企业找到了工作。

2004～2005年，我一直在这家企业的技术部工作，负责产品测绘。这家工厂是一家国企改制而来的企业，光总部就有1000多名员工。我们部门负责根据顾客的要求测绘设计零部件。刚到这家工厂时，扣除五险一金后，我每个月只有900多元的收入，转正以后也只有1000多元。上班时间是从上午8点到下午5点，我每天骑车45分钟从市中心的家到工厂。当时的心态也比较好，权且把骑车当作锻炼身体。但是这份工作做了一年多以后，我就不打算干下去了。一是上下班不方便；二是工作待遇太差，缺乏升职机会；三是并不看好企业前景，因为这家企业单纯追求产品数量，利润却被压得很低。

休息了两三个月后，我又通过人才市场在一家做五金产品生产和贸易的民营企业找到了工作。这家公司在杭州的总部大概有20人，我主要负责产品测绘、质量跟踪方面的工作，待遇比前一家企业有了很大提高。我实习的时候每月就有1600多元的收入，转正后1800多元。在我最后离开这家公司的时候每月到手的收入有2300多元，相比于周边的朋友也不算特别差。

2005～2011年，我在这家企业工作了6年。在最初的两三年时间里，我主要做一些技术性的工作。后来老板逐渐把一些与省内客户交流的任务交给我，我需要在省内出差，去客户的工厂与其沟通、检查产品的质量。虽然理论上公司的上班时间是上午9点到下午5点，但实际上每天大多工作9～10个小时，有些时候还要加班到零点。由于经常要出差，一些没做完的工作还要带回家里继续做。而且工作时间也不是非常规律，有些时候一批货要发出，就必须等集装箱装好后才能下班。久而久之，我的身体就出现了一些问题，主要是精神压力大、神经衰弱，消化系统也有点状况。因为视力有所下降，一些精细的工作也变得非常吃力。而且，有时即便能很早上床休息，也经常是睁着眼睛，怎么也睡不着。虽然我和老板、同事的关系都很不错，但因为身体的关系，我最终还是决定辞职。

（四）尼特族的生活

2011 年辞职以后，除了偶尔帮朋友做过几次室内设计方面的项目，我在 3 年的时间里都没有再出去找过工作。我的想法是先把身体养好，包括让自己的生活更加有规律，也包括把身上过去积累下来的病痛养好。如果有机会，我想试试自己当老板，而不再是为别人打工。

待在家里的这段日子，我有更多的时间看书、锻炼身体。我现在基本上是每天早晨 6 点半起床，吃完早饭后就骑车到西湖边的公园散步、慢跑，在外面待到 10 点左右，回家上网看一会新闻。吃完午饭后，我会稍事休息，然后看一会书或者上上网。下午 5 点帮妈妈准备晚饭。吃完晚饭后，再出去散步。回到家后，不到 10 点我就上床休息了。

长期待在家里不工作当然会引起父母的唠叨。我的做法是多和父母交流、沟通，让他们能够理解我的想法。总的来说，我父母还是比较理解、体谅我的，而我也尽量节约开支，除了在家吃饭，每个月只用两三百元钱。而且我觉得生活大体上还过得去，从没想过要去申请最低社会保障。

在计划创业方面，我和几个朋友也聚过几次，讨论有哪些具有可行性的项目。有的朋友的想法是先做一些非营利的项目，积累起一定名声以后，再做赚钱的业务。也有的朋友考虑直接开网店，做一些服装、零食方面的生意。但这些想法和计划都还非常粗糙，没有形成具体的方案。

（五）并不高大的梦想

我第一次听说"中国梦"是 2013 年上半年在看《新闻联播》的时候，我的第一感觉，是"中国梦"的概念和"美国梦"非常像。但后来进一步了解"中国梦"的内涵之后，我觉得它和"美国梦"还是非常不同的，比如其概念还包括了国家富强。但我认为"中国梦"也应该是以保障个人梦想的实现为前提的。

从宏观方面来说，官员贪污腐败、社会出现信任危机都是可能阻碍"中国梦"实现的问题，我认为这些问题出现的背后都有着社会舆论价值导向、权力缺乏约束等方面的原因。但对青年人来说，如果社会不能在生活层面给予他们基本的生存保障，让他们能够负担住房、医疗、食品安全等方面的巨大压力，那么青年人梦想的实现就无从谈起，实现"中国梦"也会变成一纸空谈。

我目前的个人梦想是能够通过打工或者创业，把自己的生活质量提升一个档次，包括生存状态变得更好、学到更多的知识、有更多的体验。从比较现实的角度来说，我希望能在不久之后找到一份比较靠谱的工作，能够让工作时间和私人时间分开，收入也希望能达到中上水平。

我觉得房价过高也是一个重要的问题，但这并不是我们小老百姓能够左右的。从更实际的角度来说，我希望国家能够加大对网络经济的支持力度，让更多的年轻人可以借助这个平台实现自己的梦想。同时，加大对各类假冒伪劣产品的打击，使社会诚信能够在制度的框架下得到保障。

评点

尼特族是一个世界性的社会问题。虽然学术界对尼特族的定义偏重于青年人在统计意义上的非就业与非求学状态，然而尼特族的产生与各个国家与地区独特的经济社会发展状况、本土社会思潮，以及全球性的青年文化有着紧密联系。而且其内部也存在着众多的分支。根据李春玲的研究，目前中国尼特族的构成主要是育龄阶段的女青年。[1]她们因为要生育子女和照顾幼儿而停止工作，而且她们想重新返回职场也面临着较大的困难。然而如果将家务劳动和生育活动也看作是对家庭和社会有着重要意义的劳动形式，那么这一部分群体是否属于尼特族还是值得商榷的。从社会问题的视角来看，非求学阶段的青年具有劳动能力却主动或被动地不从事劳动，这可能是影响未来经济社会发展的一个重大威胁。

没有工作的大学毕业生是尼特族中的特殊群体。在宏观层面，大学扩招和随之而来的文凭贬值，使得大学毕业生在就业市场中的优势不断被削弱。这一现象在美国、法国、日本等发达国家的社会发展进程中均有发生。究其本质，是教育结构的转型不匹配于经济结构和劳动力市场结构的转型而造成的。

在中观层面，大学毕业的尼特族相对于其他大学毕业生，其劳动力市场就业能力，或者其家庭的经济社会地位也相对较低。正如郑晟回忆自己成长过程中的几个重要事件，例如父亲重病、煤气中毒、窘迫的大学生活、首份在工厂中的工作，都与其家庭阶层地位有很重要的关系。受到家庭有限经济资源的制约，尼特族在求学阶段不得不在一些就业前景不太好的专业和学校学习；受到家庭有限的社会资本的影响，大学毕业的尼特族在求职过程中不可能借助家庭的力量谋得较好的工作机会。

在微观层面，丧失信心、自闭等性格因素也是大学毕业的尼特族

---

[1] 李春玲：《80后和90后的尼特与啃老现象》，《黑龙江社会科学》2015年第1期。

常见的个体特征。对于大学毕业的尼特族而言，他们对自身较高的职业期望与较低的工作待遇，更容易使他们感受到生活的挫折。在郑晟的几次工作经历中，恶劣的工作条件、巨大的工作压力和渺茫的升职期望，使他在身体和精神上感到疲惫。而当他以"养病"为理由，选择退出就业后，相对封闭的社交环境使其更加容易陷入自闭的状态。

由于生活、工作空间的局限，尼特族是青年人中的"隐形"群体。但是他们对家庭和社会可能带来的负面影响是非常明显的。"中国梦"的宣传教育活动不仅应该在精神层面成为青年尼特族走出家庭、积极回归社会、追求个人梦想的动力，也需要在社会政策层面提供关于青年人学习、就业、创业、住房与医疗保障的有利条件，在条件允许的情况下，为尼特族青年及其家庭提供社会服务，从而让尼特族的"青年梦"也能成为"中国梦"的助推力量。

十一 郭俫萍:在杭州寻找梦想家园

郭俫萍是一个瘦弱的女孩。仅从她活泼的举止和常常挂着浅浅微笑的脸上根本不会知道她曾经历过那么多故事、尝过人间那么多艰辛。但无论经历何种磨难，她始终坚持着寻找属于自己的未来，同时时刻不忘她孝敬父母的梦想。

(一) 并不快乐的童年

23 年前一个炎热的夏天，我出生在一个并不富裕的家庭，和别人不一样的是，我并不是在大家的期待中出生的，因为我是个女孩儿。

20 世纪 80 年代中期，在遥远的河南——我的家乡，或多或少有着重男轻女的老观念，认为没有儿子会被人瞧不起，而当时的计划生育政策让我那并不富裕的家庭做出了一个决定：将我送人抚养。我的养父母并不是外人，他们是我亲生母亲的姐姐和姐夫。由于他们有三个儿子，刚好想要个女孩儿，于是我来到了现在的家。我的哥哥们都大我好多好多，所以在家里没有人和我玩，而爸爸妈妈也一直忙着做生意，因此我的童年生活几乎是空白的。

渐渐地，我长大了，读书了，能帮妈妈做家务了，我为能分担妈妈的辛苦而高兴。没过几年，小学毕业了，本要去艺校学音乐的我，因为高额的学费，最终放弃了自己的爱好。我去读了一所普通的中学，但那所中学是封闭式管理，需要住校，于是我第一次离开了那个养育了我十多年的家和养育了我十多年的父母。不过我每周都可以回家看望他们。

三年后我读了高中，一个月只能回家一次。由于费用太多、负担太重，爸爸妈妈也年纪大了，于是我向爸爸妈妈说出了我要退学的想法，结果第一次被爸爸打回了学校。可每个学期看着妈妈为我去邻居家借学费的背影，我都不禁潸然泪下，于是我坚决地退了学。爸妈以为我是真的不想读书了，也就不再强求……可他们哪里知道，在我心底，是多么想读书啊！

不久后我只身到了广东，去投奔我的小哥哥。大概半个多月以后，哥哥在一家文具厂帮我找了一份工作，一个月400多块钱，每天从早上8点上班一直干到晚上10点半才下班。我那段时间甚至走路都想闭着眼睛，因为实在是太困了，干了一个多月以后就有点熬不住了。这个时候，我跟着同厂的女孩认识了她所谓的大哥，后来才知道他是做传销的。若不是听人说过传销这东西，我还真不知道后果会怎样。还好这帮传销团伙是属于"高素质"的传销分子，个个都大学毕业，所以也没强迫我什么，来去自由。待了几天后，我坚决地离开了他们。从那以后我明白了，现在的人不能轻易相信。

或许是那个城市并不适合我，也或许是我自身的某种原因，总之我在那里的几个月非常不顺利，除了传销甚至还出了一场车祸差点送命。这是一个对我而言没有任何意义、不值得留恋的城市，于是我毫不犹豫地选择了离开。

（二）在北京的谋生经历

离开广东后，我只身到了北京。或许是老天眷顾我，在来到北京的第三天我就找到了工作——在一家饭店做收银员。我很珍惜这个机会，也结交了几个好朋友，我们至今都还保持着联系。在这里，一天得工作 15 个小时，每天从上午 11 点开始上班，晚上要熬到 2 点。这并不是我想要的工作。一个月以后我拿到了第一笔薪水，700 块钱。身上有了钱，就意味着即使我离开这里也不会再流浪了，于是我离开了这家饭店去重新寻找我理想的工作。我是那样地期待，期待自己能找到一份上班时间稍短一点的工作，可以在工作之余有更多的时间去学习和提高自己。

北京的冬天寒风刺骨，现实的生活残酷无奈。几经周折，我终于进了一家三星级饭店，接电话、转电话成了我每天的工作。上班时间是工作一天休息一天，一个月的薪水也才 700 块钱。但是，那段时间是我在北京最开心的日子。

第一次离家这么久，好不容易安定下来的我想回家跟爸妈过个团圆年，可领导怎么也不批假。大家都知道酒店过年时候很忙，可我还是有些不甘心，冲动之下就递上了辞职申请，也没有管这份工作是多么来之不易。辞职申请是被批了，可我却被告知要一个月以后才能离开，不然就拿不到当月的薪水。天哪，想想一个月后，我回去还有什么意义?! 不过事情已经这样了也没办法，我决定放弃这一个月的薪水，做好最后的交接工作后就回家。因为，我想家了。

可就在我决定回家的时候，不幸的事情又发生了。因为需要，我去市场买了一个行李箱，可就当箱子买好准备坐公交车回寝室的时候，突然发现自己的钱包不见了。我赶忙回头去找，边找边哭，想起来刚刚在一家书店门口被人撞了一下，于是赶去书店附近找。书店老板说："类似于你这样的事情几乎天天都在这里发生，别难过了，丢都丢了难过又有什么用。"然后，他拿了两个硬币给我，说："坐车回家吧！"我接过书店老板施舍给我的两块钱感动地走了，心里想着：多么残酷的社会啊，一个多月的工资转眼间就这么没了。这对我来说无疑是晴天霹雳，没有了钱还怎么回家看我的父母？冷静思考之后，我决定暂时不回家了，还厚着脸皮开口让家里给汇了300块钱。为此哥哥和家人都对我很失望，觉得我是个很不乖的孩子，到处乱跑，还总给家里找麻烦。

在这件事以后，我逐渐变得不愿意再和家里讲我在外面的事情。一方面是怕他们担心，另一方面是想努力做出点成绩后再和他们说，让他们知道我不是一个不争气的人。我只是不甘于让家人失望，我想试着去改变，我想用行动告诉他们我能行！我要让他们对我另眼相看！从此以后，不管再遇到什么伤心的事、不顺利的事，我再没有向家人倾诉过。我选择一个人躲在房间里偷偷哭泣，哭完了，继续笑着去努力，为了心中的那份理想！

（三）在杭州寻找梦想

离开北京后，不服输的我继续四处奔波，努力去寻找属于我的梦想。在一年时间里，我先后到过南昌、青岛、宁波等城市，历程的艰辛一言难尽。直到我来到传说中的人间天堂——杭州，一切才渐渐改变。

2004年10月，我来到了杭州。已经去过的那么多城市似乎都不太适合我，杭州是否就是我寻找已久的城市呢？在这里，我是否能找到属于自己的梦想家园呢？

杭州很美，但想在杭州生活却很不容易，想在杭州实现自己的梦想，更是不容易。到了杭州，我走遍人才市场、浏览遍人才网站，发现文凭成了我找工作的障碍。没有文凭，又没有特殊的技能，很难在这个城市里找到一份好的工作。我很迷茫，也很惆怅，不知道自己将来的人生会是什么样子。

走在人来人往的大街上，我在想，要是有个大学文凭或许找工作就简单了。我想到了自考，几经打听后，找到了杭州最有名的自考学校——浙江三联专修学院，然后很顺利地报了名。可 7000 多元的学费成了我最头疼的事，不想放弃的我找到学校商量，是不是可以分期付款。学校了解到我的情况比较特殊后，给了我一个特批，让我可以按学期来交付学费，可一个学期的学费也要好几千块啊！我硬着头皮给家里打了个电话，希望家里能给我一些帮助。那时候爸爸没有手机，家里也没有座机，我只能打去大哥那里，希望他能帮我传达，可另我万万没想到的事发生了。在知道我找爸妈是为了要钱交学费的时候，大哥说了这样一番话："爸妈年龄都大了，赚个钱不容易。你出去这么久不给家里寄钱也就罢了，还问家里要钱，你是不是想把爸妈累死啊。你就这么自私，只为你自己？如果不想要这个家就别回来了……"

听了这些话，我哭红了眼睛，可之后还是要面对现实。想放弃，又不甘心，我不想像我的几个哥哥一样，一辈子待在农村，过着面朝黄土背朝天的日子，重复着父母走过的路。我要努力，努力去改变，努力在这个城市找到属于自己的一片天空。

（四）努力，梦想就会实现

我一直坚持着。后来，也许是爸妈怕我伤心难过，给我寄了 2000 块钱，我的亲生父母知道了这个事情后也给我寄了 1000 块钱，我很感激他们。有了我两对父母的支持，学费基本落定，我还要尽快找份兼职来维持自己的基本生活开支。我没有感受过别人说的那种大学生活的轻松，每天除了上课便是拼命地工作赚钱。做家教、卖眼镜、促销手机、销售高尔夫课程、销售英语雅思课程，等等，不管多么辛苦，我一直在为自己的学费努力，没有一点怠慢。每时每刻，我都把大哥的那番话记在心里，提醒着自己要努力，努力让他们知道我的选择是正确的。第一学期之后，我就再没向家里要过一分钱。在还有一年要毕业的时候，幸运之神眷顾了我。曾经的计算机老师找到我说："你是个品学兼优的好学生，为了不耽误你的学习，学校决定让你在院招生办实习一年。如果表现出色，毕业后还能留在学校工作。"虽然一个月才几百块钱，可我有了更多的时间去学习，而且这样的机会也不是人人都有的。

自从在学校工作后，我的时间富裕了许多，便开始在工作和学习之余积极参加各类社会公益活动，去帮助一些弱势群体。虽然我很穷，但至少我有健康的身体，可以用自己的双手为社会做点贡献，让自己的人生变得更有意义。值得一提的是，从 2007 年开始，我就在浙江省爱心事业基金会做志愿服务，组织了多次义工活动，曾被评为"2008优秀志愿者"，目前已经是"嘉奖义工"。

在工作上，我比招生办的任何一个员工都要努力，因为我珍惜这份来之不易的工作，想要尽自己最大的努力做到最好。告别了四处奔波做兼职的日子，这一年我过得很轻松，我很感激学校对我的照顾，感谢学校给我这样的机会。

我的努力也被领导看在眼里。毕业不久后的一天，领导找到我说："你在学校工作也有一年了，看得出你很努力，这里的工作你也做得得心应手。现在学校里有一个教学点负责人的位置空缺，你想不想试试看？"这句话把我问傻了，我想也不敢想能有这样的机会降临到我的身上，可既然摆在眼前，我就没有理由拒绝。我答应领导试试看，这下我不仅留在了学校，还当上了负责人，真可谓双喜临门。来这个学校读书或许是命中注定，我的一切开始慢慢有了起色。后来，副院长带着我们从浙江三联专修学院分了出来，成立了一个新的学校，命名为杭州现代科技专修学校，这就是我目前工作的地方。看着其他同学在忙碌地找工作，我感觉自己是幸运的。

妈妈说："你长大了，有出息了！能有今天，不容易啊！加油吧，好好干！"听了这句话，我流泪了。我为等这句话所付出的艰辛又有谁知道，这其中的心酸又有谁能体会。我是个恋家的孩子，即使那个家并不是很温暖，我依然牵挂不已。那里是我的避风港，那里有辛苦养育了我的父母。他们年迈了，我只想尽可能多地陪在他们身边，努力报答他们对我的养育之恩。

在校园里，学妹们看到我不再像以前那样叫我学姐，而是都笑嘻嘻地改口叫郭老师了，或许这就是我靠努力而实现命运改变的见证吧。

我非常感谢我的父母和身边每一个帮助过我的朋友，尤其是给我"特别激励"的大哥。现在的成绩只是梦想的新起点，我要更加努力，趁着年轻拼一拼，搏一搏。我希望未来的几年内能在杭州拥有一个属于自己的小窝，能遇见我生命中的那个他，能把父母接来杭州生活，让他们安享晚年。这些看似简单的愿望想要实现却很难。不过，多年的拼搏造就了不屈服于命运的我，我会努力，努力，再努力！我坚信，只要肯努力，梦想就一定会实现。

评点

同样在十七八岁的年纪，城市中普通家庭的孩子还整天陷在书山题海之中，期待着未来会在某个城市开始的大学生活，郭傛萍却必须为自己每一天的生活打拼，最困难的时候甚至不知道明天能在何处落脚。郭傛萍的经历是我们这个时代无数进城务工青年的真实写照：无奈、平凡，却凸显着伟大。

生活的困窘让很多农村青年不得不放弃更好的发展可能。在各种无奈中，他们小小年纪就去到完全陌生的城市讨生活，但无论是求学还是就业都不能得到父母太多的庇佑。对不了解他们真实生活的旁人而言，他们只是在人头攒动的求职市场或是劳动密集型工厂的一个身影，又或者是每年春运大军中的一员。但平凡的他们，也在用自己的努力书写着青春的伟大，为实现"中国梦"踏下每一个坚实的脚印。

试想，如果城市离开了他们，许许多多被城市人习以为常的生活便利就会消失无踪。但现在的舆论领域对这些进城务工青年的关注还是太少。很多时候他们被简化为千人一面的"符号"，而忽视了他们每一个个体背后的情感寄托与生命期盼。

尽管郭傣萍在杭州的工作与生活才刚刚迈上正轨，但这已经让历经漂泊的她感到幸福和欣慰。家对她来说，是一个矛盾的存在：一方面，无论是她的养父母、亲生父母，还是她的哥哥们并没有为她做过太多，给予过她太多的温暖与依靠；另一方面，她又无限牵挂着家人，大哥那些"激励"着她努力至今的话，本质上触动了她害怕失去家和家人的心理底线。虽然她现在还没有真正在杭州成家立业，但她已经开始考虑如何让自己的父母来这里安度晚年。这是难能可贵的精神品质。

外来务工青年是"中国梦"宣传教育活动中需要重点关注的群体，他们的家庭无法给予他们太多的指引与帮助。因此国家和社会更应重视这个特殊青年群体的成长与成才，让无数像郭傣萍这样怀有梦想的青年发挥自己的潜力，走上更为耀眼的人生舞台，为实现"中国梦"贡献力量。

十二 王小战：快乐天使的公益明星梦

从打工者到志愿者再到追梦人——从 2002 年开始，走出家乡的王小战在十多年的时间里经历了这三种身份的转变。虽然，他的个人经历并不代表所有进入城市并试图改变自身命运的青年人的经历，但是，他经历过并且仍在经历着的故事，或多或少能给每一个怀揣梦想的人一点启发。

（一）从河南到杭州的艰辛寻找

我是在 2002 年过完春节来到杭州的。我的家乡是河南焦作，那里的工业还算发达，村里的工厂也多。年轻人一般都想着在靠家近的工厂上班，不太考虑外出谋生。可是那种工作一年 365 天没有休息，而且工厂的管理也不够人性化。总之，我不想过这样的生活。

从很小的时候起，我就对舞台感兴趣，很喜欢舞台上的各种演出。哪里有演出，我都想去看看。甚至有一次，因为跑得太远，晚上回家时迷了路。二十多岁的时候，我想着要去外面看看，去接触更大的舞台，于是我就离开了河南老家。

来到杭州之后，我就开始找工作。那个时候对外面不熟悉，工作前后找了 28 天。最后，终于在一家房地产公司找到了一份做物业保安的工作。

（二）助人亦能助己

这份工作一干就是三年。在那三年里，我工作很负责，从没有抱怨什么。有段时间小偷很多，小区发生了几起盗窃案，而且都发生在晚上，于是领导要求晚上增加一个负责巡逻的人。这是一个危险的任务，因为小偷可能随身带有凶器。在没有一个愿意报名的情况下，我主动请缨。就这样，我就承担起晚上巡逻的任务了。这个工作要求晚上不能睡觉，要不停地在小区里到处巡逻，检查每个单元门，同时，还得注意晚上在小区出现的每个人。有的时候因为太过谨慎，经常被业主误解甚至责骂。但是我没有因此放弃这个任务，就这样坚持了一年多，小区再没有发生一起盗窃案。但是因为老上夜班，后来几年里白天犯困晚上清醒的习惯一直没改过来。不过，因为认真负责，我同同事的关系很好，领导也非常认可我的工作。总之，不管谁提起我王小战来，都会说"这小伙子不错"。

2004年春天，我在报纸上看到杭州有个河南义工组织。于是我找到并加入了这个组织。从那个时候起我便开始利用休息时间参加河南义工组织的活动——进社区为居民服务，例如帮忙维修电脑、量血压、看望孤寡老人等；那年的钱塘江烟花大会结束后——我们还沿钱塘江清扫了垃圾，一直忙到后半夜。我还参加了浙江省爱心事业基金会组织的阳光义工活动，经常上街为那些需要帮助的人募捐。

2005年，我开始想换个环境，换个工作了，因为我还年轻，不想一直当保安。但很多工作都对学历和技能有要求，而这些我都不具备，于是我找了一份在酒店当服务员的工作。做了一年之后我还是不甘心，想着我如果有一技之长，工作会好找点吧，于是我就利用空余时间去考了电工证。

后来，我又换了几份工作。时间就这样来到了2008年的1月。有一天，我在《杭州日报》上看到报道，有一个组织要为过春节不能回家的农民工演出，希望大家报名参与。看到这个报道后我就联系了《杭州日报》的记者，之后就认识了徐文财大哥，这才知道这个组织是为外来务工人员服务的。那次演出我是请假去的，当时心里就想着，大家都是农民工，为他们演出我高兴，也值得。从那个时候开始，我就经常出现在为农民工表演的舞台上。只要是进工地、进工厂的慰问演出，我都积极参加。有的时候我甚至会把那些有收入的商业性演出推掉，为的就是能够进工厂、进工地义务演出，为与我们一样在外打拼的工友演出。

那段时间我一直在琢磨、钻研魔术表演。我一直很喜欢魔术，喜欢舞台表演。义务演出的机会多了，我觉得更有必要多琢磨些魔术技巧了，于是我便开始研究学习。那时候没电脑，我只能跑去网吧看魔术表演视频。一遍一遍地看，把每个环节都看透，琢磨每一个细节，然后琢磨出这个魔术的表演套路。就这样，一个个魔术技巧慢慢被我掌握了。

2008年5月汶川发生了地震。那个时候的新闻里到处都是募捐的场景。而我只要看到有为灾区募捐的捐款箱，就会投钱进去。虽然自己的生活也很艰难，但是灾区的人们比我更难，最起码我还有住的地方，风吹不到雨淋不到。那段时间下来，自己好不容易有的一点积蓄，都让我捐没了。

那个时候我也想报名去灾区救人，但是因为不是团队，被拒绝了——组织方不允许个人前往灾区，于是我就想在灾区后方做点事情。2008年5月15日，我找河南商会商量，也搞一次爱心义演募捐的活动，商会当时痛快地答应了。我又找到徐文财大哥，建议两家组织联合搞这个活动，徐大哥也马上同意了。接下来，我就忙着跑社区，找场地。之前，我们在九莲社区做过河南义工进社区免费服务的活动，于是我便跑到九莲社区联系募捐场地，而那里的社区领导也觉得这是个好事情，马上就同意了。接着，我马不停蹄地找广告公司做背景喷绘，同时，组织策划节目安排。5月17号，赈灾义演活动顺利举行，活动一共募捐到善款近7000元。

（三）夹在城市与农村之间

现在，魔术表演和义工服务都是我的主业。前几年杭州有"小丑嘉年华"，我就找各种机会去看、去学、去表演，我甚至把自己化装成小丑去演出。第一次在大舞台上表演，是在市总工会组织的"新杭州人"活动上。当时的演出效果很好，很受观众的欢迎。同时，我还在继续学习魔术，研究一些新的花样。到现在为止，我正儿八经地学习魔术表演也有七年时间了。

因为经常会有公司找我去表演，总是请假，一番思虑之后，我干脆辞了职专职做魔术表演。但没想到的是，辞职以后刚好遇到淡季，再加上自己刚开始专职做魔术表演，还没有多少人认识我，因此几乎没有什么演出机会。即便在这样困难的时候，我还花了一千多购买魔术道具。

我从不后悔那时候从老家出来。如果当时不出来，可能我现在还在家里。如今，老家的工厂多数已经倒闭了，小时候一起玩耍的伙伴们，要不就是在城市里的工地上打工，要不就是在别的地方的工厂里干体力活。相比之下，我的境遇算不错了。

（四）魔术背后的冷暖人间

这几年做的公益比较多，经常看到那些比我还艰难的人，他们迫切需要别人的帮助。我看到这些就心酸，经常梦想自己变成了超级魔术师，出场费很高，然后我就拿这些钱去帮助他们。

2009年，我遇到了吴艳杰。她看到我表演的魔术后，便喜欢上了魔术表演，要我收她做徒弟。因为她的坚持，我答应了。接下来的一年多时间里，她不仅学会了基本的魔术技巧，还自己琢磨出了一些新魔术。2011年秋，她辞去了工作，专职当我的魔术助手。

可是天有不测风云，2012年4月，吴艳杰被查出得了白血病。骨髓移植手术需要花费35万元。她的父母都是农民，身体也都不太好，根本不可能筹到这么多钱。作为她的师傅，我承担起了这份责任。

可是这么多钱我去哪里弄啊？这可不是个小数目。后来，我想自己也算是有点技艺，上街卖艺，也许可以筹到一些钱。就这样我就开始上街表演为吴艳杰筹钱。

起初，有的说我是骗子，认为我会拿着筹到的钱跑掉。在有关媒体对我卖艺筹钱的事进行了报道后，大家才真正开始相信我。有位不知道姓名的女士听到电台播出的消息后，让她的一个朋友找到我，给了我两千块钱。当时我就感动得哭了出来。时至今日，我还是不知道这位女士的名字，可我一辈子都会记住她，同时也会记住所有帮助过我的好心人。经过媒体的报道后，社会上很多爱心人士纷纷捐款，有的人在看表演时没带钱就会另抽时间专门把钱送过来。甚至有一个卖大闸蟹的老板主动提出愿意连续3天义卖3000只大闸蟹，然后把挣到的钱全部捐出来。

再后来，浙江电视台《小强热线》节目知道我上街表演筹款的事后，就在温州的义工广场联合温州电信搞了一场爱心活动，募集到捐款7万多元。前前后后我一共帮吴艳杰募捐到善款20万元。

在我为吴艳杰筹款募捐的事情传开以后，很多有困难的人找过我帮忙。他们都是身患疾病的人，希望我能帮助他们筹钱治病。如之前一般，我希望自己能成为超级魔术师，赚好多钱来帮助他们。可现在，我能做的只有尽自己的能力给他们进行宣传。

别人说，我即使不上台表演也总是笑眯眯的。因为我觉得，无论人生遇到什么困难，还是要笑的，愁眉苦脸没什么用。

今后，我打算继续待在杭州，毕竟在这里生活这么些年了，也有感情了。对于公益，我希望自己能帮助别人多少，就帮助别人多少，帮不了一群人可以先帮一个人。我期待自己的魔术表演能再上一个台阶，不仅是为了自己，也是为了能有更大的能力去做公益。

评点

　　王小战的故事之所以非常特殊，一是因为他选择了魔术师这个外来务工青年很少会触及的职业；二是他在自己生活十分困难的情形下，依然毫无保留地从事公益事业。在很多城市居民的想象中，建筑工地工人、劳动密集型工厂工人和物业保安才应该是外来务工青年应该从事的"正经"工作，像魔术师这样充满梦幻和欢乐的职业似乎与外来务工青年毫不相关。同样，公益事业在很多人看来，应该是政府部门，或者有较多财富的企业老板才从事的，连自己生活都没有保障的外来务工青年怎么会将精力投入公益呢？然而王小战以他真实的故事，让很多人改变了这些观念。王小战在酷暑之下，身着厚重的演出服，脸上画着厚厚的小丑油彩，在街上表演魔术，为徒弟治病募捐，他的身影似乎为这个城市带去了一抹艳丽的色彩。

　　在外来务工青年中，很多人都像王小战一样有被夹在城市与农村之间的感觉。一方面，自己家乡的发展机会非常有限，总希望走出去看更大的世界；另一方面，城市始终不能完全接纳他们，甚至只能让他们在苛刻的条件下生存。王小战以他特有的坚持，在城市中努力开拓着自己的未来。而很多外来务工青年，或是在浑浑噩噩中混日子，或是进入社会的黑暗面，从事地下灰色产业。王小战之所以没有像他们一样，很重要的一点是他一直有着寻找人生意义与价值的梦想，并将自己的梦想与公益事业融合在一起。

　　针对外来务工青年的"中国梦"主题宣传教育活动，首先需要传递一个信号，即无论是政府还是城市居民，对外来务工青年的生存发展是非常重视的，并没有把他们当作匆匆的过客而漠视；其次，需要将外来务工青年遇到的普遍问题，例如住房、劳动保障、就业培训等作为青年工作的一个重要内容，切实帮助他们寻找解决问题的途径，让他们真正有机会融入城市，在成就自己梦想的同时，为助推"中国梦"贡献力量。

十三 卓敏：奋斗中，梦想继续

在大城市繁华的商业中心，总是能遇到外表各异却气质相近的年轻白领。他们或是忙碌在充斥着各种现代设备的办公室中，或是在街道上步履匆匆地赶往下一个目的地。在旁人看来，或许他们都有相似的梦想与追求，但只要走进他们的世界就会发现，每个人都有自己的故事。

33岁的卓敏虽然长着一张娃娃脸，但从他西装革履的穿着与条理清晰的谈吐中，能明显感受到他的成熟与自信。即便是与卓敏相识不久的人，也会对他高度理性的分析能力和客观超脱的思想境界印象深刻。卓敏到宁波工作已经三年了，无论是天一广场的现代与繁华，还是老外滩的历史与格调，他已经深深地爱上这座城市，希望能在这里为自己安居乐业的梦想继续努力。

（一）从安庆到合肥

我出生在安徽安庆。小时候觉得安庆是一座美丽的城市。这里既有悠久的历史、艺术的气息，又有山有水，亲近自然。在这里，可以听到《孔雀东南飞》的古老传说和黄梅戏婉转悠远的吟唱，也可以看到白鹤、白鹳自由地嬉戏，看到风穿过长江卷起芦苇的飞絮。

我的父母都是普通工人。从记事起，他们总是鼓励我努力读书，希望我将来能够考上大学，成为知识分子。这样就不会像他们一样在车间里忙死累活，而是能坐在舒适的办公室里从事悠闲的工作。在他们的鼓励下，我从小学开始的成绩都还算不错，虽然不是名列前茅，但也能保持中等偏上的水平。

中考之后，我迎来了人生的第一次重要选择。我的中考成绩虽然过了本地重点高中的录取分数线，但没能达到公办分数线。这意味着我如果要上重点高中，就必须每个学期另交几千元的择校费。当时母亲刚刚从棉纺厂下岗，父亲在厂里的收益也不理想，这笔钱对家里来说无疑是很大的负担。父母在知道我的中考情况后，没有太多犹豫就把家里不多的积蓄拿了出来，支持我上重点高中。

为了报答父母的支持，我在上高中时改变了过去有些得过且过的学习态度，更加努力地投入学习之中。高中时，我的物理和化学成绩很好，数学和语文成绩一般，但英语成绩不太好。高考估分时，我虽然觉得自己的成绩应该能过重点线，但估计也不会超过太多。老师建议我试着报北上广这些名校集中区域以外的重点高校，或者是选择安徽本省的二本院校。那时候，我挺想去离家远一些的大学，像是东北、四川的高校，但父母坚决不同意，他们希望我能去合肥上大学，这样可以离家近一些。最终我还是听从父母的意见，填报了一所在合肥的二本学校。

（二）大学时代

高考选择专业时，我首先填的是计算机和经济方向的专业，最后填的是一个之前完全不了解的专业——社会学。没想到最终社会学却成为我被录取的专业。

大一刚开始时，我还想着如何换专业，因为完全不清楚社会学专业的学生毕业以后能够从事什么工作。我们是学校第一届的社会学专业学生，学校的很多课程还是在计划、设计之中，不少老师也没有太多的授课经验。在大一结束的时候，我们班上有几个成绩还算不错的同学都转到其他专业去了，而我因为大一成绩不算特别突出，加之后来对转专业的事情也不再太上心，所以错过了转专业的机会。

我刚进大学的时候，每个月只有500元的生活费。后来父亲单位的效益变好了一些，加上他的职位也有所提升，到大二以后我基本上每个月就有了800多元的生活费。那时候，我们班上女生比男生多。我在班里人缘比较好，也经常和系里的其他同学一起吃饭、游玩，慢慢地，就和同系的一位女生谈起了恋爱。

我的初恋女朋友的老家在安徽马鞍山，离我的家乡也不算太远。那时候她的成绩在系里是数一数二的，她对未来的目标比我明确得多。回想起来，和她在一起的大多数时间都是在图书馆和自修教室中度过的。可能是因为有她的督促，我各门考试的成绩有了很大的提高，慢慢地，老师们开始注意起我来，他们给我很多鼓励，希望我有更大的发展。

到了大三下学期，我们都开始为毕业做打算。我女朋友当时很想考研究生，而且是考上海财经大学经济学方向的硕士。跨城市，还要跨专业，考研难度非常大。那时候她家里对她考研不太支持——她的家境一般，而且还有一个弟弟——她父母更希望她能早点工作，但她认准了这个目标，完全没有放弃的打算。而我觉得我们这个专业的本科毕业生的确不太好找工作，如果能够考上名校的研究生，也是一个改变命运的良机。于是，我们就开始一起准备考研。

因为跨专业考研的难度很大，我也没有其他专业的知识基础，所以我选择继续考社会学专业的研究生。我对上海各所开设社会学硕士点的学校进行了大概了解，最后决定考复旦大学。女朋友对我的决定非常支持，她说，如果我们都考上了研究生，我们的学校就紧挨着，能够时常见面。我也带着这样的憧憬认真地准备考研。

我们学校对于考研的同学是非常支持的，不仅为考研的学生开辟了专门的自习教室，系里也为参加考研的学生减轻了很多实习和毕业的负担。在准备考研的过程中，我也托朋友买了复旦大学历年社会学招生的专业试卷，对相关的专业知识进行了系统地复习，对统计学方面的知识更是进一步地加强学习。但考研对我和女朋友来说都是一个巨大的挑战，在考试前最后半个月，我们几乎没怎么见过面，都在各自全力以赴地准备考试。

就这样，带着忐忑不安的心情，我们走进了考场。在各门考试中，我的专业课发挥得很好，基本上能够记起准备过的知识点，但是英语和政治两门课发挥得不太理想。而女朋友的公共课考得很好，但是专业课考试上有不少地方没有太大把握。结果，我因为英语成绩的拖累离复旦的录取分数线差了几分，没能被录取，而女朋友虽然没能考上上海财经大学，但被调剂到了浙江的一所大学的经济学专业。这意味着毕业以后我们必须分隔两地了。

因为之前一直在准备考研，没准备找工作的事情，所以当我开始找工作的时候，已经错过了很多轮的招聘会。我只能选择一些对专业要求不太严格的岗位投了简历。不久后，我被一家不大不小的房地产中介公司录用了，这家公司给的待遇不高，像我这样的新人进入公司后只有1200元的底薪和几百元的业务提成。

（三）工作与爱情

因为还想继续考研，刚进入房地产中介公司时，我并没有打算在这里干很久，只是想把这份工作作为毕业和考研之间的一个过渡。但公司对员工的考核是很严格的，店长也会不断给新人加码，让我们尽快适应工作。在工作的前半年，我基本上已经熟悉这份工作的基本要求，也逐渐成为业务骨干，但自己没有太多的休息时间。原来答应女朋友送她去杭州上研究生的承诺，因为我请不下来事假只能作罢。

直到那年秋天的时候，我才抽出空去杭州看女朋友。她还是希望我能继续考研，如果可以的话，最好能够去杭州上学。我觉得女朋友的要求并不过分，不过实现起来还是很有难度的。尽管我并没有错过那一年的考研报名，但当时离考试只有不到两个月的时间，而之前我因为工作太忙完全没有复习。从杭州回到合肥后，我开始复习，但繁忙的工作已经把我的精力抽干，很难再有心思在下班后学习。

这次走入考场，我完全没有上次那种准备充分的感觉，只能战战兢兢地依靠老底子来应付考试。结果可想而知，又是名落孙山。女朋友得知结果后，建议我辞职，专心准备来年的考试。但我在房地产中介的工作干得渐有起色，店长非常器重我，并且有意向总公司推荐我为储备干部。同时，我的收入也有很大提高，在做得好的几个月，平均能拿四五千的提成。为此，我和女朋友在电话里争吵了起来，接着是几个星期的冷战。

父母对我在合肥的工作也不太满意，他们对在企业里工作没有太大的好感。在他们的观念里，我应该当公务员或进入事业单位，这样工作和生活才能更有保障。为了应付两老的催促，毕业后的第二年我参加了安徽省的公务员考试，不过也没能考中。不久以后，父亲打电话来说，他的一位老朋友推荐了安庆一家报社的实习记者的岗位给我，要我回家去面试。鉴于这家单位的确不错，权衡之后我向公司请了一个星期的假，回安庆去试着参加面试。可能是因为有爸爸的朋友打过招呼，也可能是因为我在面试时的表现比较突出，很快我就接到了让我去上班的通知。

虽然这家报社给实习记者的工资还不到2000元，但父母翻来覆去地强调进入体制内的种种好处，硬是要我辞掉合肥的工作，回安庆来工作。我经不起父母的软磨硬泡，再想想一个人在合肥也怪孤独的，工作也过于辛苦，就正式向公司提交了辞呈，简单收拾了一下行李，回安庆上班了。

虽然在上班之前就已经做好夹着尾巴做人的准备，但报社里那种森严的等级制度和错综复杂的人际关系还是让我疲于应付。幸好作为一个新人，并不需要负责非常重要的任务，我每天基本能够按时下班。

在安庆基本安顿下来后，我才打电话和女朋友说了我回安庆工作的事。她一听就不乐意了，责怪我这么重要的事也不提前和她商量。在她放寒假前，我去杭州看她。她的态度非常冷淡，甚至提出了和我分手。她说如果我一直在安庆工作下去的话，我们之间根本看不到未来，让我好好想想应该如何选择。

感情上的挫折让我度过了人生中的一段灰暗时光。从杭州回到安庆后，我每天还是照常去上班，但我时常忍不住思考，这样的生活是否真的是我想要的——留在家乡工作，固然能够在父母跟前尽孝，但狭小的发展空间，让我几乎能看得到二三十年以后自己的样子。而父母也知道了女朋友和我闹分手的事，趁着我的一个堂姐结婚，妈妈对我说了他们的想法："现在这个单位不错，如果你在安庆找个姑娘结婚的话，买房首付的钱不用担心，家里会替你出的。"我真的很感动。但之后，我越发觉得这样不适合我。我横下心，决定继续考研，看看能不能闯出一片属于自己的天空。

（四）上海的日与夜

从我决定再次考研到考试只有半年多的时间。这次我听从一位大学同学的建议，试着报考上海另一所大学的社会学硕士，而不是复旦大学，这样难度就下降了不少。在仔细分析了自己前两次考研失败的原因后，我把英语和政治作为自己提高的重点，也把那所学校的考研专业课的目录、主要老师的研究方向和重要研究成果清晰地整理出来。功夫不负有心人，我非常顺利地考上了公费的研究生。在送我去上海之前，爸爸语重心长地对我说："既然自己选择出去闯，那么不管遇到什么困难也要咬牙坚持下来。"

进入学校以后，我的专业课表现比较突出，也得到了导师的信任，让我参与和组织了几次重要的社会调查和评估项目。得益于此前的工作经验，我在项目协调和组织方面得心应手，很好地保证了调查项目的顺利实施。通过这些项目，我不仅锻炼了自己社会调查的能力，结识了这个领域中的一些组织和个人，也增长了自己对社会研究的兴趣。到了硕士二年级，我已经成为我们导师的调研团队的主要负责人。

在此期间，我认识了我的第二任女朋友。她是江苏人，比我小一届，个子不高，虽然看起来很恬静，但在自己喜欢的事情上却非常热情和执着。我比她大三岁，对她也比较照顾，我们在几次外出调查中逐渐熟悉起来，不久就正式成为男女朋友。

我们学校硕士的学制是两年半，在完成毕业论文后不久，我就再一次面临找工作的压力。由于我拥有社会调查的经验，就主动向上海一家知名的市场调查公司投了简历。公司人力资源部对我在求学期间参与调研项目的经历非常感兴趣，很快就给了我答复，让我去试工。

2008～2011年，我在这家市场调查公司工作了整整三年，收入从4000多元逐渐涨到了10000多元。我被提升为为公司的项目经理，有时也负责带领项目团队负责一些中等规模的调研。但在这三年里，我感受到了前所未有的压力，晚上八九点下班成为常态，曾经为了赶调查报告，我甚至三天三夜没有休息。

巨大的工作压力让我对爱情的投入也非常有限。女朋友找工作的时候，我没帮上什么忙，她在毕业半年后才找到一份普通文员的工作，收入也不是很理想。尽管我的收入能勉强够得上白领的标准，但相比于上海不断攀升的房价，我们基本没有买房的可能。因为房租比较高，我们只能租住在离工作单位较远的地方，每天上班必须先骑车去地铁站，然后再挤进像沙丁鱼罐头一样的车厢。生活上的琐事也会经常困扰着我们，我们时常会因为这些鸡毛蒜皮的事情争吵。2010年年初，女朋友觉得这样过下去完全没有出路，提出了分手。就这样，我的第二段爱情平淡地结束了。

像很多在上海打拼的青年一样，我也有过在上海闯出一番事业、买车买房的雄心壮志，但快节奏、高强度的工作压得我喘不过气，这种巨大的压力让我很难平衡好工作与生活之间的关系，我对自己的未来感到非常迷茫。在上海工作的三年时间里，我除了回家过年，基本上没有出去旅游和放松、休息过，而感情上的不顺利，也促使我开始思考当初留在上海的选择是否明智。

（五）宁波，梦想继续

2011年年初，我所在的团队与宁波的一家银行有一个合作项目，因为工作的关系，我经常往返于宁波和上海之间。宁波给我的感觉不同于上海，尽管两座城市都非常现代，但宁波却带有让人感到闲适的独特氛围。可能与这座城市悠久的历史和人文积淀有关系，我在宁波找到了少年时在家乡曾有的那种悠长婉转的感受，对这座城市的印象很好。

恰巧那时候宁波这家银行正在招聘客户服务管理人员，我就试着报了名。通过面试以后，我很快就得到了工作邀请。在交接完上海那边的工作后，我只身来到了宁波。

刚开始工作时，我在服务管理部，负责处理用户信息、提升顾客满意度。相比之前在上海的工作，我觉得压力小了很多，每天基本能够准点下班。回到家，可以看看电视、在电脑上玩玩小游戏，周末还可以和同事、朋友一起爬山、游玩，我感觉轻松了很多。不仅如此，在除去各种生活成本以后，我的收入比在上海工作时还要高。

2012 年，我调职到银行的综合管理部，主要负责处理银行总部与各分支行的业务协调。我的工作量有所增大，工作压力也有一定的提高。虽然每个月都会有几天需要加班，但相比于在上海时的常态化加班，在宁波的加班还是非常有限的。现在我的工资加上年终奖，每年差不多有 20 多万元，对这个收入我还是比较满意的。去年年底，我在鄞州区买了一套 100 多平方米的公寓，总价 150 多万元。我用自己的积蓄，加上家里的资助，付了房子的首付。现在每个月需要还 6000 多元的房贷，但我有公积金，所以还房贷的压力不大。

之所以选择在宁波买房，是因为我已经决定在宁波扎根。尽管房子还没有交付，我现在还是每天骑着电动车往来于自己租的房子和公司之间，但我对未来还是有着美好的憧憬，有车有房的生活已经在不远的前方向我招手。

（六）有奋斗，才有"中国梦"

我是在去年年初看电视的时候第一次听说"中国梦"的。记得当时我一边吃着晚饭，一边看《新闻联播》，然后就听到了"中国梦"的相关报道。说来也巧，平时我不太看电视，那天正好碰上了。

后来，在新浪、腾讯等几个网站上看到了更多有关"中国梦"宣传教育活动的介绍，我才对"中国梦"有了更深的理解。在我看来，如果我们每一个公民都能够通过个人努力实现自己的梦想，那么就有很大的希望实现"中国梦"。当然，"中国梦"不等同于个人梦想的叠加。在我的理解中，在个体维度上，"中国梦"是要激发每个人的创造力和奋斗精神；在群体维度上，"中国梦"有着更广阔的政治含义，包括实现民族的团结、社会的互信，以及国家的崛起。

　　我觉得要实现"中国梦"，目前最大的障碍来自于政府官员和社会公信两个方面。官员的贪污腐败固然让人民痛恨，但官员的不作为是一个更严重、更广泛的问题。在我以前参与的与政府机构合作的项目中，不同部门的官员出于部门和自身利益的考虑，往往会选择消极的处理方式——他们首先想的是是否会产生各种麻烦，有些时候宁愿回避创新，也不愿意有任何产生风险的可能。这种思维在很大程度上限制了政府对经济社会发展的促进，也使我们所期盼的建设责任政府、服务政府变得困难重重。

　　另外，社会急剧转型带来的社会公信力下降、公共事务矛盾突出问题，在未来不短的一段时间仍将严重影响我们的生活。构建和巩固社会道德秩序、完善相应的制度体系是解决这些问题的根本途径。但目前亟待解决的问题是如何加强对舆论的引导，使其在面对一些突发的社会问题时，能以科学、客观、全面的分析，对抗由商业动机驱使的低俗、媚俗的炒作，以及少数别有用心的媒体人对事实的歪曲和误导。

　　我对实现"中国梦"还是很有信心的。以我自己的经历来说，从家乡安庆，到合肥、上海，最后到宁波，我每一步的发展和追求都离不开鼓励青年人实现自我价值的宏观社会环境。我并没有过于宏伟的理想，安居乐业、让我的父母健康开心地安度晚年，就是我最想实现的梦想。我相信，通过自己的努力，我的梦想一定能够实现。我们的社会如果能给予每个青年人奋斗发展的机会，我们的"中国梦"也一定能够实现。

评点

　　像很多"80后"一样，卓敏的家庭非常普通。父母作为普通工人，并不能给予他太好的物质条件和文化熏陶，他必须依靠自己的智慧和汗水，不断地奋发努力来获得成功。

作为出生在改革开放大潮中的一代人，现在的青年人势必有着父辈们不曾拥有过的机会，同样，他们也承担着父辈们不曾承受过的挑战。回顾卓敏向我们讲述的故事，他一路走来并非一帆风顺。无论是不太顺利的考研经历，还是两段没有最终走下去的爱情，卓敏始终面对着来自理想与现实的冲突与无奈。很可贵的是，在一次次的挫折面前，卓敏没有选择逃避或是退缩，而是重新振作、直面挑战，同时也让自己变得更坚强。

在访谈中，卓敏不止一次地用到"闯"这个字。在他的经历中，从家乡安庆到上大学的合肥，再到上研究生的上海，直到安家置业的宁波，每一次告别已然熟悉的生活，面对一个充满未知的环境，都需要非凡的勇气。对于像卓敏这样的青年人而言，如果社会能够给予相对公平的教育和工作机会，激励他们发挥自己的创意与才智，"闯"出属于自己的美好未来，那么"中国梦"对他们就会形成真实而强大的感召力。而无数青年人在追求梦想中的奋发努力，也将汇聚成推动"中国梦"实现的无穷动力。

十四 范小倩：为梦想起舞

范小倩出生于 1995 年。她 14 岁外出打工，五六年下来就已经做过好几份工作。当同龄人大多还在校园里懵懵懂懂地学习时，她已经饱尝生活的艰辛。即便如此，她却依然保守着对未来的憧憬，为自己的梦想起舞。

（一）梦想成为化妆师

"坚持，这是我的梦，我不能放弃！""放弃吧，这个梦想一定不会实现，老老实实过平凡的生活吧！"脑海里似乎有两个小人在打架，一个叫我坚持，一个叫我放弃。巨大的石头压在我心口。我不止一次问我自己，我的梦想，它还在吗？我还要坚持吗？

最初的梦想，存在于我走出学校大门的时候。那时候，天空是蓝色的，梦想是纯净的，我什么都不懂，以为只要想做什么都可以实现。到现在，我的脑海里还依稀记着这样一句话："女人就像是一幅画，化上美美的妆容，就像是给画增添了色彩！"而化妆师，就是我最初的梦，它在我的印象里是神圣的，是无与伦比的。

我刚走出学校的时候，妈妈怕我被人欺负，所以安排我到一个认识的哥哥开的咖啡厅里上班。我知道妈妈的良苦用心，所以就去了。工作还是比较顺利的，每天从很早开始工作，千篇一律的端茶送水、打扫卫生，夜里 12 点以后才能睡觉，忙碌而又充实。我很快就适应了那里的环境，只是心里还是念念不忘我的"化妆师梦"。于是跟妈妈商量说："我年龄还小，不想一直当服务员，想学点好的技术。"妈妈问我想做什么，我开心地说出了我的梦想，妈妈没有吭声，但是我知道，妈妈听懂了我的梦。

很快，我离开了咖啡厅。妈妈帮我打听了一家婚纱摄影店，我可以去那里学习化妆。听到这个消息的时候我是满心欢喜而又万分期待的，我感觉我的梦想就要实现了。然而，现实就是那么残酷，生活并非我想象中那么美好！因为我年龄小，又没有受过化妆方面的专业培训，所以大多数的时间，我都被老板派出去发传单，这让我感觉自己只是一个干杂活的。我每天只能抽空看看化妆师们怎么化妆、什么工具用在什么地方。别人 3 个月学完的东西，我花了半年只学了一部分。

这段日子里，我天天梦想着去化妆学校学习，那样我就能和别的化妆师一样，每天给不同的新娘化妆。所以我做了一个决定：先攒钱，然后去学化妆。我知道学习化妆需要一笔不小的费用，也决心不伸手找妈妈要钱，毕竟我已经不是学生了。跟妈妈商量好了以后，我辞去了婚纱店的工作，跟着表叔、表婶来了杭州。

（二）在工厂中的日子

杭州是个大城市，刚来的几天，我对这里充满了好奇，也很喜欢这里。但是，我感觉自己距离梦想好像又远了一些。

杭州这边有很多服装厂，叔叔婶婶常年在这里做服装。婶婶在一家服装厂工作了很多年，她说这家工厂可以招学徒，在跟老板打过招呼以后，老板就让我在这里上班了。

这是一家大型的服装厂，提供宿舍。我满怀欣喜地拎着大包小包跟着经理去宿舍。但是，宿舍比我想象的差太多了——只有一个窗户的楼道散发着难闻的气味，还躺着一条脏兮兮的小狗，而且男女生宿舍没有隔开；打开房间，4 张上下铺的床呈现在眼前，房间本来就不大，还满满地放着桌子、椅子。昏天暗地的楼道，小小的房间，难闻的味道，我有些后悔了。但由于婶婶也在这里上班，加上自己什么都不会，只能默默地住下了。

在此之前，我只学过一点点化妆，不会做衣服，所以在服装厂只能学学烫衣服。工作了一个月，我烫衣服的技术已经很娴熟了。有一天，我烫了三百多件衣服，当我认为自己很了不起的时候，一个同事告诉我，身边做小烫的那个阿姨一天可以烫两千多件衣服。原本火热的心情犹如被一盆凉水从头浇下，我暗暗发誓，为了我的"化妆师梦"，以后要更加努力了。

爱美是女孩们的天性。下班或者休息的时候，我经常给姐姐们梳梳头发、化化妆，把她们一个个打扮得美美的，她们也都很乐意叫我帮她们梳妆打扮。这给了我经常练手的机会，也满足了大家爱美的心。

就在我工作渐入佳境的时候，我生病了。医院诊断是麻疹，过敏引起的，易传染，好在宿舍的几个姐姐小时候都得过麻疹，不会被传染。那几天，我天天医院宿舍两头跑，胳膊上、手上扎了好多针洞，难受极了。但是宿舍的姐姐们对我都很照顾，我很感动，也想着早点好起来去工作。然而有一天，姐姐们告诉我，厂里不要我了，说我要是经常过敏的话，会耽误工作。当时感觉再也没有比这更残酷的事了。我哭了，这是我来杭州的第一滴眼泪，那是多么委屈无助的眼泪。

在叔叔的帮助下，我又找到了一份工作。这是一家很大的公司，我在这里做的是检验仓库面料的工作。仓库里有一个很大的机器，一卷卷比我还高的面料静静地躺在里面等着检验。听说这个工作之前是一个男生做的，每天自己搬、自己扛，自己检验面料，没有人陪着。大概因为我是女生，每天都有人帮我搬运面料，所以感觉很轻松。我觉得自己真是因祸得福，找到了比之前更好的工作。

到了夏天，我才真正体会到这份工作的辛苦。之前，大家都不是很忙所以会帮我，但现在每个部门都忙碌起来，他们也就没时间帮我了。这是一份累人的工作，我经常被厚重的面料绊倒在地上，好久才能爬起来，起来之后又要继续干。

工作虽然很累，但是我很快乐，被面料绊倒没有让我产生挫败感，反而激起了我再次搬起它们的决心。我喜欢挑战，越是搬不动我就越要搬，我要变得强大，我要战胜它们、战胜自己。

（三）为梦想起舞

某一天，我和平时一样，下班随意走走。我看见了一个很大的院子，走进去，里面有人在打羽毛球，有人在跳舞。从小喜欢热闹的我发现了这么好玩的一个地方，当然不会错过。从此，我下班以后，都会来这里看她们跳舞，她们跳得开心，我看得也开心。

院子里面有一个大厅，一排排的座位坐满了人，座位后面还有很多人站着。我挤进去一看，原来是有人在唱歌。这时候，一个"小红帽"叔叔走过来跟我说，楼上可以看书，可以学习电脑，并且不需要任何费用。

于是，我来到了二楼，这里有一个图书室，里面人很多，还有几台电脑。我当时没有多想，看了一会儿就走了。后来我才知道，这里就是徐文财大哥等人成立的专门为农民工服务的公益组织。

有一次，我看到"小红帽"在招募志愿者。他们热情地和我打招呼，给我介绍他们是做什么的，有什么目的，有什么精神。于是，我也加入了志愿者的队伍。这里面有好几个小组，我参加的是舞蹈队。此后，我参加了很多活动，做了许许多多别人没有做过的事情，这种感觉是美好的。直到现在，我还是舞蹈队的成员。

（四）转行做淘宝客服

有一天，我在拖一卷面料下机器的时候又被绊倒了。我默默地忍着疼痛，以为像之前一样休息几天就好了。可现实是残酷的，由于这次摔得比较厉害，我在弯腰、起身的时候，腰都会非常疼，在坚持了大半年后，我还是辞职了。

接下来的半个月里，我天天都在找工作。最终，在朋友的介绍下，我做了一名淘宝客服。

我工作的淘宝区域加上我只有 5 个人：一个美工、一个推广、两个客服、一个主管。除了我之外的另一个客服是一个高个子美女，给人很文静的感觉。我们这块由推广管辖，他当时在追求这个美女客服，所以在工作上很照顾她。两个客服实行倒班制，一个早八点到下午五点，一个下午两点到晚上十一点，一周一调。我什么都不会，理应是早班，因为早班的时候大家都在，我不会的可以问大家。但美女客服不愿意，她也想上早班，推广就安排我上晚班了。更可气的是，一周过去了，他还不给我调去早班。而自从进了舞蹈队，我基本每天晚上都要学习舞蹈，他不给我调班，那我就一直没有办法学跳舞。鉴于我还在试用期，所以就没说什么，默默地接受了晚班的安排。

但是更糟糕的事情还在后头，刚来的时候，推广承诺给我的工资底薪是 2500 元，但是第一个月工资发下来底薪只有 2000 元。我去问原因，他跟我说我还在试用期，工资会少一点，并且以前承诺给我的待遇他全都不承认。幸好我们通过 QQ 聊过，有聊天记录。但我拿出来和他对质的时候他一副不以为然的样子，这让我很生气。后面半个月，他处处维护着那个美女客服，事事都依着她，不让她受一点委屈。半个月后，推广离职了。等到第二个月发工资的时候，我的工资底薪还是 2000 元，根本就没涨。于是，我就去找主管问个清楚，主管和我说，一开始就没有推广说的那么多，现在生意不好，所以工资也很少。我无可奈何，也只有每天多做几单，多拿点提成。

有一天，家里给我打电话，让我回去，看看家人，于是我请了一周的假。等我回来的时候，主管对我说，以为我不来了，所以又招了一个人。就这样，半年不到，我又要找工作了。

（五）在公司中的历练

2013 年 6 月 7 号，这天我记得很清楚，我的一个朋友的男友所在的公司招前台，让我去应聘。第二天下午，我就去应聘了，面试我的是我工作后的直属上司，她是一个典型的杭州女人，小巧玲珑，很有江南风韵。我和她聊得很顺利，她说我很活泼，比较适合前台的职位，唯一缺点就是学历有点低。6 月 9 号，我就正式上班了。

在之后的一段时间里，杭州经常是高温天气，而前台没有空调，特别热，我每天都要喝一点清热解毒的药以防中暑。不过，在前台工作也有好处，那就是我每天必须化妆上班，这样我可以每天改变发型和妆容，而且不会因此招人闲话。但是工作环境越好，越是让我在另一个方面感到卑微，那就是学历。所以最开始的几个月，我刻意和大家保持了距离。不过很快，我和大家熟悉起来，大家的热情让我战胜了自卑。

11月的一天，领导叫我去办公室，说是找我有事，我隐约感觉不是什么好事。果然，她说总经理很欣赏我，夸我聪明伶俐，想委以重任。说白了，就是要增加我的工作量。我一听总经理都开口了，这件事情显然是推脱不掉的。

新增加的工作很麻烦，每一个细节都需要注意。开始的时候我并不习惯，刚接手就想推掉了，谁知这是个烫手的山芋，根本就推不掉。于是，我便继续默默地做着这份后来强加给自己的工作。

后来，我有个朋友说可以去他所在的公司上班，那里的工资也比这里高。在2014年4月份的时候，我毫不犹豫地递交了辞职报告。但不幸的是，我从公司离职后，朋友告诉我他那里已经招够人了。

经过了这么多年的漂泊、磨炼，找工作对我来说已经是习以为常的事情。我想尽快重新找到一个有休息日、晚上不要加班的工作。我希望可以利用假日、晚上继续追逐我的舞蹈梦想。无论遇到多少困难、挫折，我都会坚守我心中的梦想，一定会让梦想起舞，舞动属于我的美好人生！

评点

范小倩一个人在城市漂泊，出于各种原因，她丢过很多次工作，也常常为找工作而发愁。然而从最初梦想成为化妆师，到后来有机会接触舞蹈队，她一直对未来充满希望。

在范小倩身上，我们能看到外来务工的"90后"青年的希望。以前我也曾经和一位"90后"的打工者聊天，当被问到梦想时，他自嘲地一笑，觉得我们在为此浪费时间："梦想有什么用，大家不都是在为了钱奔波吗？没有钱，你说什么都没有用。"但是看到小倩的经历，我们可以说，如果连梦想都没有了，那我们就真的没救了。如果每天的生活只被钱所左右，那还有什么能支撑着我们克服生活中的种种困难、迈过人生路上的坎坎坷坷呢？如果没有梦想，青年人只能迷失在钱的"夹缝"中，慢慢地成为钱的奴隶，甚至为了钱不惜冒险犯法，最终落得一纸罪状，半生牢狱。所以，范小倩让我们很佩服，尽管经受着命运的各种玩笑和旁人的奚落冷眼，她仍怀有梦想，并且一直在追逐梦想的道路上不懈努力着。

如今，范小倩已是公益组织里舞蹈队的队长。为了把舞蹈队带好，她每天下班都待在练舞室。她也想了各种办法宣传、纳新。虽然和自己的目标离得还太远，但范小倩甘愿付出自己的所有让它成长。范小倩和她的伙伴们自己化妆、自己造型，一次次出现在各种舞台上。尽管可能没有拿过什么奖品、名次，但追求梦想的青年的身影还是让"中国梦"的理想变得更为鲜亮。

十五　张毯毯：三尺讲台上有我的梦想

张毯毯是个非常清秀的姑娘，在外来务工青年群体中，她是非常特殊的存在。一方面，她接受过大学教育，拥有丰富的知识和细腻的情怀，是这个群体中的"知识分子"；另一方面，她所就职的外来务工子弟学校，让她每天接触的大多是外来务工人员。她虽然个子不高，站在三尺讲台上却能让学生们真实感受到她对梦想的追求与执着。

（一）拥抱教师之梦

很多像我这样的"80 后"，在小时候都会非常喜欢这样一首歌："小时候，我以为你很美丽，领着一群小鸟飞来飞去；小时候，我以为你很神气，说上一句话也惊天动地……"宋祖英的这首《长大后我就成了你》唱出了我们很多同龄人的心声，尤其是对于那些即将或已经走上讲台的人。这首歌可以说是我人生的真实写照，对我来说，"三尺讲台"是一个很美很美的梦。

我在上小学的时候就喜欢上了这首歌曲。这也让我把一个梦想深深地种在心里，那就是考入师范学院，成为一名光荣的人民教师。为此，在中学期间，我克服了各种困难，努力学习，不断地提升自己。功夫不负有心人，经过高考的洗礼，师范学院的大门向我敞开了。在踏进校门的那一刻，我告诉自己：一定要抓住机会，学好专业课程、掌握教学技能，不让岁月蹉跎。

在师范学院求学期间，当很多同学觉得无聊、空虚的时候，有一个信念激励着我制订了全面的学习计划：既要有专心学习知识的时间，又要有参加社会实践的空间。在大学的几年，我陆续通过了大学英语四六级和专业英语四级考试，也多次获得了奖学金和荣誉证书。但更重要的是，在此期间，我培养了让我终生受益的学习、工作习惯，收获了宝贵的社会实践经验。

转眼间，到了我们毕业的日子，同学们依依惜别，各奔东西。怀着满腔热血和"初生牛犊不怕虎"的冲劲，我参加了河南周口市一高初中部的教师公开招聘考试。经过激烈地竞争，我很幸运地进入了面试。成绩出来后，我笔试和面试总成绩排名第八，可当时只有七个英语老师的名额，因为 0.7 分之差，我与成为一名初中英语老师的机会擦肩而过。

这次经历对我冲击很大，我内心非常失望，我彷徨、失落，甚至有放弃从儿时一直坚持下来的"教师梦"的想法。但冷静下来后，我想了很多。没有成功，说明我还存在很多不足，需要更多的学习与提升；而与最终入选的竞争者相差甚微，也说明了学校对我能力的肯定和认同。因此，与其自艾自怜、怨天尤人，不如取长补短、奋起直追，为下一次的机会做好准备。

（二）初上讲台

为了追求我的梦想，成为一名教师，我决定到家乡的一所小学任教。因为这里有我儿时的梦想，有我一生的追求。就这样，我开始了从教生涯，站上了我梦寐以求的三尺讲台。

泰戈尔在《飞鸟集》里写道："果的事业是尊贵的，花的事业是甜美的；但是让我做叶的事业吧，叶是谦逊地，专心地垂直着绿荫的。"这是对默默无闻地付出自己的人的由衷赞美。我也这样告诉自己：做一片平凡的绿叶吧，衬托出一个万紫千红的春天也是非常美好的。因此，"用爱洒满希望，用真诚对待学生"成为我对这份职业和对学生们的无言承诺。

记得"手足口病"在我们学校爆发时，尽管学校每天给教室消毒、为学生量体温，还是会有一些抵抗力弱的学生"难逃此劫"。为此，学校要求老师每天早上、中午和放学后对桌椅和教室进行全方位消毒。可是我一个人怎么忙得过来呢？我在班里说了这件事情，还没等我说完，一只只小手就举了起来，学生们争先恐后地说："老师，叫我！叫我帮你！"我接着说道："这样很辛苦的……""我不怕！""我不怕！""我也不怕！"学生们更加积极了。在之后一个月的时间里，如果哪一位同学没有被叫到参加消毒，他们就会满脸的失望，而这种"失望"背后的真诚让我感动至极。

就这样，我和学生们一起度过了那段辛苦而又快乐的日子。值得庆幸的是，他们都很健康，没有一个得"手足口病"。学期结束时，讲桌上放着一张大大的心形贺卡，贺卡上有40名学生的照片，并留有一行字："老师，都说医生是'白衣天使'，当我们看到你满脸汗珠地为我们的教室消毒时，我们多想化作一股股微风，为你送去清凉。你在我们心中就是一个天使。"

放暑假时，我和学生们一起去野外植树，他们干得热火朝天，到太阳快落山时，我们一共种了10棵树。一棵棵小树迎风摇曳，好像在向我们点头微笑。我说："这是我们用心种下的，就叫'希望林'，好吗？等到你们上了中学、大学，请你们记住这片树林，这是我们一起种下的，它也会伴随着你们成长的。老师想你们的时候，也会来看它们的。"那天，我们在树林里说了很久很久才离开。

（三）在杭州再上讲台

此后不久，我们班同学聚会，我又回到了梦开始的地方——周口师范学院。虽然不是每一位同学都成为老师，但我们不约而同地来到了一座石雕前，它上面写着"学高为师，身正为范"。这就是"师范"的真谛吧！无论我们从事什么工作，师范学院对我们人生观的影响都是一生的。也就在这次聚会后，我告别了生我养我的家乡，来到了宜学宜居的"人间天堂"——杭州，继续追逐我的梦。

初到杭州时，我也在公司工作过。尽管公司的福利和待遇比当老师要高出一截，可是从上班开始，人就像机器一样运转着，同事之间也很少交流。当时我从事的是客服工作，也就是轮流接电话，不接电话的时候还要处理一些遗留任务和报告单。工作总是处理不完，做完了这件事又会来新的事，怎么样也闲不下来。因此，整个工作时间都是很忙的。公司的企业文化很好，有一句话我至今仍铭记在心："只有同公司共发展，才能和公司同分享。"

在公司工作的日子里，同事们不厌其烦地给予我指导和帮助，我也学会了感恩、信任与合作。可是在我心底仍然特别怀念和学生在一起的单纯、美好的时光。如果要在快乐和金钱上做出选择，我情愿选择快乐。因为当教师是我的梦，而人只有有了梦，活着才有价值和意义。

"教师梦"这个信念让我毅然决定回到魂牵梦绕的讲台上。我来到了现在的工作单位——一所为外来务工子女开办的全日制学校。第一次来到这个学校，感受到的是学生那亲切而又快乐的问候。尽管他们来自于外来务工人员家庭，可是他们做得与同龄的其他孩子一样好。这样一种浓浓的"尊师重教"氛围立刻深深地吸引了我，让我不禁想起一首诗，那首诗的大概意思是：最动人的歌是师魂，最美丽的职业是老师，最美丽的风景是师德，最神奇的魔棒是粉笔，最神圣的平台是讲台。这份久违而又亲切的感受，让我立即做出留在这所学校当老师的决定。

我从未对这个决定感到后悔。多少个清晨，我漫步于书香氤氲的校园小路，听着轻快的乐曲，挟一身书香，走进那片"芳草地"，心中充满了"真善美"。走进教室的一刹那，几十双眼睛随着我而移动，我看到的是孩子们那一张张花蕾般的笑脸和一双双求知的眼睛。这正是我追求的"教师梦"给予我的享受。

记得那是第一次走进教室，天真的学生们叽叽喳喳地问个不停："老师，你喜欢什么颜色？""老师，你的 QQ 号是多少？""老师，你喜欢晴天还是雨天？"一个接一个的问题在成年人看来是那么幼稚，可是对于一群对世界充满无限遐想和憧憬的孩子来说，却是那么真实和自然。我和这些孩子相遇的第一节课就在这样的过程中结束了，他们天真烂漫的样子永远刻在我的脑海之中。那一年，他们上二年级。

记得在一次语文课上，我教学生们识生字。由于平时写得比较快，在书写一个生字的时候，将一点写成了一捺。有个细心的学生发现了这个问题并且指了出来，我愣了一下，随即表扬了那个仔细观察的同学，夸奖他对学习的认真。当时，站在讲台上的我第一次脸红了，"示范"两个字闪现在我的脑海里："自己都没有做好示范，还怎么样为人师表呢？尽管只是二年级的生字，简单至极，也不应该掉以轻心啊！"从那时起，我暗暗下了决心：一定要备好课，把每个生字写得工整规范！自己从细节处以身作则，才能带领学生们养成良好的习惯。

由于之前没有带过低年级，在刚开始的一段时间里，我一有时间就研读教材、研究学生的心理特点，根据学生们的年龄和个性特征，慢慢地摸索和探究出了一套适合他们的教学与管理方法。我所带的这个班级，学生们虽然学习基础较差但学习兴趣浓厚。针对这一特点，我设计了每天中午的"百宝箱"环节。"百宝箱"里有很多宝贝：魔术变变变、"机灵鬼"找朋友、给"小精灵"排队，等等。我选择了一些常见题型，让学生们以游戏的方式完成。并且我们还有一个约定：每周周末带着"百宝箱"晒一个小时的太阳，边晒太阳边和它"对话"。这样既有趣又巩固了所学的知识，循序渐进地培养了他们学习的兴趣、提高了学习成绩。当我看到他们为自己的每一次进步欢呼雀跃时，当我看到他们在一个个快乐的游戏中愉快地完成任务时，我觉得这一切的付出都是值得的。

（四）与孩子们共同成长

弹指一挥间，三年的岁月就在绘声绘色地讲课中，就在埋头批改作业的笔尖上，就在上课铃声与下课铃声的交替中滑走。

伴随着花开花落，我所带学生的年龄逐渐增长，他们告别了最初的青涩与单纯，变得有主见和思想，有时还会与我发生冲突。有一次，一个学生在与我争执后哭着说道："张老师，你变了。你以前总是耐心地听我们的心里话，现在你很武断，我们内心的声音你置之不顾。我们热爱的张老师去哪儿了？"

此事过后，我想了好几天，难道我真的没有"蹲下来看孩子"吗？我离孩子们越来越远了吗？我到底是哪些地方做得不够好？最终，我醒悟过来，原来他们已经不再是二年级的小同学了。他们长大了，而我的教育和管理方式也应该与时俱进。林崇德教授说过："疼爱自己的孩子是本能，而热爱别人的孩子是神圣！"我们老师给予学生们的爱正应该是这种"神圣"，而也只有发自内心地去爱学生，才能真正察觉到学生们的每一点进步和变化。

后来，我在班里设置了一个"悄悄话"信箱。每周五是我和学生们最激动和盼望的时刻，因为这一天，学生们可以得到我对他们"悄悄话"的回复，同时他们也会时不时地收到我送给他们的"小礼物"。"悄悄话"信箱给学生们带来了更多的欢乐，在这种更为亲密的互动中，我们的心越来越近了，他们也越来越开朗，洗去了更多相对于城里孩子的自卑感。

爱是一个同心圆。我终于找到了教师这份工作中最重要的东西——一颗爱学生的心！而当这样的爱折射到我身上时候，我感受到一种特别的幸福感。

那是一次春游，我和学生们一起去"魔幻小屋"。屋子里黑乎乎的，伸手不见五指，一个男生说："老师，我们手牵手一起进去吧！要不然会走散的。"就这样，我们牵着手，一起摸索着往前走。尽管没有亮光，可我们都感觉不到害怕和恐慌，因为我们手相牵，心相连。其间，还有同学不时地提醒我："老师，你穿高跟鞋，慢一点哦！""老师，你歇会吧，我们等你。""老师，别害怕，一会就到出口了。"在黑暗中听着孩子们充满关心的话语，我的心里充满了感恩和激动。

似乎在转眼之间，学生们已经成长了许多，也越来越懂事、贴心了。有段时间，生活的一些琐事让我闷闷不乐，学生们"看在眼里，急在心头"。他们课间给我讲笑话，说趣事，只是我仍然开心不起来。有一天快上课的时候，一个学生到办公室神秘地用红领巾蒙住了我的眼睛，说："老师，激动人心的时候就要到了。我们给你拿掉红领巾的时候你再睁开眼睛哦！"就这样，她牵着我到了教室，只听到大家唱着"祝你生日快乐"，还有学生让我许愿和吹蜡烛。由于看不到外面的情况，我胡乱地吹了一番，一阵掌声响起来了。当我睁开眼睛时，看到了讲桌上有一个大蛋糕和几十根棒棒糖。班长说："老师，只要和我们在一起，天天都是你的生日，因为每个人在生日的那一天是最快乐的。当你不开心的时候，想想我们。还有每天吃一个棒棒糖，心也会甜甜的。"接着就听到学生们说："张老师，还不'快乐'等什么呢？"于是我们一起分享了蛋糕。那味道真的很甜，很甜。

看着孩子们纯净的双眸，我的心头涌起莫名的感动。我真实地感受到，再绚烂的鲜花，再热烈的掌声，也比不过孩子们纯真的笑容给我带来的幸福与快乐。

（五）将梦想照进现实

在外来务工子弟学校里，我们这些老师是没有编制的，因此流动性也很大。很多时候前一个学期一起共事的老师，这个学期就离职了。总的来说，我们这种民办学校的师生仍然是游离于教育体制之外的"弱势群体"，学校的硬件和软件设施也都比不上公办学校。举例来说，在这里，体育、音乐、美术课程都没有专门的任课老师，而是由班主任带的。很多家长都希望自己的孩子能在就近的公办学校读书，但由于各种限制和其他原因，终究不能如愿以偿。有一次一个孩子说："如果每学期能举办一次运动会该多好啊！"他的眼神里充满了憧憬，可听到这样小小的愿望，却让我的内心涌上一阵酸楚——学校的操场很小，根本不具备举办运动会的条件，甚至连田径比赛都举行不了。硬件条件的限制，让我们学校的孩子无法像其他学校的孩子那样，在操场上自由自在地奔跑、在多媒体教室里观看教学视频、在音乐教室里弹奏着乐器欢快地唱一曲曲童谣。但外来务工子弟学校的孩子们同样对知识有着强烈的渴求，他们同样应该德智体全面发展。

虽然在这里，教师的工资微薄、福利待遇有限、工作条件简陋、办公设备也不那么先进，可是学生们纯洁的心灵、同事们交流教学经验和方法的氛围、学校人性化的管理模式都是让我们坚持下去的重要支撑。

可是，令我们担忧的事又出现了。由于道路建设，我们学校正面临着拆迁的命运。30 多个教学班，1500 多个学生，他们将何去何从？我们学校的学生大多是普通农民工的孩子，他们的家境一般，也没有什么关系，很难找到更好的学校。如果学校拆迁了，他们可以去哪里上学？面对家长们焦虑的眼神，面对孩子们天真的笑容，我的心中总有酸楚的感觉。

其实，在为孩子们担忧的同时，我也在为我的梦想担忧。在这所学校从教的三年多时间，是梦想的力量让我一直坚持了下来。我爱孩子们，也爱教育，教师是我的梦想。可是，如果有一天这所学校拆了，我的梦想该何处安放？

虽然头上悬着"拆迁"这把"达摩克利斯之剑"，但当下我和孩子们需要的是更加珍惜现在的每一天。孩子们似乎也更懂事了，他们比以往都更用心学习，比以往都更会体贴、关心老师。而我，也更爱孩子们了，因为我知道，和他们朝夕相处的日子可能不多了。

梦想的力量是伟大而神奇的。因为有了爱，地更阔、天更蓝；因为有了爱，花更艳、草更芳。现在的每一天，我不再感觉累了，而我心中的这份爱将激励着我用热血和汗水去托起"明天的太阳"。不管是春花烂漫还是雨雪风霜，我怀揣着梦想已经走过了如歌的青春，尽管前路有些迷茫，但我既然选择了这条路，就会风雨兼程。因为，三尺讲台上有我的梦想。

评点

作为劳务输入大省，浙江省自改革开放以来的经济快速发展，离不开外来务工人员的贡献。虽然浙江省各地都做了很多实际工作，也进行了制度创新，但受到公共资源的限制，外来务工人员的工作、生活条件仍需改善。仅从外来务工人员子女教育问题来看，尽管 2001 年的《国务院关于基础教育改革与发展的决定》明确指出，要以流入地区政府管理为主，以全日制公办中小学为主，解决流动人口子女接受义务教育问题，但这种"两为主"的政策落实起来有点困难——流入地政府不可能承担所有外来务工人员子女教育的责任，当地公办学校也会出于各种原因将部分外来务人员的子女阻挡在门外。[①] 从现实出发，外来务工人员子弟学校的存在弥补了公共教育资源的稀缺，缓解了地方政府的压力。

张毯毯作为一名外来务工人员子弟学校的老师，不仅有着学校硬

---

① 宋艳：《农民工子女教育的"两为主"政策——全面实施免费义务教育后的分析》，《教育理论与实践》2009 年第 25 期。

件条件差、学生水平参差不齐等压力，而且工资待遇低，也没有公办学校老师那样的福利保障。事实上，外来务工人员子弟学校教师的流动率非常高。除了工资待遇差、缺乏社会保障和职业发展空间、工作条件艰苦等原因外，学校搬迁、被取缔和学校间的重组也会造成教师的流动。[①] 正如她所言，"教师梦"是支撑她在这个学校坚持三个寒暑的重要原因。而对教育事业的执着和对学生发自内心的关爱，也让她成为一名教学能力突出、深受学生爱戴的好老师。这在外来务工人员子弟学校的教师群体中也是非常优秀的。

就像一篇未完结的小说，张毯毯能否在她所坚持的教师之路上走下去，是我们非常关心的问题。如果她所任教的外来务工人员子弟学校被拆迁，她和她的学生们会走向哪里？就像张毯毯所说，梦想的力量是伟大的，如果她能坚持自己的教师之梦，相信她一定能够在三尺讲台上将爱传递给更多的学生。

---

① 贾志文：《打工子弟学校教师流动性研究》，硕士学位论文，中央民族大学教育学院，2008 年，第 34~46 页。

参考文献

1. 崔保锋:《"中国梦"的青年向度——以梦想的形成、践行和实现规律为视角》,《青年探索》2014 年第 2 期。

2. 戴雪梅:《中国梦学术史述评》,《毛泽东邓小平理论研究》2013 年第 7 期。

3. 胡银银:《"中国梦"与青年的社会担当》,《哈尔滨市委党校学报》2014 年第 1 期。

4. 韩振峰:《把握中国梦精神实质要遵循六个辩证统一》,《光明日报》2013 年 7 月 11 日。

5. 李君如:《"中国梦"的意义、内涵及辩证逻辑》,《毛泽东邓小平理论研究》2013 年第 7 期。

6. 刘明福:《中国梦》,中国友谊出版公司,2013。

7. 陆玉林:《当代中国青年文化研究》,人民出版社,2009。

8. 孟东方、王资博:《中国梦的内涵、结构与路径优化》,《重庆社会科学》2013 年第 5 期。

9. 石仲泉、李君如、胡鞍钢、颜晓峰:《名家畅谈"中国梦"》,

《前线》2013 年第 6 期。

10. 倪邦文：《中国梦为青年发展指明方向》，《人民日报》2013 年 11 月 26 日。

11. 邱德胜、王玉鹏：《"中国梦"的双重内涵》，《光明日报》2013 年 5 月 10 日。

12. 秋石：《"中国梦"汇聚磅礴正能量》，《求是》2013 年第 7 期。

13. 任晓驷：《中国梦：谁的梦？》，新世界出版社，2013。

14. 孙来斌、黄兰：《中国梦研究述评》，《当代世界与社会主义》2013 年第 4 期。

15. 王树荫、温静：《中国梦的由来、意义与实践路径》，《中国高等教育》2013 年第 10 期。

16. 习近平：《继续朝着中华民族伟大复兴目标奋勇前进——在参观〈复兴之路〉展览时的讲话》，《思想政治工作研究》2013 年第 1 期。

17. 习近平：《青年有担当国家就有前途》，《法制晚报》2013 年 5 月 5 日。

18. 《习近平中国梦重要论述学习问答》编写组：《习近平中国梦重要论述学习问答》，党建读物出版社，2014。

19. 习近平：《在同各界优秀青年代表座谈时的讲话》，《中国青年报》2013 年 5 月 5 日。

20. 辛鸣：《"中国梦"：内涵·路径·保障》，《理论导报》2013 年第 1 期。

21. 徐治彬：《"中国梦"的八个基本特征》，《思想政治工作研究》2013 年第 6 期。

22. 张可荣：《2013 年"中国梦"研究述评》，《长沙理工大学学报（社会科学版)》2014 年第 2 期。

23. 张定鑫：《"中国梦"研究：现状与展望——兼论中国梦战略的内涵》，《探索》2013 年第 4 期。

24. 钟云华：《中国梦青年读本》，中国青年出版社，2014。

25. 中共中央宣传部理论局：《中国梦 我的梦》，学习出版社，2013。

附　录

浙江青年"中国梦"调查问卷

亲爱的青年朋友：

您好！我们是浙江省社会科学院"浙江青年'中国梦'及其特征"课题组的访问员。您被访问，纯属随机抽样的结果。为了了解浙江青年对"中国梦"的认知情况，为党委政府改进工作提供参考，我们诚心恳请您接受访问。问题的答案无所谓对错，请您放心根据实际情况和真实想法回答。问卷中涉及的所有个人信息我们将严格依据法律的有关规定保密，对您不会产生任何不良影响，感谢您的支持和参与！

一　先行甄别题

1. 您现在的年龄是_____。

（1）18～24周岁　　　　（2）25～29周岁

（3）30～34周岁　　　　（4）35～39周岁

（5）40～44周岁

［要求：18～44周岁为调查人群］

2. 您目前的职业是_____。

　　（1）行政事业单位领导　　（2）行政事业单位一般办事人员

　　（3）专业技术人员（教师、律师等行业人员）

　　（4）企业管理人员　　　　（5）企业员工（非体力劳动）

　　（6）私营企业主　　　　　（7）个体工商户

　　（8）商业/服务业工作人员　（9）产业工人（体力劳动）

　　（10）农民　　　　　　　　（11）失业/半失业者

　　（12）全日制在校学生　　　（13）其他（请写明）_____

　　〔要求：在校学生比例控制在 10% 以下，失业半失业者控制在 8% 以下〕

3. 请问您听说过"中国梦"这个说法吗？

　　（1）听说过　　　　　　　（2）未听说过

　　〔要求："听说过"为"'中国梦'调查"人群〕

二　"中国梦"调查

1. 提到"中国梦"，您首先会想到什么？（可多选）

　　（1）安居乐业、有稳定的工作和生活

　　（2）"个人梦"的实现

　　（3）国家强盛

　　（4）经济增长

　　（5）社会和谐与公正

　　（6）没有任何想法

　　（7）其他_____

2. 您最早是从哪里听说"中国梦"的？

　　（1）电视新闻

（2）报纸、杂志

（3）网站、论坛

（4）微信

（5）单位文件传达

（6）其他人所说

（7）其他＿＿＿＿＿＿＿＿

3. 您是否知道"中国梦"就是要实现"国家富强、民族振兴、人民幸福"？

（1）是 　　　　　　　　　（2）否

4. 目前您的"个人梦"是什么？（可多选）

（1）物质生活富裕

（2）家庭生活幸福

（3）自我实现、自我提升

（4）国家实力更强

（5）没什么梦想

（6）其他＿＿＿＿＿＿＿＿

5. 您觉得以下哪两个条件对实现"个人梦"最重要？（最多选2项）

（1）自己的才能与努力

（2）家庭条件好（例如有个好爹）

（3）机会与运气

（4）国家政策对自己有利

（5）国家经济发展

（6）其他＿＿＿＿＿＿＿＿

6. 目前看来，您认为实现"个人梦"难不难？

（1）非常容易

（2）比较容易

（3）一般

（4）比较难

（5）非常难

（6）说不清楚

7. 您认为实现"个人梦"的最大困难来自哪里？（最多选 2 项）

（1）个人层面［继续问第 7 - 1 题］

（2）家庭层面［继续问第 7 - 2 题］

（3）国家/社会层面［继续问第 7 - 3 题］

（4）其他层面（请说明）_____

7 - 1. 来自个人层面的困难主要是什么？（可多选）

（1）学历有限

（2）技能不足

（3）不够努力

（4）健康状况不佳

（5）其他_____

7 - 2. 来自家庭层面的困难主要是什么？（可多选）

（1）家里人不支持

（2）自己不是富二代/官二代（父母的社会地位不高）

（3）社会关系不够多

（4）经济条件不好

（5）家庭负担很重（赡养老人、抚养孩子）

（6）其他_____

7 - 3. 来自国家/社会层面的困难主要是什么？（可多选）

（1）国家政策不利于自己发展

（2）社会偏见与歧视

（3）缺少平台和机遇

（4）房价物价太高，生活不易

（5）缺乏必要的社会保障

（6）社会价值取向过于功利化

（7）其他＿＿＿＿＿＿＿＿＿

8. 您认为"中国梦"与"个人梦"之间有什么关系？

（1）只有实现了"中国梦"，"个人梦"才能实现

（2）只有"个人梦"实现了，"中国梦"才能真正实现

（3）"中国梦"和"个人梦"是一样的

（4）没有什么关系

（5）其他＿＿＿＿＿＿＿＿＿

9. 请说出两个当代追求"中国梦"的榜样人物的名字。

＿＿＿＿＿＿＿＿＿＿＿＿＿＿＿＿＿＿＿＿＿＿＿

10. 您觉得以下哪些条件对实现"中国梦"最重要？（可多选）

（1）让每个人都有发展机会

（2）社会公平

（3）国家政策好

（4）经济发展

（5）其他＿＿＿＿＿＿＿＿＿

11. 目前看来，您认为实现"中国梦"难不难？

（1）非常容易

（2）比较容易

（3）一般

（4）比较难

（5）非常难

（6）不可能实现

（7）说不清楚

12. 您认为实现"中国梦"的最大阻碍是什么？（最多选 2 项）

（1）改革遇到困难

（2）官员贪污腐败

（3）经济增长放缓

（4）社会严重不公

（5）法制不健全

（6）其他＿＿＿＿＿＿＿＿＿

13. 您认为要实现"中国梦"，政府应该为青年人做些什么？（可多选）

（1）提供公平竞争的环境

（2）增加就业机会

（3）提供创业支持

（4）控制房价物价

（5）提供培训机会

（6）完善社会保障制度

（7）增强民族自豪感和自信心

（8）其他＿＿＿＿＿＿＿＿＿

14. 您认为要实现"中国梦"，青年人应该怎样做？（可多选）

（1）做好本职工作

（2）努力提升自我

（3）创业、创新

（4）热心公益

（5）为政府献计献策

（6）增强民族自豪感和自信心

（7）没什么想法

（8）其他_____

15. 关于"中国梦"，您还有什么想补充的？

_____

三　个人基本信息

1. 您的性别：

（1）男　　　　　　　　　　（2）女

2. 您目前的居住地是城镇还是农村？

（1）城镇　　　　　　　　　（2）农村

3. 您的户籍：

（1）当地户籍

（2）非当地户籍常住（居住半年以上）

（3）暂住/流动（居住半年以下）

4. 您的受教育程度：

（1）小学及以下　　　　　　（2）初中

（3）高中/中专/中职　　　　（4）大专

（5）本科及以上

5. 您的婚姻状况：

（1）已婚　　　　　　　　　（2）未婚

（3）离异　　　　　　　　　（4）丧偶

（5）其他_____

6. 您去年的个人年收入（含工资、奖金、补贴与其他收入）：

  （1）5 万元以下   （2）5 万 ~ 10 万元

  （3）10 万 ~ 15 万元   （4）15 万元以上

  （5）目前无收入

后　记

　　青年是"中国梦"的践行者，实现"中国梦"的过程也造就着一代青年。为了更准确、深入地了解浙江青年"中国梦"的特征，把握浙江青年的愿景和行动现状，2013 年，浙江省社会科学院社会学所成立课题组，开展了"浙江青年的'中国梦'及其特征"专题调查。本书便是此课题的一项重要成果。

　　本书采取定量分析与定性分析相结合的方法，对不同社会身份的浙江青年对"中国梦"的知晓与理解、对实现"中国梦"的条件的认知与信心、对实现"中国梦"面临的挑战的认知，以及对政府和青年人在实现"中国梦"中应有作为的期望与认知进行研究。在定量分析方面，课题组依据电话调查获得第一手资料，对浙江青年在理解"中国梦"、践行"中国梦"方面的整体状况和分层特征进行了统计分析；在定性分析方面，课题组通过对 15 名在浙江生活、工作的青年进行访谈，深入探讨了不同社会群体、不同境遇的青年人的成长、成才经历，力图展现当代浙江青年践行"中国梦"的多样化路径。

　　本课题组组长为浙江省社科院副厅级巡视员、社会学所所长、研究员王金玲，组员为浙江省社科院社会学所副研究员王平、浙江省社科学院社会学所助理研究员姜佳将、浙江省社科院社会学所副研究员高雪玉，以及新杭州人志愿者服务站负责人徐文财。其中，王金玲作为课题组组长，承担全书总体思路、基本理念、框架结构、各部分主题、主要内容及写作方法的设计和编拟，以及全书的统稿、修改和终审等工作。王平和姜佳将作为主要课题组成员，承担除总报告外的大部分内容和个案的初稿撰写工作。同时，王平承担个案分析的格式编辑和修改、评点等工作；姜佳将承担调研问卷初稿设计和全书最后的校对、修改及编排工作。徐文财为外来务工人员案例的访谈与文字录入提供了重要帮助，并承担了相关个案的访谈、文字录入和后期整理工作。高雪玉承担了相关联络和文字录入工作，并参与了调查问卷的讨论。全书的分工具体如下。

第一章　概述（王金玲）

第二章　浙江青年“中国梦”的特征（王金玲、王平、姜佳将）

第三章　个案分析

一　徐文财：把梦想变成现实（徐文财）

二　冯博：青年公务员的“中国梦”（王平）

三　忻皓：让梦想照亮“绿色浙江”（姜佳将、忻皓）

四　晓岚：女大学生的志愿者梦（王平）

五　毛庆龙：让“互联网+”助推“中国梦”（姜佳将）

六　吴泽：淘宝助力梦想（王平）

七　徐智辉：回到希望的田野上（王平）

八　陈静：单身妈妈的育儿梦（王平）

九　瑞恩：追逐音乐梦想的青年（王平）

十　郑晟：梦想也有浮沉（王平）

十一　郭僳萍：在杭州寻找梦想家园（郭僳萍）

十二　王小战：快乐天使的公益明星梦（韩素梅）

十三　卓敏：奋斗中，梦想继续（王平）

十四　范小倩：为梦想起舞（范小倩）

十五　张毯毯：三尺讲台上有我的梦想（张毯毯）

附录　浙江青年"中国梦"调查问卷（王金玲、王平、姜佳将、高雪玉）

感谢新杭州人志愿者服务站对本课题的支持和帮助。服务站的工作人员为本课题做了大量的基础性工作，并帮助本课题搜集、整理了大量外来务工青年的访谈资料。感谢韩素梅、张毯毯、郭俟萍、范小倩等原作者授权我们进行修改、编辑与出版，同时也感谢所有参与访谈的青年。正是以通过实地调研获得的第一手资料为依据，本课题才能提炼出具有较高社会效益和现实意义的观点和理念，提出了较有针对性和效用性的对策和建议，受到了社会的广泛关注，同时也得到了省委领导的好评。本研究的相关建议已进入省委、省政府的有关决策中。

感谢浙江省社会科学院领导和院科研处对本课题的大力支持。在课题设计之初，张伟斌书记、迟全华院长、葛立成副院长提出的建议，对于本课题的顺利完成意义重大；毛跃副院长在审读本书时提出的宝贵意见和建议在本书修改完善的过程中发挥了建设性的作用；院科研处一直十分支持社会学所的工作，本书的出版离不开卢敦基处长、李东副处长的大力帮助，在此一并感谢！

由于研究水平和研究条件的局限，本书存在诸多不足之处，期待各位读者给予批评指正。

王金玲

二〇一五年十月二十六日

图书在版编目（CIP）数据

中国梦：浙江青年的认知与践行/王金玲等著. —
北京：社会科学文献出版社，2016.5
（中国地方社会科学院学术精品文库. 浙江系列）
ISBN 978 - 7 - 5097 - 8560 - 7

Ⅰ.①中… Ⅱ.①王… Ⅲ.①青年工作 - 概况 - 浙江
省 ②青年生活 - 概况 - 浙江省 Ⅳ.①D432

中国版本图书馆 CIP 数据核字（2015）第 312827 号

·中国地方社会科学院学术精品文库·浙江系列·
"中国梦"：浙江青年的认知与践行

著　　者 / 王金玲　王　平　姜佳将　徐文财

出　版　人 / 谢寿光
项目统筹 / 宋月华　杨春花
责任编辑 / 童雅涵　周志宽

出　　版 / 社会科学文献出版社·人文分社（010）59367215
　　　　　　地址：北京市北三环中路甲29号院华龙大厦　邮编：100029
　　　　　　网址：www. ssap. com. cn
发　　行 / 市场营销中心（010）59367081　59367018
印　　装 / 三河市尚艺印装有限公司

规　　格 / 开　本：787mm × 1092mm　1/16
　　　　　　印　张：17.25　字　数：212千字
版　　次 / 2016 年 5 月第 1 版　2016 年 5 月第 1 次印刷
书　　号 / ISBN 978 - 7 - 5097 - 8560 - 7
定　　价 / 89.00 元